Tiraboschi, mant. *capotina* Arrivabene, emil.occ. (guastall.) ~ Guastalla emil.or. (ferrar.) *caputìna* 'tipo di mantello' Ferri.

Umbro sett. (Loreto di Gubbio) **k a p o t ę́ l l a** f. 'giubba da uomo' (p.556), macer. *cappottèlla* Ginobili, Esanatoglia *k a p p o t ę́ l l a* (p.557), Treia *k a p ǫ́ t e l l a* (p.558) Muccia *g a p p o t é l - l a* (p.567), umbro *k a p o t ę́ l l a* MorettiUmbria 68, umbro merid.-or. *k a p p o t t ę́ l l a* Bruschi, march.merid. *k a p p o t t ǻ l l a* Egidi, nap. *cappe-tella* D'Ambra, garg. (manf.) *cappetèlle* Caratù-RinaldiVoc, àpulo-bar. (minerv.) *k a p ǫ́ t t ə l ə* Stehl 433, martin. *capputtèlle* (GrassiG-1,23; Prete), *k a p p u t t é l l ə* GrassiG-2; AIS 1557.

Luc.nord-occ. (Tito) *k a p p u t t ę́ ḍ ḍ a* f. 'mantella maschile con cappuccio' Greco.

Loc.prov.: luc.nord-occ. (Tito) *f r a n ǵ í s k u d á m m ə l a k a p p u t t ę́ ḍ ḍ a* 'detto di chi attacca lite (riferito a un episodio della vita di S. Francesco)' Greco.

March.merid. **capputtillu** m. 'giubba' Egidi.

It. **cappottone** m. 'grosso cappotto' (dal 1886, DeAmicis, LIZ; Zing 2008), gen. *cappotton* Gismondi, lomb.occ. (com.) *capotònn* Monti, mil. *capottón* Cherubini, venez. *capoton* Boerio, bisiacco ~ Domini, triest. ~ DET, istr. (Pirano) *k a p o t ó m* (p.368), nap. *cappottone* (1762, Sagliembanco, Rocco; ante 1778, Cerlone, ib.; Altamura), messin.occ. (sanfrat.) *k a p u t á ŋ* (p.817); AIS 1570.

It. **cappottaccio** m. 'brutto e lògoro cappotto' TB 1865, ALaz.merid. (Piediluco) *k a p p o t t á ć ć u* UgoccioniLago.

Venez. **capotèr** m. 'chi fa cappotti' Boerio; venez. **capotèra** f. 'moglie del *capotèr*' ib.

It. **incappottare** v.tr. 'coprire col cappotto; avvolgere bene in un cappotto' (dal 1789, Casti, GRADIT; TB; Zing 2008), lig.or. (Riomaggiore) *ẽ ŋ k a p u t ǻ* Vivaldi, emil.occ. (parm.) *incapottar* (Malaspina; Pariset), bisiacco *incapotar* Domini, trent.or. (valsug.) *ncapotàr* Prati, rover. *encappottar* Azzolini, lad.ven. (zold.) *incapotà* GambaDeRocco, laz.centro-sett. (Castelmadama) *ngappottà(ne)* Liberati, molis. (Bonefro) *ngapputtà* Colabella, nap. *ncappotare* D'Ambra, *'ncapputtà* Altamura, dauno-appenn. (fogg.) *ngapputtá* (Rubano,StMelillo), àpulo-bar. (bitont.) *ngappettèue* Saracino, ostun. *ngapputtá* VDS, salent.sett. (Grottaglie) *ncapputtà* Occhibianco, salent.centr. *ncapputtare* ib., sic. *incapputtari* Traina, sic.sudor. (Vittoria) *ŋ k a p p u t t á r i* Consolino, niss.-enn. (piazz.) *'ncaputè* Roccella.

Sign.metaf.: tries[...] questrare' DET, istr. ~ ib., Rovigno *incaputá* ıb., ven.adriat.or. (Lussingrande) *incapotar* ib.

It. *incappottarsi* v.rifl. 'coprirsi col cappotto; imbacuccarsi' (dal 1865, TB; GRADIT; Zing 2008), lig.or. (spezz.) *ẽ ŋ k a p ǫ t á s s e* Conti-Ricco, tic. *incapotáss* (LSI 2,877), emil.occ. (guastall.) *incapotàras* Guastalla, emil.or. (ferrar.) *incaputarss* Ferri, trent.or. (valsug.) *ncapotàrse* Prati, umbro occ. (Magione) *n k a p p o t t á s s e* Moretti, macer. *'ngappottàsse* GinobiliApp 2, march.merid. (asc.) *n k a p p ə t t á s s ə* Brandozzi, dauno-appenn. (fogg.) *ngapputtàrse* (Rubano,StMelillo), sic.sud-or. (Vittoria) *ŋ k a p p u t t á - r i [s i]* Consolino.

Agg.verb.: it. *incappottato* 'coperto col cappotto' (dal 1865, TB; GRADIT 2007), gen. *incappottôu* Casaccia, *incappottòu* Gismondi, lig.or. (Riomaggiore) *ę ŋ k a p u t á* Vivaldi, emil.occ. (parm.) *incappottà* (Malaspina; Pariset), emil.or. (ferrar.) *incaputà* Ferri, romagn. *i n k a p u t ę́ a* Ercolani, bisiacco *incapotà* Domini, triest. ~ DET, *incapotado* ib., lad.cador. (oltrechius.) ~ Menegus, laz. centro-sett. (Castelmadama) *ngappottatu* Liberati.

Agg.verb.: triest. *incapotá* 'arrestato, sequestrato' DET.

Lucch.-vers. (lucch.) **incappottatura** f. 'atto di mettersi il cappotto' Nieri.

It. **rincappottare** v.tr. 'rimettere il cappotto a q.' Giorgini-Broglio 1897; *rincappottato* agg.verb. 'che si è rimesso il cappotto' ib., laz.centro-sett. (Castel Madama) *rencappottà(ne)* Liberati.

Laz.centro-sett. (Castel Madama) *rencappottàrese* v.rifl. 'coprirsi di àbiti pesanti' Liberati.

Romagn. **s k a p u t ę́ α r** v.tr. 'togliere il cappotto a q.' Ercolani, nap. *scapputtare* Andreoli, dauno-appenn. (Margherita di Savoia) *scapputté* Amoroso, àpulo-bar. (minerv.) *scapputtéie* Campanile, Monòpoli *s k a p p u t t ę́* Reho.

Bisiacco **descapotar** v.tr. 'togliere il cappotto a q.' Domini.

Abr.or.adriat. (vast.) **a k k a p p u t t ǻ r ə s ə** v.rifl. 'coprirsi col cappotto' DAM, dauno-appenn. (fogg.) *a k k a p p u t t á r s ə* (Rubano,StMelillo), àpulo-bar. (barlett.) *accapputtarse* Tarantino, rubast. *a k k a p p ə t t á s s ə* Jurilli-Tedone.

Nap. **accappottare** v.tr. 'coprire q. col cappotto' Rocco, *accapputtare* Andreoli, *accapputta'* Altamura, dauno-appenn. (Margherita di Savoia) *accapputté* Amoroso, àpulo-bar. (Corato) ~ Bucci, bitont. *accappettèue* Saracino, Giovinazzo *accappettè* Maldarelli, luc.-cal. (trecchin.) *accappottà* Orrico.

Garg. (Mattinata) *accaputté* v.tr. 'imbacuccare' Granatiero.

Agg.verb.: it. *accappottato* 'coperto con il cappotto' (1939, Bartolini, B;), abr.or.adriat. (vast.) *akkapputtắtə* DAM, nap. *accappottato* (1826, Piccinni, Rocco), dauno-appenn. (Margherita di Savoia) *accapputtàte* Amoroso, àpulo-bar. (Canosa di Puglia) *accapputtet* Armagno, andr. *accappettéie* Cotugno.

Agg.verb.sost.: nap. *accappottato* m. 'persona avvolta in un cappotto' (1699, Amenta, Rocco).

Sign.fig.: dauno-appenn. (Margherita di Savoia) *accapputtàte* 'ben attrezzato, fornito di corredo' Amoroso.

It. **maxicappotto** m. 'cappotto molto lungo' (dal 1968, Quarantotto; GRADIT 2007).

It. **cappino** m. 'mantelletta lunga poco più delle spalle' (1520, Ariosto, B; 1923-39, Ojetti, B); lig.or. (Riomaggiore) *kapíŋ* 'mantellina' Vivaldi, tic. ~ 'piccola cappa; mantelletta che scende fino alla vita' (VSI 3,503), lomb.or. (berg.) *capì* Tiraboschi; lomb.alp.or. (posch.) *kapíŋ* 'camicia da bàmbola' (VSI 3,503).

Nep.a. **cappinella** f. 'mantelletta' (1459-1468, AntLotieri, Mattesini,ContrDialUmbra 3,182).

Àpulo-bar. (rubast.) **capone** f. 'tabarro' DiTerlizzi.

Mil. **capazza** f. 'mantellaccio' (1695, MaggiIsella), *capascia* (1696ca., ib.).

Sen.a. **capperuccia** f. 'misera cappetta' (sec. XIV, SGirolamoVolg, TB; 1396ca., Fioretti, B), it.a. ~ (sec. XV, CantiCarnascSingleton).

Lucch.a. *chapparuccia* (*di dicto gianbellotto*) f. 'veste provvista di cappuccio' (ante 1431, Guinigi, Rossi,SLeI 11,44), *capparuccie* pl. (1484, Doc, ib.), sen.a. *capparuccia* (*di panno nero*) f. (1450, Inv., ib.), it. **capparuccio** m. 'id.' (Oudin 1640 – Veneroni 1681)[1].

Laz.centro-sett. (velletr.) *kapparúććo* m. 'cappa da becchini' (Crocioni,RGI 10).

Sign.fig.: (*capo*) **incapperucciato** m. 'gravato da un peso fisico o morale' (1861, Settembrini, B).

Laz.merid. (Amaseno) **akkapparućcítə** agg. 'avvolto nel mantello (detto di chi cammina curvo e con lentezza)' Vignoli.

It.a. **chapperone** m. 'sopravveste maschile di panno spesso, con cappuccio' (1439, Pezzarossa,LN 38,21)[2], ~ (*di fiore di scopa*) (1449, Pucci, Rossi,SLeI 11,44), *chapperoni* (*da lavatori*) pl. (sec. XV, Doren 521), it. *capparone* m. (Sansovino 1568 – Spadafora 1704), fior.a. *chapperone* (1262-75, LibricciòloBencivenni, TLIO), *caperone* (ante 1379, GianSacchetti, ib.), *capperone* (1408, LapoMazzeiGuasti 2,143), lucch.a. *chaparone* (1394, Rossi,SLeI 11,44), sen.a. *capparone* (1318ca., Rossi,SLeI 11,44 – 1483, ib.; TLIO)[3], aret.a. ~ (secondo quarto sec. XIV, GoroArezzo, TLIO), corso cismont.occ. (Èvisa) ~ Ceccaldi, sen. ~ (1614, Politi, Bianchi,AFLPerugia 7,267), sic. *caparruni* VS, niss.-enn. (piazz.) *caparröngh* Roccella.

Sen.a. **capparoncello** m. 'piccolo capperone' (1427, Rossi,SLeI 11,43 s.v. *capparone*).

It. **capparella** f. 'mantello, piccola cappa' (dal 1887, Petr; B; Zing 2008), emil.or. ⌜*kaparę́la*⌝, ferrar. *caparêla* Ferri, Minerbio *kaparę́la*, (p.446), bol. *capäräla* Ungarelli, Loiano *kaparắlɑ* (p.466), romagn. *caparèla* (Ercolani; Quondamatteo-Bellosi 2), *caparèla* Quondamatteo-Bellosi 2, ⌜*kaparéla*⌝, Mèldola *kaparę́alɑ* (p.478), lad.ates. (livinall.) *kaparéla* RossiVoc, abr.or.adriat. (Castiglione a Casària) *kapparę́llə* DAM, abr.occ. ~ ib., laz.merid. (Castro dei Volsci) *kapparę́lla* Vignoli; AIS 1570.

Sign.metaf.: laz.merid. (Amaseno) *kapparę́lla* f. 'imbroglio' Vignoli.

Salent.centr. (lecc.) **kaparyę́d̪d̪u** m. 'mantellina' VDS.

Romagn. **kaparlátsa** f. 'capparellata: aggressione che consiste nel rovesciare sul capo della vittima la sua stessa cappa e poi colpirla senza esser visti' Ercolani.

Romagn. **iŋkaparlę́ɑr** v.tr. 'mettere la capparella a q.' Ercolani; *iŋkaparlę́ɑs* v.rifl. 'avvolgersi nella capparella' ib.

It. (*uomini*) *incapparellati* agg.m.pl. 'muniti di capparella' (1940, Bacchelli, VitaleLingua 172).

Romagn. **skaparlę́ɑr** v.tr. 'togliere la capparella a q.' Ercolani; romagn. *skaparlę́ɑ* agg. 'spogliato della capparella' ib.; *skaparlę́ɑ* f. 'colpo di capparella' (< -ata, ib.).

It. **cappato** agg. 'che porta la cappa' (1843-75, Carducci, Vitale,RALincei IX.8,40).

---

[1] Cfr. lat.mediev.bol. (*mantello de*) *caparozo* m. 'specie di mantello' (1211, SellaEmil).

[2] Cfr. fr.-it. *caperon* m. 'pastrano con cappuccio' (1384, VitaSMariaEgizCasini,GFR 3,100), lat.mediev. lig. *caparones* pl. (1200, Aprosio-1).

[3] Cfr. lat.mediev.pist. *capparone* (*panni albagii*) m. 'veste con cappuccio' (1400, Rossi,SLeI 11,44).

Nap. **cappejare** v.tr. 'avvolgere nella cappa' D'Ambra, *cappiare* Rocco.

It. **incappare** v.tr. 'coprire con la cappa' (dal 1598, Florio; B; "raro" Zing 2008)[1], lomb.or. (bresc.) *encapà* Melchiori, macer. *ngappà'* Ginobili, roman. *incappà* (1835, VaccaroBelli), daunoappenn. (Margherita di Savoia) *ncappé* Amoroso; march.merid. (asc.) *ncappà* 'coprire, riparare q. dalla pioggia, dal freddo' Brandozzi.

It. *incapparsi* v.rifl. 'coprirsi con la cappa' (dal 1722, Gigli, B; "basso uso" GRADIT 2007), *incapa[rsi]* (1762, Goldoni, B), march.merid. (asc.) *n k a p p á s s ə* Brandozzi, dauno-appenn. (Margherita di Savoia) *ncappärse* Amoroso.

Laz.centro-sett. (Castel Madama) **accappà(ne)** v.tr. 'coprire con la cappa' Liberati, Vico nel Lazio *accappà* Jacobelli, cicolano (Càrsoli) *a k k a p p á* DAM, aquil. ~ ib., abr.or.adriat. ~ ib., abr.occ. ~ ib., Vittorito *a k k a p p ę́* ib., laz.merid. (Castro dei Volsci) *a k k a p p á* Vignoli, Amaseno ~ ib., terracin. *accappà* DiCara.

Laz.centro-sett. (Castel Madama) *accappàrese* v.rifl. 'coprirsi con la cappa' Liberati, Subiaco *a k k a p p á s s e* (Lindström,StR 5), cicolano (Ascrea) ~ (Fanti,ID 16), aquil. ~ Cavalieri, Terranera *a k k a p p ę́ r s ə* DAM, abr.or.adriat. *a k - k a p p á r s ə* ib.

Àpulo-bar. (tarant.) *accappare* v.tr. 'appendere un àbito' DeVicentiis.

Agg.verb.: lucch.-vers. (vers.) *accappato* agg. 'vestito di cappa' Cocci.

It. **accappatoio** m. 'lunga cappa di panno o tessuto spugnoso per asciugarsi dopo il bagno' (dal 1742ca., Fagiuoli, B; Zing 2008)[2], teram. (Roseto degli Abruzzi) *a k k a p p a t ǫ́ y ə* DAM, abr.or. adriat. (Corvara) *a k k a p p a t á w r ə* ib., Mannoppello *accappaturo* (1634, ib.), gess. *cappatoro* (1580, ib.), *a k k a p p a t ǫ́ r ə* ib., abr.occ. (Magliano de' Marsi) *accappaturo* (1634, ib.), molis. (Venafro) *a k k a p p a t ú r ə* ib.[3].

Abr.or.adriat. **r a k k a p p á [s s e]** v.rifl. 'coprirsi con la cappa, coprirsi' DAM.

Sign.metaf.: laz.merid. **r a k k a p p á** v.tr. 'coprire errori, cattive azioni' Vignoli, Sezze ~ Zaccheo-Pasquali.

---

[1] Cfr. fr. *enchaper* 'coprire con cappa' (secc. XII-XV, FEW 2,273a).

[2] È anche veste femminile, cfr. col. 417, n 2.

[3] Cfr. lat.mediev.abr. *accapatorium* (*de seta grossa*) 'copertura del capo per le donne' (Pescocostanzo 1466, SellaAgg), lat.mediev.nap. *accappatorium* (1416, Bevere,ASPNap 21,634).

Laz.centro-sett. (velletr.) **a r e k a p p á** v.tr. 'ricoprire q. con la cappa' Crocioni, abr.or.adriat. (Castiglione a Casàuria) *a r a k k a p p á* DAM, laz. merid. (Castro dei Volsci) *r a k k a p p á* (Vignoli,StR 7,253).

Abr.or.adriat. (Castiglione a Casàuria) *a r a k - k a p p á [s s ə]* v.rifl. 'coprirsi con la cappa' DAM. Sign.metaf.: laz.merid. *a r r a k k a p p á* v.tr. 'scusare, difendere q. da un'accusa' Vignoli.

Laz.centro-sett. (Subiaco) **š k a p p á r e s e** v.rifl. 'scoprirsi' (Lindström,StR 5).

It.a. **guascappa** f. 'mantelletto' (sec. XIV, Storia-VendettaCristo, B), lucch.a. ~ (ante 1424, SercambiBeretta); **guascappo** m. 'id.' (ante 1424, SercambiSinicropi)[4]; nap.a. **viscapa** f. 'mantelletto' (prima del 1458, LeviRCostumeTrecento)[5].

It. **biscappa** f. 'mantello con cappuccio per la notte' (1583, G.M. Cecchi, DEI), ferrar.a. *biscapa* (*de panno negro/de paonazo*) (1471-1505, LessEste, Marri,SLeI 12), *bischapa* (*de panno londrescho*) ib.[6]; nap. *biscappa* 'sorta di manto principesco' Rocco.

Sign.second.: it. **mezzacappa** f. 'compenso minore sul diritto di cappa' (1919, DeSimone, GlossConsGiur).

Composti: lucch.a. **cappapelli** f. 'cappa foderata di pelliccia' (1337, Rossi,SLeI 11,42)[7].

It. **appiccacappe** m. 'strumento per appendere i mantelli' (Oudin 1640; ib. 1643), *appiccacàpe* Veneroni 1681; sen. *attaccacappe* 'id.' (Castellani,LN 8,66).

It. **guardacappe** m. 'sacca da riporvi il mantello che si legava dietro la sella' (1585, G.M. Cecchi,

---

[4] Primo elemento non chiaro.– Cfr. lat.mediev.emil. *guascapum* m. 'veste lunga' (Reggio 1242, SellaEmil), lat.mediev.bol. ~ (1261, ib.), *guaschapum* (*de blaveto*) (1279, ib.).– Cfr. lat.mediev.emil. *guascapus* m. 'tipo di mantello' (ante 1289, SalimbeneScalia), *guasclapp[us]* (Modena 1306, SellaEmil), lat.mediev.venez. *guascapius* (1290-91, ViglariPodestàTorcelloZolli), lat.mediev. nap. *guascapum* (*de bleve*) 'di panno blu' (1486, Bevere,ASPNap 22,314).

[5] Cfr. lat.mediev.nap. *vascappum* m. 'mantello' (1486, Bevere,ASPNap 22,314), *viscappum* ib.

[6] Cfr. lat.mediev.maccher. *biscapa* f. 'sopravveste con maniche larghe e lunghe' (1490ca., MaccaroneePaccagnella); lat.mediev.nap. *buscappum* m. 'id.' (1486, Bevere,ASPNap 22,314).

[7] Cfr. lat.mediev.bol. *capapellus* (*de viridi*) m. 'cappa foderata di pelliccia' (1211, SellaEmil), lat.mediev.pis. *cappapellis* f. (1350, Rossi,SLeI 11,43), lat.mediev.sen. *cappapellem* ib. 42.

B), umbro merid.-or. (orv.) *guardacappa* (1537-39, CarteggioVaianPalermo); fior. *guarda cappe* (*di noce*) m. 'mobile per appendervi il mantello' (1602, Cantini 139,435).
It. **portacappe** m. 'attrezzo per appendere il mantello' (1561, Citolini, B – 1625, Marino, B).
It. **contraccappa** f. 'sorta di manto da mettere sopra la cappa' TollemacheParoleComp 1945.

1.a.α¹. parti di indumento ('berretto, copricapo') Tosc.a. **cappa** f. 'berretto' (sec. XIII, LibroSetteSavi, TLIO), it. ~ (1793, Nemnich 2,1297), tic. ⌐*kápa*⌐ (VSI 3,503).
Lig.gen. (savon.) *kápa* f. 'fascia' (Noberasco, ASSSP 16), lomb.occ. (lomell.) *kápə* MoroProverbi.
Tic.alp.occ. (Cavergno) *čápa* f. 'berretto da uomo di cuoio lucido con visiera' (VSI 3,504), tic.alp.centr. *capa* 'berreta da uomo di velluto e ricamata a fiori, usata specie dagli anziani' ib.; Quinto *capa* 'berretto pesante per l'inverno' ib.
Lad.ates. (mar.) *kápa* f. 'berretto con visiera' (PallabazzerLingua; Videsott-Plangg); fass. ~ 'berretto' Mazzel-2.
Sintagma: tic.alp.centr. (Quinto) *capa da nòcc* f. 'berretto da notte' (VSI 3,504).
nap. *levata de cappa* → *levare*

Derivati: it. **cappuccio** m. 'copricapo a forma di cuffia spesso cucito al collo dell'abito' (dal 1313ca., Dante, EncDant; B; Zing 2008), it.a. *capuccio* (sec. XIV, VitaFrateGineproPetrocchi), it.sett.a. *capuzo* (ante 1481, TranchediniPelle – 1509, Barzizza c. 61), *capuzzo* (1524, Castiglione, B), gen.a. *capuci* pl. (ante 1311, AnonimoNicolas 43,40)¹, ast.a. *capuz* m. (1521, AlioneBottasso), *chiapucz* ib., mil.a. *capuzzo* (prima metà sec. XV, SachellaPolezzo,StVitale), berg.a. *capuz* (1429, GlossContini,ID 10,235), pav.a. (*trase 'l*) *capuço* (1342, ParafrasiGrisostomo, TLIO), moden.a. ~ (1374, InventarioBertoni, ib.), ferrar.a. *cappucci* pl. (1436, CameraNiccolo III, Pardi,AMSPFerrar 19,119), *capuzo* m. ib. 131, bol.a. *capuço* (1300ca., GiovVignano, TLIOMat), *cappuzzi* pl. (1324-28, JacLana, TLIO), ven.a. *capuço* m. (1312-14, LioMazor, ib.), venez.a. *capuci* (*de veri*) pl. (1312, CapitolariArtiMonticolo 3,390; 1314, Frey), *capuzzo* (*over capello*) m. (1330, Cristallai, CapitolariArtiMonticolo II.2,642; ib. 3,151), *capuço* (*over capello*) (1335, Frey), *cappuccio* (1336-

1340, LibroCompCovoniSapori 360), *cappucci* pl. (1336-1350, ZucchelloMorozzoDellaRocca), *capuzo* m. (1405-06, TestiSattin,ID 49), *chapuzo* (1424, SprachbuchPausch 112), *capuçi* pl. (1430, CapitolariArteMonticolo 3,482), *capuzzi* (*molto grandi*) (1493, Sanudo, CortelazzoDiz), vic.a. *capuzzo* m. (1412, Bortolan; 1415, ib.), tosc.a. (*var*) ~ (ante 1276, Guinizelli, PoetiDuecentoContini 479), fior.a. *cappuccio* (1284ca., CapitoliCompSGilio, TLIO – 1419, GiovDominici, B), *chapucci* pl. (1280-1298, OrdinamentiCompSMariaCarmine, ib.), *capuccio* m. (1357, StatutoRigLinMastursi, Klein), prat.a. (*cavarsi il*) ~ (1335-75, StatutoCompSDomenico, TLIO), *chapucio* (1350, DocMelis 46), sangim.a. *cappucci* pl. (1309ca., Folgore, B), pist.a. *chapucci* (1339, ContiDelBeneSapori,BSPist 29,104), lucch.a. *capuccio* m. (prima metà sec. XIV, RegolaSJacAltopascio, TLIO), *cappuccio* (1376, StatutoMercantiManciniA-Dorini-Lazzareschi), pis.a. ~ (1327, BreveVilla, TLIO), *cappuzzi* pl. (1385-95, FrButi, B s.v. *cappa*⁶), volt.a. *cappucci* (1336, StatutiMerc, TLIO), (*cav[arsi] el*) *cappuccio* m. (Pomarance sec. XIV, StatutiDisciplVigo 25), sen.a. *chappuccio* (1277-82, LibroCompMerc, TLIO), *cappuccio* (1309-10, CostitutoElsheikh), perug.a. *capuccie* pl. (1342, StatutiElsheikh, TLIO), *cappuccio* m. (Deruta 1465, StatutoNico), *capuccio* ib., aret.a. ~ (secondo quarto sec. XIV, GoroArezzo, TLIO), cort.a. ~ (ante 1345, CapitoliCompDisciplinati, ib.), it.centr.a. *cappuccio* (1400ca., GlossScarpa,SFI 49,64), tod.a. *capuccio* (fine sec. XIII, JacTodi, B)², reat.a. *cappuccio* (fine sec. XV, Cantalicio, BaldelliMedioevoVolg 215), vit.a. (*traiar se el*) *cappucciu* (1345ca., CapitoliDiscSLorenzo, TLIO), roman.a. *cappuccia* pl. (1358ca., BartJacValmontonePorta, TLIO)³, aquil.a. *capuccio* m. (1362ca., BuccioRanalloDeBartholomeis), it.merid.a. *cappucczo* (prima metà sec. XV, LettereDeBlasi 103), asc.a. *cappuctio* (1496, StatutiZdekauer-Sella), nap.a. (*fa[re] dello*) *capucio* (1485, DelTuppoDeFrede 402)⁴, *capuzo* (fine sec. XV, RimeAnonMinonne), pugl.a. *capuczo* (inizio sec. XV., AngeloBari, LettereDeBlasi 96,17), sic.a. *capuchu* (1380, TestamentoLombardo,BC-

---

¹ Cfr. lat.mediev.gen. *caputium* m. 'cappuccio' (ante 1336, Aprosio-1), *capucius* (Savona 1200, ib.), lat.mediev.bol. *caputium* (ante 1315, SellaEmil).

² Cfr. lat.mediev.orv. *caputeum* (1365, InventarioFumi,StDoc 15,90).

³ Cfr. lat.mediev. *capuscium* (Curia 1338, Sella), *caputeum* (ib. 1365, ib.).

⁴ Cfr. lat.mediev.nap. *capucium* (*de variis*) (1182, Bevere,ASPNap 22,324), *caputheum* (1296, ib. 322), *capucium* (1301, Bevere,ASPNap 23,417), *capucium* (1304, Pfister,BLCamp 2).

Sic 10,59 – 1519, ScobarLeone), *capuci* pl. (1380, TestamentoLombardo,BCSic 10,59), *cappucchi* (seconda metà sec. XIV, QuaedamProfethia, PoesieCusimano 1), *capuzo* m. (sec. XV, EustochiaCatalano), *cappuccio* (1500, VallaNGulino), sirac.a. *capuchu* (1358, SimLentiniRossiTaibbi, TLIO), palerm.a. *cappuchu* (1456, InventariBresc,BCSic 18,170,45), lig.occ. (Mònaco) *capüciu* Frolla, *kapúću* Arveiller 19, sanrem. *capüciu* Carli, lig.gen. *kapúsu*, piem. *kapǘs* (PipinoAgg 1783 – Brero)[1], b.piem. (vercell.) *capuzio* Cantone, viver. *capüss* Clerico, valses. *cappucc* Tonelli, tic.alp.centr. (Lodrino) *kapǘš* Bernardi, Lumino *capùsc* Pronzini, lomb.alp.or. (valtell.) *capùcc* Monti, Tirano *capüsc* Pola-Tozzi, mil. *capùsc* Cherubini, *capücc* Angiolini, lomb.or. (berg.) *kapǽs* Tiraboschi, crem. *capéuc* Bombelli, cremon. *capùs* Oneda, *capùc* ib. bresc. *capœs* Melchiori, *capös* Rosa, Salò *capùcio* Razzi, trent.occ. (bagol.) ~ Bazzani-Melzani, lad.anaun. (Tuenno) *capùz* Quaresima, *capùc* ib., Rabbi *čapúć* ib. lad.fiamm. (cembr.) ~ AneggiRizzolatti, pav. *kapǘć* Annovazzi, vogher. *kapǘs* Maragliano, mant. *capuzz* Cherubini 1827, *capùs* Arrivabene, *capüs* Bardini, emil.occ. (parm.) *capuzz* (Malaspina; Pariset)[2], guastall. *capeuss* Guastalla, regg. *capuzz* Ferrari, mirand. ~ Meschieri, emil.or. (bol.) *capòz* Coronedi, *capozz* Ungarelli, romagn. *capòz* Mattioli, *capócc* Ercolani, faent. *capózz* Morri, venez. *capuzi* pl. (1543, Lotto, CortelazzoDiz)[3], (*beco del*) *capuzzo* m. Boerio, ven.merid. (vic.) *capusso* Pajello, ven. centro-sett. (bellun.) *capuz* Nazari, bisiacco ~ Domini, *capuc* ib., *capùcio* ib., triest. ~ (DET; Pinguentini)[4], istr. *capuso* DET[5], *capuzo* ib., Montona *kapúšo* (p.378), Dignano *kapúşọ* (p.398), *capóuso* Rosamani, ver. *capuzzo* Angeli, *capuso* Patuzzi-Bolognini, trent.or. (primier.) *capùz* Tissot, rover. *cappuz* Azzolini, lad.ates. (gard.) *capusc* (Gsell,Ladinia 14,363), fass. ~ ib., livinall. ~ PellegriniA, *capuzzo* (Gsell,Ladinia 14,363), lad.cador. (amp.) *capùzo* (Croatto; Quartu-Kramer-Finke)[6], garf.-apuano (Gragnana) *kapúć* (Luciani,ID 45), carr. ~ ib., *kapúts* ib., corso *cappucciu* Falcucci, cismont.or. (Custera) ~ (Cirnensi,Altagna 1), cismont.nord-occ. ⌜*kappú́ćću*⌝ (ALEIC, p.9), umbro occ. (Magione) *kapúććo* Moretti, cort. (Val di Pierle) ~ Silvestrini, ancon. *capùcio* Spotti, umbro merid.-or. (valtopin.) *cappùcciu* VocScuola, abr.or.adriat. *kappú́ććə* DAM, Loreto Aprutino *kappọ́ććə* ib., vast. *kappíććə* ib., abr.occ. (Introdacqua) *kappọ́ććə* ib., molis. (Ripalimosani) *kęppúććə* Minadeo, Monalicioni *kappúććə* DAM, laz.merid. (Castro dei Volsci) ~ Vignoli, nap. *cappuccio* (dal 1716, Pagano, Rocco; Andreoli), dauno-appenn. (fogg.) *cappùccio* Villani, Sant'Àgata di Puglia *cappucce* Marchitelli, Margherita di Savoia *cappùcce* Amoroso, garg. (manf.) *cappócce* Caratù-RinaldiVoc, àpulo-bar. *cappucce*, Monòpoli *kappọ́ććə* Reho, cal. centr. (apriglian.) *capùcciu* NDC, cal.merid. *cappúcciu* ib., catanz. *capùcciu* ib., sic. *cappúcciu* (Biundi; VS), niss.-enn. (piazz.) *cappucc* Roccella, sic.sud-or. (Vittoria) *kappú́ćću* Consolino, trapan. *cabbùcciu* VS; AIS 1570; ALEIC 1753; VPL.

Tic. *ciapüsc* m. 'capello logoro, cencioso' (VSI 5,216); tic.alp.occ. (valverz.) *kapǘć* 'cappello da contadino di scarso pregio' Keller-2, lomb.alp. or. *capùsc* Monti, Sòndalo *capùc* Foppoli-Cossi, lad.ven. (Gosaldo gerg.) *kaθúćo* (Pellis,SillÀscoli 557).

Pis. *cappúccio* m. 'berretto con orecchie d'asino che un tempo si metteva in capo agli alunni più svogliati' Malagoli.

Sign.second.: tosc.a. *cappuccio* m. 'cercine' (1318-20, FrBarberino, B), lomb.or. (bresc.) *capùs* (*del fachì*) Gagliardi 1759, *capœs* (*del fachì*) Melchiori, mant. *capuzz* Cherubini 1827.

It. *cappuccio* m. 'maschera antigas' (1934, EncIt 22,489).

---

[1] Cfr. lat.mediev.piem. *capucius* m. (Omegna 1384, GlossGascaZanetta), lat.mediev.cun. *caputium* (Cherasco 1294, GascaGlossBellero – Beinette 1358, GascaGlossApricò), *capucium* (Savigliano 1305, Stat, BSSS 121, HubschmidtMat; Peveragno 1384, GascaGlossBellero), *caputeum* (Chiusa Pesio 1382, ib.), lat.mediev. monf. *caputium* (Borgo San Martino 1278, GascaGlossZavattaro – Occimiano 1389, ib.).

[2] Cfr. lat.mediev.emil. *capucius* m. (Piacenza 1388, SellaEmil), *caputeus* (Bobbio 1388, ib.), *caputius* (Modena 1327, ib.), *capucius* (Bologna 1279, ib.), *caputius* (1313, ib.), *caputeus* (1335, ib.), *caputius* (Ravenna inizio sec. XIII, Lazard,RLiR 37,407), *caputeus* (1388, SellaEmil).

[3] Cfr. lat.mediev.venez. *caputeus* m. (1308, Sella), *caputius* (1308, Lazard,RLiR 37,407), *capuzus* (1339, Sella).

[4] Cfr. vegl. *kapúts* Bàrtoli-2.

[5] Cfr. lat.mediev.istr. *capucium* (1277, Kostrenčić), *caputium* (1345, ib.), *cappucium* (1376, ib.), *chapocium* (1378, ib.).

[6] Cfr. grigion. *chapütsch* m. (DRG 3,333); ATed. medio *cappuzenrock* 'mantello con cappuccio' (secc. XV-XVI, Berner).

It. *cappuccio* m. 'apparecchio per respirare sott' acqua' (dal 1955, DizEncIt; B; VLI 1987).

Sintagmi: it. *cappuccio a foggia* m. 'tipo di cappuccio in uso dal sec. XIII al sec. XV con un lembo che scendeva fino sulla spalla sinistra' (Petr 1887; 1904, D'Annunzio, B).

It.a. *cappuccio a gote* m. 'tipo di cappuccio medievale con allacciatura sotto il mento a coprire le gote' (1370ca., BoccaccioDecam, B), fior.a. ~ (seconda metà sec. XIV, Sacchetti, TLIO), roman.a. *cappucci alle gote* pl. (1358ca., BartJacValmontonePorta, ib.).

It.sett.a. *capuzo a pelle* m. 'cappuccio foderato di pelliccia' (1509, Barzizza c. 36v).

Fior.a. *cappuccio di Fuligno* m. 'forca' (ante 1494, MatteoFranco, B)[1].

Piem. *capuss da viturin* m. 'capperone che indossavano i guidatori delle carrozze' DiSant'Albino, mil. *capusc da vicciurin* Cherubini, venez. *capuzzo da veturini* Boerio.

Sintagma prep. e loc.verb.: it.a. *onor di cappuccio* → *onor*

Nap.a. *avere il cervello sopra il capuccio* 'essere fuori di senno' (ante 1475, MasuccioPetrocchi).

Sign.fig.: piem. *capuss* m. 'capriccio' Capello; ~ 'forte innamoramento' DiSant'Albino.

Trent.occ. (bagol.) *käpös* m. 'modo di portare un sacco pieno, appoggiato sulle spalle e tenuto sulla testa come un cappuccio' Bazzani-Melzani.

Loc.verb: ven.centro-sett. (vittor.) *far al kapúts* 'mettere il broncio' Zanette.

It. *tirarsi il cappuccio sugli occhi* 'agire con inflessibilità, senza riguardi per nessuno' (1649-95, Redi, B), bol. *tirars àl capòz in ti uc'* Coronedi, *tirars zô al capòz* ib.

Escl.: it.a. *nettati il cappuccio!* 'detto a chi rimprovera ad altri un difetto che anche lui ha' (1483, Pulci, B).

Sic. *mettiri cappa e cappucciu* 'coprirsi di molte vesti' Traina.

Loc.prov.: ancon. *fà i capuci a S. Antò* 'restare zitella' Spotti[2].

It.a. **cappuccia** f. 'copricapo a forma di cuffia spesso cucito al collo dell'abito' (fine sec. XIV, CantariRinMonteAlbanoMelli), ferrar.a. *capuza* (*a la spagnola*) (1471-1505, LessEste, Marri,SLeI 12), venez.a. *chapuze* pl. (1424, SprachbuchPausch 156), fior.a. *cappuccia* f. (prima metà sec.

XIV, TavolaRitonda, TLIO), perug.a. *capuccia* (1342, StatutiElsheikh, ib.), b.piem. (valses.) *cappuccia* Tonetti, tic.alp.occ. (Sonogno) *capücia* Lurati-Pinana, lomb.alp.or. (Tirano) *capüscia* Pola-Tozzi, emil.occ. (Prignano sulla Secchia) *kapúća* (AIS 1570, p.454), lad.ven. *kapútsa* PallabazzerLingua, lad.ates. (gard.) ~ (Gartner; Lardschneider), *capuza* (Martini,AAA 46), mar. ~ Videsott-Plangg, lad.cador. (Candide) *kapútsa* DeLorenzo[3], sic. *cappuccia* VS[4].

Tic.alp.occ. (ALeventina) *capuscia* f. 'cappello da contadino di scarso valore' Monti, b.Leventina ~ FransciniFarè, lomb.alp.or. (posch.) *capùscia* Monti[5], Grosio ~ Antonioli-Bracchi, corso cismont.nord-occ. *gabútsya*, balan. *capùzia* Alfonsi, Galeria *gabúdzya* (p.15), Calacuccia *gabódzia* (p.18), cismont.occ. (Èvisa) *gabótsia* (p.22), Guagno *gapódzia* (p.27); ALEIC 1875.

Loc.prov.: nap. *e[ssere] nato int' a cappuccia* 'detto di chi è molto fortunato' Altamura.

It. **cappucciuzzo** m. 'piccolo e misero cappuccio' (ante 1321, Dante, TLIO).

Tosc.a. **cappuccetto** m. 'scollatura di una tunica' (1471, BibbiaVolg, TLIO); pis.a. *cappuzzetti* pl. 'piccoli cappucci' (1385-95, FrButi, ib.), it. *cappuccetto* m. (dal 1623, Crusca; Zing 2008), *cappuccietto* (1761, Goldoni, B), gen. *cappûççetto* Casaccia, bisiacco *capucet* Domini, umbro-merid.-or. (valtopin.) *cappuccittu* VocScuola[6].

Loc.prov.: ancon. *fà i capuceti a S. Antò* 'rimanere zitella' Spotti[2].

Corso cismont.or. (La Volpaiola) ⌜**kabudzyétta**⌝ f. 'zuccotto, cappellaccio da contadini' (p.11), Vezzani ⌜*kapudzyétta*⌝ (p.26); ALEIC 1875.

Sign.fig.: sic.sud-or. (Mòdica) *fári* **kapputsédda** 'ciondolare il capo a causa del sonno' VS.

Aret.a. **cappucciuol** m. 'cappuccio' (metà sec. XIV, MinoDiet, TLIO), emil.or. (ferr.) *capuciòl* Ferri[7].– Emil.occ. (moden.) *capuzôl* m. 'gioco della moscacieca o del nascondino' Neri.

---

[1] Per condizionamento fonico di *fune* e *legno*.

[2] Sant'Antonio è il patrono delle fanciulle che vogliono maritarsi.

[3] Cfr. grigion. *chapütscha* f. (DRG 3,333); ATed. medio *caputze* 'specie di copricapo cucito allo scollo della cappa' (1483, Tucher, Wis), *capputze* (1482, Breitenbach, ib.), *kapbutze* (1486, Grünemberg, ib.).

[4] Cfr. lat.mediev.venez. *capuzia* f. (1339, Sella).

[5] Cfr. grigion. *capuza* f. (DRG 3,333).

[6] Cfr. lat.mediev. *capucett[us]* m. (1349, Curia, Sella).

[7] Cfr. lat.mediev.imol. *capuzolus* m. (1427, Sella-Emil), lat.mediev.bol. *capuciolus* (1371, ib. s.v. *cappa*).

Sintagma prep. e loc.verb: emil.occ. (moden.) *zugar a capuzzeul* 'giocare a moscacieca' (prima del 1750, Crispi, Marri).

Ven.centro-sett. (feltr.) *andár de kaputsolón* 'fare una capriola' Migliorini-Pellegrini.

It. **capuccino** m. 'piccolo cappuccio' (1526-27, Vignali, LIZ), *cappuccino* (1554, Bandello, B).

APiem. (Sanfrè) *capuzzino* (*alla Portughesa*) 'copricapo' (1586, InventarioSobrero,BSPCuneo 93, 58).

Tosc. *cappuccino* m. 'gioco di bambini' (1863, FanfaniUso; TB; Petr 1887).

Corso ⌜*kappuććínu*⌝ m. 'zuccotto, cappellaccio da contadini' ALEIC 1875.

Teram. **kapuććənéllə** f. 'specie di ballo contadino' DAM, abr.or.adriat. (vast.) ~ ib.

It. **cappuccione** m. 'grosso cappuccio' (1923-39, Ojetti, B)[1], lomb.alp.or. (borm.) *capusciòn* Monti, lomb.or. (cremon.) *kapućóŋ* Oneda, bisiacco *capucion* Domini.

March.a. **cappucciaio** m. 'armadio' (Pergola 1436, InventarioGaspari,ASMarcheUmbria 3,103), reat.a. *cappucciaro* (fine sec. XV, CantalicioBaldelli,AAColombaria 18,398), umbro *capucciaru* (1702, Ugolini,ACStUmbri 5).

It.a. *cappucciaio* m. 'colui che fabbrica cappucci' (ante 1449, Burchiello, B).

Venez. *capuzzèr* m. 'colui che fabbrica cappucci' Boerio, triest. *capuzer* Pinguentini.

Loc.verb.: lad.ven. (Cencenighe) *dogá a kapusáro* 'gioco infantile' RossiVoc; Frassené *dogá a kupuséra* 'id.' ib.

Venez. **capuzzèra** f. 'colei che fabbrica cappucci' Boerio.

It. **cappucciare** v.tr. 'coprire col cappuccio' (Florio 1598; ib. 1611), *capucciare* ib., bisiacco *capuciar* Domini.

Con *s*-: fior.a. **scappucciare** v.tr. e assol. 'scoprire il capo' (seconda metà del sec. XIV, Sacchetti, B), it. ~ (ante 1446, Pandolfini, TB; dal 1882, Faldella, B; Zing 2008), lomb.or. (cremon.) *skapüsá* Oneda, emil.occ. (parm.) *scapuzzär* Pariset, ver. *scapusàr* Patuzzi-Bolognini, umbro occ. (Magione) *skapúććé* Moretti, macer. *scappucciá* GinobiliApp-2, molis. (santacroc.) *skappúććá* Castelli, laz.merid. (Castro dei Volsci) *škappúććá* Vignoli, sic. *scappucciari* (sec. XVIII, Spatafora, VS; Traina), niss.-enn. (piazz.) *scappuccè* Roccella.

Luc.nord-occ. (Picerno) *škappúććá* v.tr. 'togliere ciò che ricopre (panni, coperte)' Greco.

It. *scappucciarsi* v.rifl. 'scoprirsi il capo' (1438ca., LBattAlberti, B; dal 1834ca., Giraud, B; Zing 2008), roman. *scappucciasse* (1831, VaccaroBelli).

Roman. *scappucciare* v.assol. 'omaggiare q. ad alta voce' (1688, PeresioUgolini).

Inf.sost.: fior.a. **scappucciari** m.pl. 'gesti di saluto compiuti scoprendosi il capo' (ante 1419, GiovDominici, B).

Agg.verb.: fior.a. **scappucciato** 'privato del cappuccio' (seconda metà sec. XIV, Sacchetti, B), it. ~ (ante 1449, Burchiello, B; dal 1772, D'AlbVill; GRADIT 2007), (*monachicchio*) *scapucciato* (1945, C. Levi, B), sic. *scappuciatu* Biundi.

It. *scapucciati* (*prefattori*) agg.m.pl. 'palesi, non anonimi' (1772, Gozzi, B).

It.a. **scappucciata** f. 'gesto di saluto ed ossequio che si compie scoprendosi il capo' (ante 1449, Burchiello, B – 1484, Pulci, B).

Retroformazione: it.sett. **scapuzzo** m. 'cappuccio' (1542, M. Membré, B; Vopisco 1564), lig.occ. (Pigna) *skapüsu* VPL, lig.centr. *skapüssu* ib., lig.gen. (Varazze) ~ ib., Arenzano *skapüsu* ib., Calasetta *skapüssu* ib., gen. *scapûsso* Gismondi, lig.or. (Riomaggiore) *skapüsu* VPL, spezz. *skapüsso* Conti-Ricco, lig.Oltregiogo occ. *škapütsu* VPL[2], b.piem. (monf.) *scapiss* Ferraro, emil.occ. (piac.) *scappuzz* Foresti[3], teram. ram. *skappúććə* Savini, cal.merid. *scappucciu* NDC, sic. ~ (1751-54, DelBono,VS; Biundi), messin.or. *scappùcciu* VS[4], sic.sud-or. ~ ib., VittoVittoria *škappúćću* Consolino.

Niss.-enn. (piazz.) **scapùccia** f. 'cappuccio' Roccella[5].

It.a. **scappuccino** m. 'cappuccio' (ante 1470, Pulci, B), ferrar.a. *scapocino* (1466-76, LessEste, Marri,SLeI 12), *scapozino* (1471-1505, ib.), *scapuzini* (*de panno verde*) pl. (1471-1505, ib.)[6], it. *scapuzzini* (1549, Catzelu, B), *scapuccino* m. (ante 1554, SabbaCastiglione, B; 1573, Corte, B), *scappuccino* (*di felpa*) (1566, MascherataBufole, B).

Ast.a. *scapuçin* m. 'piccolo cappuccio, cuffietta' (1521, AlioneBottasso), *scapuzin* ib., ven.a. *schapuczino* (1477, VocAdamoRodvilaGiustiniani),

---

[1] Cfr. fr. *capuchon* m. 'parte di mantello a forma a cappuccio' (dal 1542, FEW 2,276b).

[2] A Varazze e Rossiglione il cappuccio consiste in un sacco ripiegato (cfr. Arenzano *sáka skapüsa* VPL).

[3] Cfr. vegl. *skapwáts* m. Bàrtoli-2.

[4] Cfr. il soprannome messin.occ. (sanfrat.) *skappúććə* m. RohlfsSoprannomi.

[5] Cfr. il soprannome catan.-sirac. (Francofonte) *Scappuzza* f. RohlfsSoprannomi.

[6] Cfr. il soprannome catan.-sirac. (Francofonte) *Scapuccinu* m. RohlfsSoprannomi.

pist.a. *scapuçin* (*francioso*) (ante 1502, Cammelli, AlioneBottasso), sic.a. *scapuchinu* (1519, ScobarLeone), lig.occ. (onegl.) *scapessin* Dionisi, venez. *scapuzzin* Boerio.

It. **scapuzzetto** (*rosso*) m. 'piccolo cappuccio' (1553-54, Straparola, B).

It. **incappucciare** v.tr. 'coprire col cappuccio' (dal 1542ca., Benivieni, B; Zing 2008), *incapucciare* (Florio 1598 – Oudin 1643), lig.occ. (Mònaco) *üncapücià* Frolla, piem. *a ŋ k a p ü s é* (ante 1796, Brovardi, CornagliottiMat – Gavuzzi), emil.occ. (parm.) *incapuzzar* (Malaspina; Pariset), romagn. *i ŋ k a p u c é a r* Ercolani, venez. *incapuzzar* Boerio, ven.merid. (poles.) *incapuzzare* Mazzucchi, ven.centro-sett. (bellun.) *incapuzzar* Nazari, bisiacco *incapuciar* Domini, ver. *incapusàr* PatuzziBolognini, *incapussàr* Beltramini-Donati, trent.or. (rover.) *encappuzzar* Azzolini, macer. *ngappuccià* GinobiliApp 2, laz.centro-sett. (Castelmadama) *ngappuccià(ne)* Liberati, march.merid. (asc.) *n k a p p ə c c á* Brandozzi, molis. (Bonefro) *'ngappucciá* Colabella, nap. *incappucciare* Volpe, *incappuccià* ib., *'ncappuccià* Altamura, daunoappenn. (Margherita di Savoia) *ncappuccé* Amoroso, àpulo-bar. (Monòpoli) *'n g a p p u c c y é* Reho, salent. *ncappucciare* VDS, cal.merid. (Cittanova) *n k a p p u c c á r i* (Longo,ID 16), sic.sudor. (Vittoria) *ŋ k a p p u c c á r i* Consolino, niss.enn. (piazz.) *'ncappuccè* Roccella.

It. *incapucciarsi* v.rifl. 'coprirsi il capo col cappuccio' (ante 1705, Nomi, B), *incappucciarsi* (dal 1803, Casti, LIZ; Zing 2008), gen. *incappûssâsse* (Casaccia; Gismondi), piem. *ancapussesse* (DiSant'Albino – Brero), tic. *incapüsciass* (LSI 2,877), lomb.occ. (com.) *incapuciàs* Monti, emil. occ. (parm.) *incapuzzares* Pariset, ven.merid. (vic.) *incapussarse* Pajello, nap. *incappucciarese* Volpe, dauno-appenn. (Margherita di Savoia) *ncappucciärse* Amoroso, sic. *incappucciarisi* Traina, *ncappucciarisi* VS.

Piem. *ancapussesse* v.rifl. 'innamorarsi' (Zalli 1815 – Brero).

Agg.verb.: fior.a. *incappucciato* 'che indossa un cappuccio' (1473, M. Palmieri, B), it. ~ (dal 1484ca., Cornazano, B; Zing 2008), *incapucciato* (1554, Bandello, B), gen. *incappûssòu* Gismondi, piem. *ancapussà* (Ponza 1830; DiSant'Albino), emil.occ. (parm.) *incapuzzà* (Malaspina, Pariset), romagn. *i ŋ k a p u c é a* Ercolani, ver. *incapussà* Beltramini-Donati, *incapussàdo* ib., dauno-appenn. (Margherita di Savoia) *ncappucciàte* Amoroso, cal.merid. (Cittanova) *n k a p p u c c á t u* (Longo,ID 16), sic.sud-or. (Vittoria) *n k a p p u c - c á t u* Consolino.

It. *incappucciato* m. 'chi indossa un abito con cappuccio' (dal 1970, Zing; ib. 2008).

It. **incapucchiamento** m. 'atto, condizione dell'incappucciare' (1592, C. Gonzaga, B), *incappucciamento* (dal 1902, Carducci, B; "raro" Zing 2008). Laz.centro-sett. (Castelmadama) *rencappucciàrese* v.tr. 'coprirsi bene, specie la testa' Liberati.

Sign.fig.: venez. **incapuzzàr** *q.* v.tr. 'arrestare qc.' Boerio.

Abr.or.adriat. (gess.) *n g a p u c c á* v.tr. 'prendere per il collo q.; imbrogliare q.' DAM.

Nap. *incappucciare* v.tr. 'cammuffare' Volpe, *incappuccià* ib., luc.nord-occ. (Muro Lucano) *ngappuccià* Mennonna.

Trent.or. (rover.) *incapuzarse* v.rifl. 'intestardirsi' Azzolini.

Nap. *incappucciarese* v.rifl. 'cammuffarsi' Volpe. Roman. *incappucciare* (*a q.*) v.intr. 'infilarsi da qualche parte per nascondersi' (1688, PeresioUgolini), *incappucciarze* v.rifl. ib.

Salent.merid. (Paràbita) *ncappucciare* v.tr. 'finire un lavoro' VDS.

Agg.verb.: it. *incappucciati* (*prefattori*) agg.m.pl. 'anonimi' (1772, C. Gozzi, B s.v. *scappucciato*[5]).

It.a. **descapuzare** v.tr. 'togliere il cappuccio a q.' (ante 1481, TranchediniPelle), ast.a. *descapuçer* (1521, AlioneBottasso), it. *discapucciare* (Oudin 1640 – Veneroni 1681), lig.occ. (Mònaco) *descapücià* Frolla, lig.gen. (gen.) *descappûssâ* (Casaccia; Gismondi), trent.or (rover.) *descappuzzar* Azzolini[1].

Trent.or. (rover.) *descappussarse* v.rifl. 'togliersi il cappuccio' Azzolini.

It. **accappucciare** v.tr. 'coprire il capo di qc. col cappuccio' (1613ca., Boccalini, GRADIT; dal 1828, Omodei, Tramater; "raro" Zing 2000; "basso uso" GRADIT 2007), nap. ~ (Rocco; Andreoli), *accappocciare* (ante 1627, Cortese, Rocco; 1689, Fasano, ib.; D'Ambra)[2], *accappuccià'* Altamura.

It. *accappucciare* v.tr. 'piegare a guisa di cappuccio' (TB 1865; 1921, Borgese, B).

It. *accappucciarsi* v.rifl. 'coprirsi con il cappuccio' (prima del 1633, Lalli, Bergantini; dal 1863, TB; "raro" Zing 2000; "basso uso" GRADIT 2007), sic. *accappucciàrisi* VS.

---

[1] Cfr. lat.mediev.emil. *discapuzare* 'togliere il cappuccio a q.' (Modena 1327, SellaEmil), *descapuzare* (sec. XVI, ib.).

[2] Con influsso di *cappoccia* 'testa'.

Agg.verb.: nap. *accappucciato* 'coperto con un cappuccio' (ante 1627, CorteseMalato), it. ~ (dal 1772, D'AlbVill; PF; GRADIT 2007).
Retroformazione: trent.or. (primier.) **capuzà** agg. 'ostinato, testardo' Tissot.

Tic.alp.centr. (Airolo) **capìn** (*dala ferovìa*) m. 'berretto (da uomo/da ferroviere)' (VSI 3,504); mil. *capìn* 'cappuccio grezzo col quale gli spazzacamini si riparano il capo nella gola del camino' Cherubini.
Loc.verb.: romagn. *p u r t ę̣ e k a p á ŋ* 'portare il fazzoletto nero in testo di modo che tenga il viso quasi tutto nascosto, in segno di lutto' Ercolani.
Novar. (Oleggio) **k a p ǔ̈ l a** f. 'punta del cappello' Fortina; ven.merid. (vic.) *capula* (*del capeto*) Pajello.
Ven.merid. (vic.) *capúla* f. 'cocuzzolo del capello' Pajello[1], ven.centro-sett. (Revine) *k á p u l a* Tomasi, trent.or. (primier.) *capùrla* Tissot, lad.ven. (agord.) *k á p u l a* RossiVoc, lad.ates. (gard.) *k a p ú l a* (Gartner; Lardschneider)[1], bad. ~ Tagliavini, *k a p ú l l a* ib., mar. *capüla* Videsott-Plangg, bad.sup. *k a p ǔ̈ l a* Pizzinini, livinall. *capula* PellegriniA, Pieve di Livinallongo *k a p ú l a* Tagliavini, lad.cador. (amp.) ~ Majoni, oltrechius. ~ Menegus, comel.sup. ~ Tagliavini, Càndide ~ DeLorenzo, Auronzo di Cadore ~ Zandegiacomo.
Umbro occ. (Magione) *k a p l ę́ t t a* f. 'punta della calza' Moretti.

It. **capperuccia** f. 'cappuccio della cappa' (ante 1449, Burchiello, B – 1689, Frugoni, Bozzola,SLeI 14), tosc.a. *capperuccia* (1439, Martelli, Pezzarossa,LN 38,21), fior.a. ~ (*spicchata*) (1449, RicordanzeCastellaniCiappelli 126), lucch.a. *chapparuccia* (ante 1431, Rossi,SLeI 11,44), *capparuccie* pl. (1484, ib.), sen.a. *capparuccia* f. (1450, ib.), sen. ~ (1614, Politi, Bianchi,AFLPerugia 7,310).
Tic.alp.occ. (Intragna gerg.) *k a p a r ǔ̈ š a* f. 'cuffia degli spazzacamini' (VSI 3,509b).
Loc.verb.: it. *andare in capperuccia* 'passare inosservato, sfuggire a qc. o q.' (1510ca., MachiavelliTeatroGaeta).
It. *mandare in capperuccia* 'far passare inosservato qc. o q.' (ante 1540, Guicciardini, B; ante 1565, Varchi, B); it. *menare in* ~ 'id.' (sec. XVI, Vignali, Consolo).

Con metatesi vocalica: tic.alp.occ. (Vogorno) *k a - p ü r á š a* 'copricapo a mo' di sacco, berretto' (VSI 3,509).
It. **scapperuccia** f. 'cappuccio del mantello' (1536, AretinoAquilecchia).
It. **capperuccio** m. 'cappuccio del mantello' (ante 1543, Firenzuola, B; 1891, Abba, B), *caperuccio* (ante 1565, Doni, B), *capparuccio* (Florio 1611 – Veneroni 1681); it. **scapperuccio** 'id.' (1538, Caro, B; 1543, A.F. Doni, B), teram. *s k a p - p a r ú ć ć e* Savini.
Tic.alp.occ. (Intragna) *k a p a r e ć í ñ* m. 'berretto' (VSI 3,509).
It. **capperuccione** m. 'grosso cappuccio' (ante 1584, Grazzini, B).
It. (*veste*) **capperucciata** agg.f. 'di abito fornito di cappuccio' Saverien 1769 s.v. *cappotto*.
It. **incapperucciarsi** v.rifl. 'coprirsi il capo col cappuccio' (ante 1556, Caro, B; 1862, Mamiani-Rovere, B; 1920, D'Annunzio, B).
It. *incapperucciare* v.tr. 'coprire il capo con la capperuccia' (ante 1565, Varchi, B; 1835, Botta, B), *incaparucciare* (Oudin 1640 – Veneroni 1681); *incapperucciare* v.tr. 'mettere qc. in capo a q.' (ante 1768, C.I. Frugoni, B).
It. *incapperucciato* agg. 'coperto di cappuccio' (1632, Biondi, B – 1861, Settembrini, B; Bozzola,SLeI 14).
It. **discaperucciare** v.tr. 'togliere il cappuccio a q.' (Oudin 1640 – Veneroni 1681).

Corso oltramont.sett. (Solenzara) ⌜**k a p p a r ę́ ḍ - ḍ u**⌝ m. 'colletto' (p.38), oltramont.merid. ~ , sart. *capparéddu* Falcucci; ALEIC 1741.
Sign.second.: carr. (Colonnata) **k a p a r ǫ́ l ə** m. 'cercine improvvisato di paglia o altro' (Luciani,ID 45), *k a p p a r ǫ́ l ə* ib.[2].
It. **capperone** m. 'grosso cappuccio da portare sopra il cappello quando piove, allacciandosi al mantello' (1350ca., CrescenziVolg, B – 1686, Frugoni, B; RinMonteAlbanoMelli; PecoroneEsposito; FilGalloGrignani; FirenzuolaRagni 290; DottoriAsinoDaniele)[3], it.sett.occ.a. *capirone* (1490ca., PassioneRevelloCornagliotti), pav.a. *caperon* (secc. XIV-XV, Salvioni,BSPav 2), fior.a. *chapperone* (1265, LibriccioloBencivenni, ProsaOriginiCastellani 302 – 1484, PiovArlotto, B; RicordanzeCastellaniCiappelli 115), prat.a. *chaperoni* (*di montone*) pl. (1367, Edler), sen.a. *capperone* m. (ante

---

[1] Per il suffisso -*úla* cfr. PellegriniStVen 197.

[2] Cfr. lat.mediev.bellun. *cappeta* f. 'punta del verrettone' (1379, Sella).

[3] Cfr. lat.mediev.venez. *capironus* 'cappello in ferro' (1255, Sella), lat.mediev.roman. *capayronus* (1367, ib.).

1322, BinduccioSceltoTroiaVolg, TLIO), abr.a. *capparone* (1471-73, LibroPasqualeSantuccioMarini), nap.a. *capirroni* (seconda metà sec. XV, SummaLupoSpechioCompagna, MemZolli)[1], fior. *capperone* (1614, Politi, Bianchi,AFLPerugia 7,310), sic. *caparruni* VS.

Loc.verb.: it. *portare il capperone* (*per fuggire la ria ventura*) 'essere provvisto del necessario per ogni evenienza' (Crusca 1612 – ib. 1866).

Abr.a. **cappata** 'quanto si tiene nella cappa' (sec. XVI, Alessio,SBN 7,288).

1.a.α². persone
It. **cappa** f. 'nobiluomo' (1827, Manzoni, B; 1949, Ansaldo,LN 16,55).

Sintagmi e composti: ver.a. **falsa-capa** m. 'farabutto' (seconda metà sec. XIII, GiacVerona, PoetiDuecentoContini 1,645,180).

It. **cappanera** m. 'servitore e guardia del corpo di nobili e prelati' (ante 1786, C. Gozzi, B), *cappa nera* (1857-58, Nievo, B), *cappa-nera* (1880, Dossi, Isella), emil.occ. (parm.) *càpa nèra* PeschieriApp, *capanera* Malaspina, guastall. *capanéra* Guastalla, roman. *cappanera* (1830, BelliVigolo 28,7), nap. ~ (1669, Valentino, Rocco; D'Ambra), *cappanegra* (1765, Sciattamone, Rocco).

Nap. *cappe nere* pl. 'i civili a Napoli nel '600 (magistrati, borghesi)' (ante 1675, Fuidoro, Iovino; DeMattei,LN 16,55).

Catan.-sirac. (Sant'Alfio) **poviru cappa** m. 'disgraziato, spiantato' VS.

Emil.occ. (piac.) **capparôssa** m. 'famiglio del Podestà' ForestiApp.

Àpulo-bar. (minerv.) **cappanguedde** m. 'persona poco amante del lavoro' (⌜*cappa in collo*⌝, Campanile).

Sintagmi prep.: gen. *figgin da cappa* 'damerino, bellimbusto' Casaccia.

Catan.-sirac. (Sant'Alfio) (*leggiu*) *di cappa* 'detto di persona gracile, ma dinamica' VS.

Catan.-sirac. (Sant'Alfio) (*puèta*) *di cappa* '(poeta) dallo stile accademico' VS.

Derivati: it. **cappuccio** m. 'fautore del partito popolare a Firenze' (prima del 1575, IacPitti, B).

Trent.or. (primier.) *capùs* agg. 'tonto, ignorante' Tissot, lad.ates. (bad.) *capüc* Martini; corso ci-

smont.nord-occ. (balan.) *cappugiu* m. 'furbacchione' Alfonsi.

Sintagma prep.: lad.cador. (oltrechius.) (*tẹsta*) *de kapútse* 'tonto' Menegus.

Sintagma: venez.furb. **capuzzini** *del ganzo* m.pl. 'sbirri, gendarmi' Boerio.

Garf.-apuano (Gragnana) **k a p u š ọ ŋ** m. 'persona trasandata' (Luciani,ID 45), carr. (Colonnata) *kappušọŋ* ib.; molis. (santacroc.) *kapuććón* 'persona di molto autorità' Castelli.

Ven. **capuzzante** m. 'persona con cappuccio' (ante 1659, Busenello, MiglioriniSaggiLing 116).

Agg.verb.sost.: it. **cappucciati** m.pl. 'associazione laica francese così detta perché i suoi membri indossavano un cappuccio bianco' (dal 1955, DizEncIt; B; "tecn.-spec.stor." GRADIT 2007).

Lad.ven. (Frassené) **s k a p o ϑ o l ó n** m. 'giovanotto che si divertiva a corteggiare le donne di servizio (nel periodo della villeggiatura)' RossiVoc.

It. **cappetta** f. 'bellimbusto, damerino' (1689, Frugoni, Bozzola,SLeI 14)[2], lig.occ. (sanrem.) *capeta* Carli; lig.gen. (savon.) *capete* pl. 'popolani, bravacci' (1570ca., Aprosio-2)[3], gen. *cappetta* f. 'persona di misera condizione che simula una condizione superiore' (Casaccia; Gismondi; Dolcino)[4].

Emil. **k a p t í ŋ** m. 'birba' (Malagoli,AGI 17, 188).

Nap. **cappettella** f. 'giovane che indossa la cappettina, signorino' (Rocco; D'Ambra).

Sic. **k a p p u t t é ḍ ḍ u** m. 'il demonio' VS.

Loc.verb.: sic. *dárisi l árma a kkapputtéḍḍu* 'dannarsi l'anima per ottenere qc.' VS.

Sic. **cappata** f. 'persona molesta' VS, catan.-sirac. (catan.) ~ Tropea 87, catan.gerg. ~ (Tropea,ContrFilItMediana 10), Bronte ~ VS; sic. ~ 'chi fa le cose male e troppo lentamente' VS, it.reg.sic. ~ (Sgroi,RILA 11/12,212).

It. **cappaiuolo** m. 'chi porta la cappa' (1689, Frugoni, Bozzola,SLeI 14).

Lomb.or. (crem.) **caparót** m. 'nanerottolo' Bombelli.

Mil.furb. **scapüz** m. 'l'assassinare, il rubare alla strada' PratiVoci num. 309; emil.occ. (parm.furb.) *scapúz* 'furbone; ladrone da strada' ib., venez. furb. *scapuzzo* 'ladrone da strada' ib.–

Mil.furb. **scapüzzadór** m. 'assassino' ib.

---

[1] Cfr. lat.mediev.nap. *capparonus* (*de ferro*) m. 'saio o sopravveste militare' (1311, Bevere,ASPNap 22,726) e cat. *caperó, capiró* 'antico copricapo a punta che proseguiva sulle spalle e sulla schiena come una cappa' (1272ca. – 1495, DCVB 2,873).

[2] Nota di Frugoni: "*Cappetta* si dice uno, che s'addossa il feraiuolo, il quale non gli s'aggiusti."

[3] Cfr. lat.mediev.gen. *capetta* f. 'scherano, bravaccio' (fine sec. XVI, Aprosio-1).

[4] Cfr. lat.mediev.lig. *capetta* f. (Rossi,MSI 44,212).

Elb. (Rio nell'Elba) **s k a p e r ǫ́ n t s o l o** agg. 'ragazzo mingherlino, rachitico' Diodati.

Agg.sost.: it. **incappato** m. 'chi indossa un camice' (1927, E. Cecchi, B; ante 1956, Papini, B).

Composti: it. **rubacappe** m. 'furfante di strada' (sec. XVI, PasquinateRomane, B).

Dauno-appenn. (fogg.) **stracciacàppe** m. 'straccione' Villani, *strazzacappe* ib., àpulo-bar. (minerv.) ~ Campanile[1].

1.a.β. indumenti per religiosi

Gen.a. **capa** f. 'abito dei membri di una confraternita; tonaca di frate; veste di canonico' (ante 1311, AnonimoNicolas 500,83), tic.a. *cape* (*de la penitentia*) pl. (Daro 1300ca., Doc, VSI 3,503b), berg.a. *capa* (~) f. (prima metà sec. XIV, StatDisc-SMariaMaddalena, TLIO), trent.a. ~ (*de la disciplina*) (1340ca., StatutiSchneller, ib.), fior.a. *cappa* (1288, RegistroSMariaCafaggio, ib.), *chapa* (1295-1332, RicordanzeSMariaCafaggio, ib.), prat.a. *cappa* (1335, StatutiCompSDomenico, ib.), lucch.a. ~ (prima metà sec. XIV, RegolaSJacAltopascio, ib.), volt.a. ~ (1348, StatutoDisciplinati-SGiov, ib.), pis.a. *cappe* pl. (ante 1328, GuidoPisa, ib.), sen.a. *cappa* f. (1295, CapitoliCompDisciplinati, TLIOMat; 1416ca., Rossi,SLeI 11,40), cort.a. ~ (1345, CapitoliCompDisciplinati, TLIO), vit.a. *cappe* pl. (1345ca., CapitoliDiscSLorenzo, ib.), cal.a. *cappa* f. (1457-1458, TestiMosino), sic.a. ~ (metà sec. XIV, RegoleBranciforti), palerm.a. ~ (1343, CapituliCumpDisciplina, TLIO), it. ~ (dal 1313ca., Dante, B; Zing 2008)[2], it.a. *capa* (ante 1481, TranchediniPelle), it.sett. ⌐*k á - p a*⌐[3], tic.alp.occ. (Cavergno) *č á p a* (VSI 3,503), trent. *cappa* (1574, Cesarini,ArTrent 21,198), fior. *cappa* Fanfani, garf.-apuano (Gragnana) *k á p a* (Luciani,ID 45), carr. ~ ib., corso cismont.or. *cappa* Falcucci, nap. ~ Volpe, àpulo-bar. *k á p p ə* Jurilli-Tedone, sic. *cappa* Traina.

It. *cappa* (*pontificale/all'apostolica*) f. 'mantello di alti prelati' (dal 1470ca., Pulci, B; LIZ; Zing 2008)[4], bol.a. ~ (1324-28, JacLana, TLIO), ver.a.

---

[1] Dal nome di un mendicante al quale, secondo una leggenda, apparve la Vergine del Santuario dell'Incoronata.

[2] Cfr. lat.mediev. *cappa* f. (ante 1289, SalimbeneScalia), lat.mediev.piem. *capa* (1092, Gabotto,BSBS 3,3), lat.mediev.bol. ~ (1260, ib.).

[3] Cfr. lat.mediev.venez. *capa* f. (1155, Montecchio), friul.a. ~ (Cividale 1290ca., StatutiDiscipl, Monaci 152), friul. (mugl.) *k á p a* Zudini-Dorsi.

[4] Cfr. fr.a. *cape* f. 'mantello da corso degli ecclesiastici' (dal sec. XI, FEW 2,269a); cfr. lat.mediev.vercell.

(*riche*) *cape* pl. (sec. XIII, Caducità, ib.), fior.a. *cappa* (*cardinalesca*) f. (seconda metà sec. XIV, Sacchetti, ib.), (*cardinalesca*) *cappa* (ante 1334, Ottimo, ib.), nap.a. *cappa* (seconda metà sec. XV, SummaLupoSpecchioCompagna), gen. ~ Casaccia, piem. *capa* (*d' vëscou/da Vesco* (Capello – DiSant'Albino), tic.prealp. (Arogno) ~ (*rossa*) (VSI 3,503), pav.~ Annovazzi, bol. *cappa* Coronedi, àpulo-bar. *cappa*, salent.centr. (Vèrnole) ~ VDS, salent.merid. (Salve) ~ ib., cal.centr. (apriglian.) ~ NDC, cal.-sic. ~; VS.

Sintagmi: lig.gen. (Val Graveglia) *cápa giánca* f. 'tònaca con la quale viene seppellito il membro di una confraternita' PlomteuxCultCont 48.

Sen.a. *fare la cappa cotta* 'atteggiarsi a santerellino' (sec. XIII, ContiMorali, ProsaDuecentoSegreMarti 501).

It. *cappa magna* f. 'piviale per alti prelati' (dal 1673, DeLuca, B; Zing 2008), *cappamagna* (dal 1866, Crusca; Zing 2008), gen. *cappa magna* Gismondi, tic.alp.occ. (Brissago) *capamagna* (VSI 3,503), tic.prealp. (Arogno) ~ ib., pav. ~ Annovazzi, emil.occ. (parm.) ~ (PeschieriApp – Pariset), guastall. ~ Guastalla, regg. *cappamàgna* Ferrari, tosc. *cappa magna* FanfaniUso, umbro merid.-or. (Foligno) *k a p p a m á ñ ñ a* Bruschi[5], nap. *cappa magna* Rocco, àpulo-bar. (andr.) *cappemàgne* Cotugno, biscegl. *cappamagne* Còcola, salent.sett. (Grottaglie) *cappamagna* Occhibianco, sic. *cappa magna* Traina.

Sintagmi prep.: it. (*mettersi/vestirsi*) *in cappamagna* 'con grande sfarzo, in pompa magna' (dal 1887, Petr; B; "basso uso" GRADIT; Zing 2008), tic.alp.centr. (bellinz.) *in capamagna* 'con ostentata eleganza' (VSI 3,503); it. *pirata in cappamagna* 'detto di mascalzone con modi da gentiluomo' (TB 1865; Petr 1887).

Sign.second.: it. *cappa di frati* f. 'colore' (ante 1571, Cellini, B).

Loc.prov.: tic.merid. (Melano) *second el fraa sa ga fa la capa* 'bisogna agire secondo le proprie capacità' (⌐*secondo il frate si foggia il mantello*⌐, VSI 3,503).

---

cappa (1270, GascaGlossCerruti), *capa* (1313, ib.), lat.mediev.bol. *cappa* (*clausam de camelino*) (1216, SellaEmil), lat.mediev.venez. ~ (1339, Sella), lat.mediev.sen. ~ (1294, Rossi,SLeI 11,40; 1350, ib.), *capa* (1350, ib.).

[5] Cfr. lat.mediev.orv. *capa magna* f. (1365, GiovMagnaVia, InventarioFumi,StDoc 15,90).

Derivati: it. **cappino** m. 'mantelletta usata dai canonici o dai membri delle confraternite nelle funzioni in coro' (1923-39, Ojetti, B), lig.gen. (gen.) *cappin* (1731, Toso,BALI III.22,107; Casaccia; Gismondi), Val Graveglia *capín* Plomteux-CultCont 47, lig.or. (Riomaggiore) *k a p í ŋ* Vivaldi, mil. ~ Cherubini.

Mil. **capètta** f. 'mantelletta di seta ripiegata dietro l'abito lungo del prete' Cherubini, lomb.or. (cremon.) *k a p ẹ́ t a* Oneda, emil.occ. (parm.) *capetta* (Malaspina; Pariset).

Nap. **cappotto** (*de prevete*) m. 'tabarro' D'Ambra, dauno-appenn. (fogg.) *cappòtte* (*de prèvete*) Villani.

Àpulo-bar. (bar.) **cappottino** m. 'vestimento estivo del prete di seta o altra stoffa leggera' DeSantisG; ~ *alla romana* 'piccolo soprabito a pieghe indossato dai preti in alcune province italiane' DeSantisG.

It. **cappaccia** f. 'saio di frate' (1544, Caro, ["spreg."] B).

It. **capperone** m. 'saio' (1550, G.M. Cecchi, CommedieBorsellino 1,169).

It. **incapperucciare** v.assol. 'farsi frate' (ante 1566, Caro, B); ~ v.rifl. 'id.' (ante 1698, Redi, B – 1901, CaraccioloForino, B).

It. **rincappare** v.tr. 'rifare q. di nuovo monaco' (ante 1574, A.F. Doni, B).

It. *essersi* **incappato** v.assol. 'essersi fatto frate' (1830, GiustiSabbatucci 530).– It. *incapparsi* v.rifl. 'mettersi la cappa di una confraternita' (ante 1879, Fanfani, B).

Agg.sost.: sen.a. **incappato** m. 'chi indossa una cappa, specialmente se divisa di una confraternita' (prima del 1340, UgurgieriEneideVolg, B; dal 1610, Bizoni, B; "basso uso" GRADIT 2007); ~ 'membro di una confraternita (specie quella della Misericordia di Firenze)' (dal 1864, Guerrazzi, B; "tecn.-spec." GRADIT 2007).

Agg.sost.: lucch.-vers. (vers.) **accappato** m. 'membro di una confraternita' Cocci.

Ven.merid. (vic.) **capato** m. 'membro di una confraternita' Candiago, ven.centro-sett. (Révine) *k a p á t o* Tomasi, lad.ven. (Cencenighe) ~ Rossi-Voc, lad.cador. (oltrechius.) ~ Menegus, Auronzo di Cadore ~ Zandegiacomo.

1.a.β¹. copricapo di religiosi

Derivati: lig.a. **capusso** m. 'copricapo di religiosi' (sec. XIV, LeggendeCocito-Farris 55,9), tod.a. *capuccio* (fine sec. XIII, JacTodi, B)¹, sen.a. *cap-*

puccio (ante 1385, FiorettiSFrAssisi, B), it. *capucci* pl. (1536, Aretino, B), *cappuccio* m. (1617, Tassoni, B – 1828, Monti, B)², gen. *cappûsso* Casaccia, piem. ⌜*k a p ü̆ s*⌝, novar. (galliat.) *capüsciu* BellettiParoleFatti, lad.anaun. (Tuenno) *k a p ú ć* Quaresima, *k a p ú t s* ib., AAnan. (Rabbi) *č a p ú ć* ib., emil.occ. (parm.) *capuzz* (Malaspina; Pariset), guastall. *capeuss* (*di frâ*) Guastalla, regg. *capuzz* Ferrari, venez. *capuzzo* (*da frati*) Boerio, trent.or. (primier.) *capùz* (*dei frati*) Tissot, nap. *cappuccio* (Rocco; Volpe), dauno-appenn. (Margherita di Savoia) *cappùcce* Amoroso, àpulo-bar. *cappucce*, sic. *cappùcciu* (Biundi; VS).

Escl.: it. *cappucci* 'equivalente di *caspita*' (ante 1716, Baldovini, TB), emil.occ. (moden.) *capuzz!* Neri.

It.a. *gonfia il cappuccio!* 'dicesi di predicatore che si monta la testa per vanità' (ante 1321, Dante, B; 1481, Landino, B).

Sintagmi: tod.a. *capuccio longo* m. 'cappuccio dei militanti nell'ordine dei Minori, o penitenti' (fine sec. XIII, JacTodiMancini)³.

Catan.-sirac. (Adrano) *k k a p p ú ć ć u   d i   ḍ ḍ ṛ á p p u* m. 'scapolare' VS.

Sintagmi prep. e loc.verb.: it. *non venire al mondo col cappuccio in capo* 'detto di chi non ha condotto una vita del tutto onesta' (1827-40, Manzoni, LIZ).

It. *sotto il cappuccio* 'in abito religioso' (1544, Caro, B).

Corso cismont.nord-occ. (balan.) **capùzia** f. 'zuccotto (di ecclesiastici)' Alfonsi.

Pis.a. **cappuzzetto** m. 'copricapo dei frati' (1385-95, FrButi, TLIOMat).

It. **capuccino** m. 'piccolo cappuccio di cardinale, di frate' (ante 1535, Berni, B; 1554, Bandello, LIZ).

Ossol.alp. (vallantr.) *k a p i š ọ́ t* m. 'cappuccio della pellegrina' Nicolet.

Lomb.occ. (borm.) **capusciòn** m. 'mitra vescovile' Monti.

It. **scappucino** m. 'cappuccio caratteristico di alcuni ordini religiosi' (ante 1470, L. Pulci, B; 1566, MascherateBufole, B), *scapuccino* (1554, Sabba-Castiglione, B; 1573, Corte, B), it.sett. *scapuzzini* pl. (1548-49, Catzelu, B).

Loc.verb.: it. *porre il capo in quello scappuccino* '(enfatico) farsi frate' (ante 1550, Bonfadio, B).

---

¹ Cfr. lat.mediev. *caputium* (ante 1289, Salimbene-Scalia).

² Cfr. fr. *capuce* m. 'cappuccio di certi ordini monacali' (dal 1618, TLF 5,162a).

³ Cfr. lat.mediev. *caputium longum* (ante 1289, SalimbeneScalia).

It. **scappuccinare** v.tr. 'rendere q. disinvolto e spregiudicato' (1875, Settembrini, B).

Agg.verb.: it. *scappuccinato* 'che ha lasciato l'abito monacale' (ante 1768, C.I. Frugoni, B).

It. **cappuccina[re]** v.tr. 'rendere q. appartenente all'ordine dei Cappuccini o delle Cappuccine' (dal 1810ca., F. Lomonaco, BSuppl; "basso uso" GRADIT 2007); *cappuccinarsi* v.rifl. 'assumere atteggiamenti clericali' ("basso uso" dal 1999, GRADIT; ib. 2007).

It. **cappuccinata** f. 'predica burlesca' (Garollo 1913; PratiProntuario 1952).

It. **cappuccinesco** agg. 'relativo ai frati cappuccini, tipico dei frati cappuccini' ("basso uso" dal 1772, C. Gozzi, GRADIT; 1827-40, Manzoni, LIZ).

It. *cappuccinescamente* agg. 'secondo i modi e gli atteggiamenti dei frati cappuccini' (dal 1893, Labriola, ["basso uso"] GRADIT).

Fior.a. **incappucciarsi** v.rifl. 'farsi frate' (seconda metà sec. XIV, Sacchetti, TB), cast.a. ~ (prima metà sec. XIV, Moscoli, TLIOMat), it. *incapucciarsi* (1544, Caro, B), *incappucciarsi* (1550, Vasari, TB; ante 1735, Forteguerri, B – 1902, Carducci, B), piem. *ancapussesse* DiSant'Albino, nap. *'ncappuccià[sse]* Altamura.

It. *incappucciare* v.tr. 'indurre q. a farsi frate' (ante 1564, Domenichi, B).

Agg.verb.: it.a. *incappucciato* 'attributo di appartenente a un ordine religioso o a una setta' (ante 1396, GiovCelle, B), pis.a. ~ (ante 1342, Cavalca, B), sen.a. ~ (ante 1378, SCaterinaSiena, B), it. ~ (dal 1559, Giovio, Ramusio, B; GRADIT 2007).

It. **scappucciarsi** v.rifl. 'abbandonare abito e condizione di religioso' (ante 1752, P.E. Gherardi, B).

It. *scapucciare (la repubblica)* v.tr. 'secolarizzare' (1798, DardiRivoluzione 63).

Agg.verb.: it. (*chierca*) *scappucciata* agg.f. 'di chi è passato da un ordine religioso al clero secolare' (ante 1828, Monti, B).

It. (*gesuita*) *scappucciato* 'che indossa talare privo di cappuccio' (1835, Botta, B).

Piem. **dəskapüsése** v.rifl. 'lasciare il velo monacale' Capello.

It. **cappino** m. 'complemento dell'apparato in terzo dei preti di rito ambrosiano costituito da tre striscie di stoffa attaccate alla pianeta tramite bottoni' Pantalini 1932, mil. *capìn* (Cherubini; Angiolini), lomb.or. (cremon.) *kapę́ŋ* Oneda.

Emil.occ. (parm.) **capètta** f. 'parte del piviale che pende a semicerchio dietro le spalle' Malaspina.

Nap. **cappottino** m. 'striscia di seta che pende dal collo dei sacerdoti' Rocco, *capputtino* Andreoli.

It. **capperuccia** f. 'cuffia monacale' (ante 1484, Pulci, B).

It. **incappato** agg. 'incappucciato' (Ciccuto,ASN-Pisa III.7).

1.a.β². religiosi
Derivati: fior.a. (*maestro*) **Chappuccino** m. 'frate dell'ordine francescano che segue in modo più rigoroso le regole del Santo' (1499, RicettarioFior 62), it. *capuccino* (1585, Garzoni, B)[1], *cappuccino* (dal 1598, Marino, B; Zing 2008), *capucino* (1807, Foscolo, B), lig.occ. (Mònaco) *kapüćíŋ* Arveiller 63, sanrem. *capussín* Carli, lig.gen. (savon.) *kapüsíŋ* (Noberasco,ASSSP 16), gen. ~ (Casaccia; Olivieri), piem. ~ (Zalli 1815 – Brero), tic.alp.occ. (Sonogno) *kapüšíñ* (p.42), Lumino *capuscìn* Pronzini, mil. ~ Cherubini, lomb.or. (berg.) *capüssì* Tiraboschi, *capössì* ib., crem. *capusì* Bombelli, bresc. *capösì* Melchiori, trent.occ. (Borno) *kapuší* (p.238), bagol. *cäpösì* Bazzani-Melzani, lad.anaun. (Tuenno) *capuzzin* Quaresima, vogher. *kapüsę́ŋ* Maragliano, mant. *capusìn* Arrivabene, emil.occ. (parm.) *capuzzèn* (Malaspina; Pariset), mirand. *capuzzin* Meschieri, lunig. *kaputsíŋ* Masetti, emil.or. (bol.) *capuzein* Coronedi, romagn. *capuzén* Ercolani, faent. *capuzzen* Morri, venez. *capuzzin* Boerio, ven.merid. (vic.) *capussìn* (Pajello; Candiago), poles. *capuzzìn* Mazzucchi, ven.centro-sett. (vittor.) *capuzín* Zanette, bellun. *capuzzin* Nazari, bisiacco *capuzin* Domini, triest. ~ Rosamani, *capucin* Pinguentini, ver. *capusìn* Patuzzi-Bolognini, *capuçin* Beltramini-Donati, trent.or. (rover.) *cappuccim* Azzolini, lad.ates. (fass.) *kapotsíŋ* Elwert 67[2], garf.-apuano (Gragnana) *kapućín* (Luciani,ID 45), carr. ~ ib., *kaputsín* ib., umbro occ. (Magione) *kapúććíno* Moretti, laz. centro-sett. (Castel Madama) *cappuccìnu* Liberati, march.merid. (asc.) *cappẹ̀ccì* Brandozzi, abr.or. adriat. (gess.) *kapúććínə* Finamore-1, vast. *kappúććę́ynə* DAM, abr.occ. (Introdacqua) ~ ib., molis. *kẹppəććínə* ib., Bonefro *cappuccine* Colabella, nap. *cappuccino* (Rocco; Andreoli), *cappoccino* Rocco, dauno-appenn. (Sant'Àgata di Puglia) *cappuccine* Marchitelli, Margherita di Savoia *cappuccène* Amoroso, àpulo-bar. (biscegl.) *capiccine* Còcola, bitont. *cappecciòine* Saracino, Monòpoli *kappúććíne* Reho, luc.-cal. (tursit.) ~ PierroTisano, salent. centr. (Galatina) *capuccino*

---

[1] Cfr. fr. *capucin* m. 'religioso dell'ordine francescano' (dal 1546, FEW 2,276a), prov.a. *quapusin* (Alpes M. 1607, ib.).

[2] Cfr. mugl. *ćapusín* m. Zudini-Dorsi.

(prima del 1587, CronacaFoniatiVacca,UrbsGalatina 18), cal.centr. (apriglian.) *capuccinu* NDC, cal.merid. (catanz.) ~ ib., sic. *cappuccinu* VS, sic.sud-or. (Vittoria) *k a p p u ć ć í n u* Consolino, niss.-enn. (piazz.) *capuccingh* Roccella; AIS 797.
It. *cappuccini* pl. 'il convento o la chiesa dei frati cappuccini' (dal 1865, TB; GRADIT 2007).
Emil.occ. (parm.) *capuzzèn* m. 'cappellano delle prigioni, religioso che accompagna il condannato a morte sul luogo del supplizio (generalmente un frate cappuccino)' Malaspina.
Trent.occ. (bagol.) *cäpösì* m. 'bigotto' Balzani-Melzani.
It.sic.gerg. *cappuccinu* m. 'sorvegliato speciale, che ha l'obbligo di rientrare entro una certa ora, come i frati' Correnti, palerm.gerg. ~ Calvaruso.

Sintagmi: it. *padre cappuccino* m. 'frate francescano che segue le regole dell'ordine nel modo più rigoroso' (ante 1587, G.M. Cecchi, B; 1590, Balbi, ScopritoriCaraci-Pozzi 1; 1823, Manzoni, LIZ – 1910, Pirandello, ib.; B).
Abr.or.adriat. (gess.) *k a p u ć ć í n ə f á v ə t s ə* m. 'ipocrita' (⌐*cappuccino falso*⌐, Finamore-1).
It. *frate cappuccino* m. 'frate francescano che segue le regole dell'ordine nel modo più rigoroso' (dal 1827, Manzoni, LIZ; B s.v. *frate*; Zing 2008), mil. *fraa capuscìn* Cherubini, lunig. (Arzengio) *f r á k a p ü ṣ í ŋ* (AIS 797, p.500).
Sintagmi prep. e loc.verb.: it. (*barba*) *da cappuccino* 'come quella dei frati cappuccini' (dal 1870, Giorgini-Broglio; Garollo; PF 1992).
Loc.prov.: it. *idee da Cesare e borsa da cappuccino* 'detto di grande sproporzione tra i desideri e i mezzi per soddisfarli' Crusca 1866; *idee da principi/monarchi e entrate da cappuccini* Petr 1887; *voglie da gran signori e borse da cappuccino* 'id.' TB 1865, *voglie da monarchi/da principi e entrate da cappuccini* 'id.' (Giorgini-Broglio 1870; Petr 1887).
It. (*pazienza*) *da cappuccino* 'infinita e serena, quasi rassegnata' (dal 1808, Foscolo, B; Zing 2008).
It. (*fare/menare vita*) *da cappuccini* 'sobria e ritirata' (dal 1865, TB; Zing 2008).
Lomb.or. (bresc.) *sercà le pistole ai capösì* 'cercare qc. dove è impossibile trovarla' (⌐*cercare le pistole addosso a un frate cappuccino*⌐, Melchiori), emil.occ. (parm.) *zercàr dil pistoli al capuzzèn* Malaspina.
Àpulo-bar. (bitont.) *scì a re cappecciòine* 'ridursi in miseria al punto di dover andare al ricovero dei frati' Saracino, sic. *iri a-mmanciari a li cappuccini* VS.

Loc.verb.: sic. *curcàrisi cappuccinu* 'mettersi a letto senza indossare nulla' VS.
It. *essere cappuccino* 'essere povero, non aver denaro con sé' Petr 1887, mil. *vess capuscin* Cherubini, emil.occ. (parm.) *[vess] capuzzén* Malaspina, romagn. (faent.) *essar capuzzen* Morri, venez. *esser capuzzìn* Boerio.
It. *il diavolo vuol farsi cappuccino* 'detto di uomo vizioso e scapestrato che si dà ad opere pie' (Giorgini-Broglio 1870; Petr 1887), emil.occ. (parm.) *al diaval s' voeul far capuzzen* Pariset.
Prov.: it. *prima il gran Turco farassi cappuccino ch'i avanzi mai un becco d'un quattrino* 'di cosa impossibile ad accadere' (ante 1742, Fagiuoli, TB).
Loc.prov.: bol. *per cumpagnì un capuzèin tos mujer* 'condizionati dall'esempio altrui si fanno cose assurde che non si farebbero altrimenti' (⌐*per compagnia un frate cappuccino prese moglie*⌐, Coronedi), romagn. (faent.) *par cumpagnéja e tös mói un frê capuzzen* Morri.
It. (*farsi*) **cappuccina** f. 'monaca di clausura dell'ordine fondato nella prima metà del XVI sec. dalla venerabile Maria Lorenza Longo' (dal 1806ca., C. Gozzi, TB; "tecn.-spec.relig." GRADIT 2007)[1], lig.occ. (sanrem.) *capüssína* Carli, piem. *capussina* (Zalli 1815 – DiSant'Albino), emil.occ. (parm.) *capuzèina* PeschieriAgg, *capuzén'na* Malaspina, *capuzzen-na* Pariset, emil.or. (bol.) *capuzeina* Coronedi, ven.merid. (poles.) *capuzzina* Mazzucchi.
Sintagmi prep.: fior. (*croce d'oro*) *alla cappuccina* 'detto di cose fatte in modo rustico, alla buona, o come è d'uso nei conventi dei cappuccini' (1706, InventariCantini 229), it. (*soffitto di travi/paramento*) ~ (1858ca., Nievo, B), gen. *ä cappûççìn-na* (Casaccia; Gismondi), emil.occ. (parm.) *a la capuzèina* PeschieriAgg, *alla capuzzén'na* Malaspina, *a la capuzzen-na* Pariset.
It. (*barba*) *alla cappuccina* 'al modo dei cappuccini' (dal 1923-39, Ojetti, B; GRADIT 2005).
Mant. *alla capuzzìna* 'tipo di muratura a fondo rosso mattone con margini a vista di calce bianca' (BonzaniniBarozzi-Beduschi,MondoPopLombardia 12).
Gen. (*arve*) *ä cappûççin-na* 'scuretti' (Casaccia; Gismondi).
Gen. *tovaggia ä cappûççinn-a* 'tavola preparata senza tovaglia' (sec. XVII, MartinPiaggio, Ferrando 467; Casaccia; Gismondi).

---

[1] Cfr. fr. *capucine* f. 'religiosa francescana' (dal 1622, TLF 5,163a).

Nap. **cappuccenella** f. 'monaca cappuccina' (Rocco; Andreoli), sic. *cappuccinedd[a]* Traina.

It. **cappuccinesco** agg. 'proprio dei cappuccini' (dal 1808, Foscolo, B; "raro, lett." Zing 2008).

Avv.: it. *cappuccinescamente* 'alla maniera dei cappuccini' (1940, AntBaldini, B).

It. **scappuccino** m. 'frate francescano che segue le regole dell'ordine nel modo più rigoroso' (ante 1449, Burchiello, B; ante 1568, Tansillo, B; sec. XVI, Nelli, B; 1772, C. Gozzi, B), *scapuccino* (1467-81, F. Scarlatti, B; 1546, AretinoPetrocchi), it.sett. *scapuccin* (ante 1544, FolengoCordié 769, 16,5), gen. *scapussin* (1642, MariniToso-Trovato), lig.or. (spezz.) *s k a p ü s s í ŋ* Conti-Ricco, mil. *scapuscin* (1697, MaggiIsella), venez. *scapùzzin* Boerio, salent.centr. (Galatina) *scappuccini* pl. (prima del 1587, CronacaFoniatiVacca,UrbsGalatina 17), sic. *scappuccinu* m. (sec. XVIII, Spatafora, VS; Traina, ib.), sic.sud-or. (Giarratana) ~ ib., Vittoria *š k a p p u ć ć í n u* ("antiq., rust." Consolino), niss.-enn. (piazz.) *scapuccingh* Roccella.

Sintagmi: sic. *curuna di li scappuccini* f. → *corona*

Sign.second.: it. (*color*) **cappuccino** m. 'marrone scuro come il saio dei frati cappuccini' (dal 1854, Pellico, B; GRADIT 2007).

It. *cappuccino* m. 'fantoccino a forma di frate cappuccino che si vede su certi barometri: il cappuccio si alza o si abbassa a seconda delle variazioni del tempo' TB 1865[1].

Roman. *cappuccino* m. 'orologio a sveglia così detto perché usato dai frati cappuccini in viaggio' (VaccaroTrilussa; Chiappini).

It. **cappuccina** f. 'tipo di orologio a sveglia così detto perché molto usato dai frati cappuccini nei loro spostamenti' (Coronedi 1869 s.v. *capuzeina*; 1892, Morpurgo,LN 28,108), bol. *capuzeina* Coronedi, roman. *cappuccina* (VaccaroTrilussa; Chiappini).

Romagn. *capuzena* f. 'orologio da torre' Mattioli.

It. **cappuccetti** m.pl. 'frati' (ante 1571, Cellini, B).

It. **cappucciati** m.pl. 'setta fanatica di religiosi che si flagellavano per penitenza; setta civile e religiosa in Francia; soprannome dei Lollardi, perché tenevano il cappello in chiesa' (dal 1813ca., Bernardoni, Tramater; EncIt 13,7; DizEncIt; "tecn.-spec.stor." GRADIT 2007).

Sintagma: it. (*frati*) *cappucciati* m.pl. 'seguaci della riforma francescana di S. Giovanni di Puebla' (dal 1955, DizEncIt; B; "tecn.-spec.relig." GRADIT 2007).

---

[1] Secondo GRADIT è obsoleto.

Agg.sost.: fior.a. **incappucciato** m. 'appartenente a ordine religioso o setta' (ante 1419, GiovDominici, B), it. ~ (dal 1959, Moretti, B; GRADIT 2007).

It. *incappucciato* m. 'membro della setta segreta dei Cagoulard' (dal 1952, PratiProntuario; "tecn.-spec." GRADIT 2005).

Sign.secondario: it. *gli Incappucciati* m.pl. 'gli affiliati al Ku-Klux-Klan' (dal 1970, Zing; ib. 2008).

Retroformazione: it.sett. **capuzzi** m.pl. 'frati' (ante 1544, FolengoCordié 270), it. *cappuccio* m. (ante 1735, Forteguerri, B; 1801ca., Bettinelli, B)[2].

Prov.: it. *cappuccio e cotta sempre borbotta* 'tra frati e preti ci sono sempre contrasti' (TB 1865 – Petr 1887).

Àpulo-bar. (tarant.) *k a p w ę́ t t s ə l ə* m. 'frate servente' VDS, Massafra *k a p w ǫ́ t t s ə l ə*, salent. *k a p w ę́ t t s u l u* ib.

Sintagma: emil.or. (ferrar.) *cappuzol dla marletta* m. 'monachetto' Nannini.

It.a. **capperuccia** f. 'bigotto' (ante 1484, Pulci, B).

Composto: it. **stracciacappa** m. 'spretato, che ha gettato la cappa alle ortiche' (1546, AretinoPetrocchi).

1.a.γ. indumenti per armati; soldati

March.a. (Pergola) **cappe** (*da guardie*) f.pl. 'mantelli per guardie' (1436, InventarioGaspari,ASMarcheUmbria 3,119), *capa* (*da gardia*) f. ib. 129.

It. *cappa* f. 'mantella dei cavalieri; mantello alla spagnola' (ante 1565, Varchi, B; ante 1571, Cellini, B; 1840, Manzoni, B).

It. *cappa* f. 'mantelletta da torero' (ante 1768, Frugoni, B; 1923-39, Ojetti, B).

Sintagmi: it. *cappa e spada* 'binomio emblematico del gentiluomo' (1543, Aretino, B – 1649, Rosa, LIZ; 1927, Panzini, B)[3], nap. *la cappa e la spata* (ante 1632, Basile, LIZ); (*film/racconti/romanzo*) *di cappa e spada* 'di romanzo o film che tratta di avventure di argomento amoroso cavalleresco ambientato nel 1600' (dal 1957, Piovene, B; Grazzini; GRADIT 2005).

It. *cameriere di cappa e spada* m. 'titolo nobiliare presso la corte pontificia' (dal 1941, Acc; VLI 1986).

It. *uomo di spada e cappa* m. 'nobiluomo' (Crusca 1691 – Petr 1887), *uomo di cappa e spada* Acc

---

[2] Cfr. lat.maccher. *capuzzi* m.pl. 'frati' (ante 1544, FolengoCordié 270).

[3] Cfr. ted. *manne mit schwerten und kappen* (1508, Newe Landte, Wis).

1941; *gentiluomo di spada e cappa* 'id.' Baretti 1795; *cavaliere di cappa e spada* 'id.' B 1962; *uomo più di cappa che di spada* 'detto di uomo pacifico' (TB 1865 – Acc 1941).

Loc.verb: it. *non avere che cappa e spada* 'detto di gentiluomo che è sul lastrico' Lessona-A-Valle 1875.

Sic. *mettiri unu in cappa e spata* 'porlo in ridicolo' VS.

It. (*gioco di*) *spada e cappa* 'antico modo di tirare di scherma o duellare senza togliere la cappa' (1561, Citolini, B – 1585, Garzoni, B; LIZ).

It. (*vestiti*) *con spada e cappa* 'nobili, ornati' (ante 1595, Tasso, LIZ).

Nap. *spata e cappa* 'nobiluomo' Rocco.

Nap. *commedia de spata e cappa* f. 'basata sull'omonimo genere avventuroso' Rocco.

Nap. *duello de spata e cappa* m. 'antico modo di duellare' Rocco.

Nap. *jodece de spata e cappa* m. 'che legalmente non può giudicare senza la presenza di altri giudici' Rocco.

Loc.verb.: corso *[essere] spada e cappa* 'essere molto uniti' Falcucci.

It. *correre* (*in una mezza notte venticinque*) *cappe* '(compiere) l'atto sessuale' (1565, A.F. Doni, B).

Prov.: tosc. *chi porta la cappa è degli uffiziali* 'si riconosce un individuo da come si presenta' (1853, ProvTosc, TB).

Derivati: venez. (*disnar*) *spa e* **capeta** '(pranzare) alla maniera di gentiluomo' (1548, Calmo, CortelazzoDiz).

It. **cappotto** (*da marinaio/da soldato*) m. 'soprabito pesante di marinai, soldati e, un tempo, degli schiavi' (1612, Falconi, B – 1881, Verga, B)[1], gen. ~ Casaccia, piem. *capot* DiSant'Albino, tic.alp. centr. (Airolo) *capòtt* Beffa, emil.occ. (parm.) *capott* (*da soldà*) Pariset, regg. *cappott* Ferrari, mirand. ~ (*da suldâ*) Meschieri, emil.or. (bol.) *capot* Coronedi, romagn. ~ Mattioli, faent. *capótt* Morri, venez. *capoto* (Boerio; Contarini)[2], triest. ~ Rosamani, nap. *cappotto* (*de marenaro*) Andreoli.

Sintagmi: it. *cappotto alla Bismarck* m. 'cappotto di foggia militare' (dal 1970, Zing; GRADIT; Zing 2008).

Ven.lagun. (venez.) *capoto de salonicio* m. 'cappotto marinaro di spessa lana caffè e con cappuccio fino sugli occhi; così detto perché proviene da Salonicco' Ninni-1, chiogg. ~ (Cortelazzo,Guida-

DialVen 1,71), istr. (Gallisano) ~ *de Salonico* RosamaniMarin, ven.or.adriat. (Cherso) ~ *de Salonicio* Rosamani.

Sign.fig.: venez. *capotto da mariner* m. 'lavoro da marinaio, imbarco' (1738, GoldoniVocFolena).

It. (*omaccione*) *cappotto* agg. 'rozzo' (1777-78, AntonelliG 266).

Loc.verb.: tic.alp.centr. (Airolo) *fè sü l capòtt* 'arrotolare il cappotto militare' Beffa.

It. **cappotta** f. 'giaccone da marinaio' (dal 1878, CarenaFornari 387; PF; DISC 1997), lig.occ. (Mònaco) *k a p ó t a* Arveiller 19, lig.centr. (pietr.) *capotta* Accame-Petracco.

It. **cappottino** m. 'soprabito degli ufficiali di marina' (dal 1952, PratiProntuario; Zing 2008); tic.alp.occ. *capotígn* 'ufficiale dell'esercito' Lurati-Pinana.

It. **cappottina** (*d'alleato*) f. 'giubba militare' (dal 1952, Calvino, B; VLI 1986).

Venez.a. (*gente d'arme*) **capata** agg. 'ragguardevole, che porta divisa' (1527, Sanudo, CortelazzoDiz).

1.a.δ. indumenti da donna

Venez.a. **capa** f. 'veste lunga, di solito femminile' (1403, TestamentiSFantin, TestiSattin,ID 49 – 1535, X Tav., CortelazzoDiz), *chapa* (1405, ib.), *cappe* pl. (1505, provv. Questua, ib.; 1531, Lattanzio, ib.), messin.or. (Malfa) *cappa* f. VS[3].

It. *cappa* (*da sera*) f. 'mantello da sera da donna, con o senza maniche' (dal 1865, TB; B; Zing 2008), fior. ~ (Pieraccioni,LN 4), pist. ~ Gori-Lucarelli, Valdinièvole ~ Petrocchi, garf.-apuano (Gragnana) *k á p a* (Luciani,ID 45), carr. *k á p p a* ib., sen. (serr.) ~ Rossolini, aret. ~ Basi.

Catan-sirac. *cheppa* f. 'mantellina invernale da donna' VS, niss.-enn. (Gagliano Castelferrato) ~ ib., palerm.or. (Castelbuono) ~ ib., palerm.centr. (Marinèo) ~ ib.

Derivati: it. **cappotta** f. 'lungo manto da donna' (TB 1865 – Garollo 1913).

It. **cappottella** f. 'mantelletta (specie da donna)' TBGiunte 1879, cicolano (Borgorose) *k a p p o t t ḗ l l a* DAM, abr.occ. ~ ib., nap. *capputtella* Andreoli, *cappottella* Rocco, irp. (San Mango sul Calore) *cappottèlla* DeBlasi, sic. *capputtella* VS.

Roman. **cappottèllo** m. 'mantelletta da donna' Chiappini, march.merid. (Offida) *k a p p ə t t y é l l ə* Egidi, abr.occ. (Introdacqua) *k a p p u t t í ə l l ə* DAM, molis. (Ripalimosani) *k ẹ p p ə t t y ḗ l l ə* ib., nap. *cappottiello* (1726, Lombardi, Rocco;

---

[1] Cfr. fr. *capote* m. 'ampio cappotto da soldati' (dal 1832, FEW 2,270), prestito dall'italiano.

[2] Cfr. dalm. *k a p ú t* m. (Deanović,AR 21,271).

[3] Cfr. lat.mediev.dalm. *cappa* f. 'veste femminile' (Pirano 1336, Kostrenčić).

D'Ambra), *cappottiéllo* Altamura, irp. (San Mango sul Calore) ~ DeBlasi, sic. *k a p p u t t é ḍḍu* VS, sic.sud-or. (Vittoria) *k k a p p u t t y ę ḍḍu* ib.

It. **cappottino** m. 'piccolo cappotto aderente (specie da donna)' (dal 1865, TB; B; Zing 2008), mil. *capottìn* Cherubini, romagn. (faent.) *caputen* Morri, venez. *capotìn* Boerio, bisiacco *caputìn* Domini, triest. *capotìn* DET, nap. *capputtino* Andreoli, *cappottino* Altamura, sic.sud-or. (Vittoria) *k k a p p u t t í n u* Consolino.

It. **cappina** f. 'sopravveste da donna' Crusca 1866, pist. ~ ("disus." Gori-Lucarelli).

Carr. (Colonnata) **k a p p ę́ t t a** f. 'mantellina leggera con cui le donne si coprono per pettinarsi' (Luciani,ID 45).

Abr.or.adriat. (Ortona) **k a p p a r ę́ l l ə** f. 'mantiglia da sposa' DAM[1].

It. **accappatoio** m. 'cappa di tessuto leggero usato un tempo dalle donne per proteggersi gli abiti nel pettinarsi; oggi usato solo dai parrucchieri' (dal 1829, Tramater; B; Zing 2008)[2], tosc. *accappatójo* FanfaniUso, corso *accappatochju* Falcucci, teram. (Roseto degli Abruzzi) *a k k a p p a t ǫ́ y ə* DAM, abr.or.adriat. (Corvara) *a k k a p p a t á w r ə* ib., Mannoppello *accappaturo* (1634, ib.), gess. *cappatoro* (1580, ib.), *a k k a p p a t ǫ́ r ə* ib., abr.occ. (Magliano de' Marsi) *accappaturo* (1634, ib.), molis. (Venafro) *a k k a p p a t ú r ə* ib.

Corso **incappatochja** f. 'cappa di tessuto leggero usato un tempo dalle donne per proteggersi gli àbiti nel pettinarsi' Falcucci.

1.a.δ[1]. parti di indumento da donna
It. **cappa** f. 'velo' (1592, DellaPorta, LIZ).
Istr. (Dignano) *capa* f. 'copertura del capo' Rosamani.

Derivati: b.piem. (Selveglia) **k a p ú ć a** f. 'cuffia (specie da donna)' (AIS 1571, p.124).
Lomb.alp.or. (Germàsino) **k a p ǘ š** m. 'cuffia' (AIS 1571, p.222), mil. *capúcc* Angiolini.
Sintagmi: piem. *k a p ǘ s d l e z ñ ú r e* m. 'cappuccio dei mantelli delle dame' (Capello – Zalli 1830).
It. *fior cappucci* m.pl. 'fiori che fanno parte di un'acconciatura che le donne portavano in capo' (1540-41, Firenzuola, B).
Fior.a. **cappuccini** m.pl. 'cappuccetti, cuffiette' (seconda metà sec. XIV, Sacchetti, B).

Mant. **capott** m. 'velo' Cherubini 1827, *capòt* Arrivabene, emil.occ. (piac.) *cappott* ForestiApp.
It. **cappotta** f. 'cappellino di donna, senza tesa di dietro' TB 1869, bol. *capota* Coronedi, roman. *cappòtta* Chiappini.
It. **cappottina** f. 'cappello di stoffa sottile di donna' (1850, Carena, Nardin,FilMod 1,46), mil. *capottinna* Cherubini, lomb.or. (berg.) *capüttina* Tiraboschi, cremon. *capoutina* Peri.
Abr.or.adriat. (Pizzoferrato) **k a p p a t u r í k- k y ə** m. 'copricapo' DAM.
Abr.occ. (Scanno) **n g a p p a t ú r a** f. 'specie di turbante' DAM, *n g o p p a t ę́ w r a* ib.[3]

1.a.ε. indumenti da bambino
Derivati: it. **cappina** f. 'sopravveste usata dai fanciulli' Crusca 1866.
Sic. **cappotta** f. 'mantellina per neonati' VS, catan.-sirac. (Bronte) ~ ib.
Laz.centro-sett. (Vico nel Lazio) **'ncappatóra** f. 'veste che si metteva ai neonati per il battesimo' Jacobelli.

1.a.ε[1]. parti di indumento da bambino
Derivati: it. **cappuccetto rosso** 'titolo della fiaba di Grimm' (1897, Le fiabe dei fratelli Grimm)[4].
It. **cappuccino** m. 'piccolo cappuccio, cuffietta (specie per neonati)' (1943, Gadda, B), tic.alp. centr. (Biasca) *capüscign* Magginetti-Lurati, Lumino *capuscin* Pronzini, moes. (Roveredo) ~ Raveglia, lomb.alp.or. (valtell.) *capüscìn* Valsecchi, Cataeggio *capesciö́* ib., Montagna in Valtellina *capüscìn* Baracchi, Arigna *capüscí* Valsecchi, Tirano *capüscìn* Bonazzi, vogher. *k a p ü s ę́ ŋ* Maragliano, emil.occ. (guastall.) *capusén* Guastalla, emil.or. (bol.) *capuzein* Coronedi, corso cismont.or. (Brando) *g a p p u ć ć i n u* (ALEIC 1753, p.4), cismont.occ. (Évisa) *cappuccinu* Ceccaldi, sic. ~ (Biundi; VS)[5].
It. **cappotta** f. 'cuffia da bimbo' Petr 1887.
Sic. **k a p p u t t é ḍḍu** m. 'drappo di seta col quale si coprono i neonati al battésimo' VS.
Tic.alp.centr. **capìn** m. 'piccola cuffia per bimbi' (VSI 3,504).

---

[1] Forse molto anteriore, cfr. fr. *caparelle* f. 'fichu qui couvre le sein' (ante 1556, DuBellay, FEW 2,277b).

[2] Cfr. col. 389 n 2.

[3] Cfr. lat.mediev.nap. *incappatorium* (*de lino/de seta*) 'panno portato dalle donne sul capo e sulle spalle' (1353, Bevere,ASPNap 21,634), *incappaturum* (1469, SellaAgg).

[4] Traduzione e edizione curata di F. Vanzi Mussini (Google.it).

[5] Cfr. lat.mediev.nap. *capozio a la todescha* m. (1269, Bevere,ASPNap 22,315).

Laz.centro-sett. (Monte Còmpatri) **ccappà** v.tr. 'coprire (bambino che ha freddo)' Diana.

2. parti anatomiche
2.a. mondo umano
Ven. **cappe** f.pl. 'formazioni di tartaro' (1555, RosettiBrunello-Facchetti 57).
It. *cappa* f. '(scherz.) naso' (TB 1865 – Petr 1887).
Bisiacco *capa* f. 'ciocca ondulata di capelli' Domini, triest. ~ DET, istr. (Bùie) ~ Baissero, lad.ven. (agord.centr.) *káp a* RossiVoc; agord. *káp e* pl. 'ciocche di capelli che le giovani donne nel vecchio costume lasciavano fuoruscire dal fazzoletto che portavano in testa, all'altezza degli orecchi' Rossi 322.
Messin.occ. (Cesarò) *cappa* f. 'lattime; crosta che copre le ferite' VS.
Sintagmi: vogher. *kápa dar nắz* f. 'osso del naso' Maragliano.
Loc.verb.: lomb. occ. (lodig.) *netà la capa* 'pulirsi il naso con le dita' Caretta; macer. (Sant'Elpìdio a Mare) *káppa dell óču* 'palpebra' (AIS 102, p.559).
Derivati: it. **cappuccio** (*caudale/cefalico*) m. 'rigonfiamento dell'embrione' (Lessona-A-Valle 1875; Garollo 1913).
Lig.occ. (Mònaco) *capüçu* m. 'seno della donna' Frolla, *capüssu* ib., lad.anaun. (Tuenno) *ćapúși* pl. (AIS 126, p.322), *ćapŭ̆și* ib., lad.ven. (Cencenighe) *kapús* RossiVoc.
B.piem. (Cavaglià) *kapŭ̆ss* m. 'nuca' (AIS 119, p.147).
Nap.gerg. *cappuccio* m. 'prepuzio del glande' (DeBlasio,APs 21).
Loc.verb.: àpulo-bar. (biscegl.) *fa u* **capiccine** 'appisolarsi piegando il capo' Còcola.
Bol. **capuciol** m. 'estremità superiore di qc., specie del capo' Coronedi.
Lucch.-vers. (vers.) (*occhi*) **cappugióni** agg.m.pl. 'appesantiti dal sonno' Cocci.
Lad.fiamm. (cembr.) **capusàra** f. 'seno prosperoso' Aneggi-Rizzolatti.
Triest. **capuzera** f. 'testa' Pinguentini.
Fior.a. **scappucciare** v.tr. 'scoprire una parte vergognosa del corpo in segno di scherno' (seconda metà sec. XIV, Sacchetti, B); umbro occ. (Magione) *skapúćę́ l ućéllo* 'rompere il prepuzio' Moretti.
Umbro merid.-or. *škappúćá* v.tr. 'rompere il prepuzio del pene' (Bruschi,ContrFillItMediana 3).
Agg.verb.: it.a. *scappucciati* pl. 'col glande scoperto' (seconda metà sec. XV, CantiCarnasc, B).
Lad.ates. (fass.) *scapucèr* v.assol. 'fare birbonate' Mazzel-2.

Sic. **incappucciari** v.assol. 'avere gli occhi gravati da raffreddore o altre malattie' Traina.
It. *incappucciamento* (*della polpa*) m. '(odont.) copertura della polpa dentaria ormai lesa dalla carie' B 1972.
It. **capperuccia** f. 'muscolo della schiena, trapezio' (1681, Baldinucci, B).
Tic.alp.occ. (Auressio) *kaparúća* f. 'lattime' (VSI 3,509).
Abr.or.adriat. (vast.) *t' á fắttə li* **kapparę́llə** *a li rắččə* 'detto di persona molto sudicia' (⌜hai una fungaia nelle orecchie⌝, DAM).

3. mondo vegetale
3.b. vegetali
3.b.α¹. parti di vegetali
It. **cappa** f. 'buccia, mallo di semi di una pianta' (1587, FilSassetti, B)[1].
Derivati: fior.a. **cappella** f. 'capoccia larga di funghi o chiodi' (1390, Pataffio, DellaCorte,SLeI 22).
It. **cappuccio** m. 'allargamento degli stami di un fiore che coprono l'ovaio come un cappuccio' (1828, Omodei, Tramater – Petr 1887).
Maremma pis.-livorn. *cappúccio* m. 'gemma di pianta non ancora sviluppata' Malagoli, livorn. (Riparbella) *campuccio* ib.
Dauno-appenn. (Trinitàpoli) *kapŭ̆ćć* m.pl. 'cartocci del granoturco' Stehl, cal.centr. (Acri) *kappúćći* pl. (AIS 1466, p.762).
Emil.or. (ferrar.) **cappùja** (*d' nusa*) f. 'guscio o mallo della noce' Azzi.
Molis. (Bonefro) **capucciame** m. 'tutolo della pannocchia' Colabella.
Ven.merid. (poles.) **scapùgia** f. 'capsula delle granaglie; mallo delle noci' Mazzucchi.
Sic. **accappucciàrisi** v.rifl. 'chiudersi (detto di fiori)' VS.
Agg.verb.: laz.merid. **akkappúććátə** agg. 'chiuso in boccio (detto di fiori e ortaggi)' Vignoli.
Ven.merid. (poles.) **descapugiare** v.tr. 'smallare le noci' Mazzucchi.
Cal.merid. (Cittanova) **nkappúććári** v.assol. 'cestire' (Longo,ID 16), sic. *ncappucciari* (dal 1795ca., Pasqualino, VS), *incappucciari* Traina.
Agg.verb.: cal.merid. (Cittanova) *nkappúććátu* 'imbacuccato, ben cestito (di piante)' (Longo,ID 16), sic.sud-or. (Vittoria) *nkappúććátu* Consolino.
It. **incappucciamento** m. 'malattia batterica del trifoglio' (dal 1933, EncIt 18,955; GRADIT; Zing 2008).

---

[1] Cfr. fr. medio *chape* f. 'involucre qui entoure une fleur avant son éclosion' (hap.leg., FEW 2,275a).

Volt. (Montecatini Val di Cècina) **k a p p ǫ́ n e** m. 'coccola della rosa selvatica' (AIS 606, p.542).

Macer. (Esanatoglia) **k a p̣ a d í ć ć u** m. 'buccia' (AIS 1268, p.557).

Ven.centro-sett. (trevig.) **scaparozola** f. 'mallo della noce' NinniApp.

Corso cismont.occ. (Èvisa) **accapparronato** agg. 'di vegetale disposto a mo' di cappa' Ceccaldi.

Agg.sost.: aquil. **ngappatu** m. 'grano scadente dato ai polli' DAM.

3.b.β. piante

Cal.merid. (Mongiana) **cappu** m. 'tasso barbasso' NDC.

Derivati: tosc. **cappucci** m.pl. 'fiore così detto perché usato un tempo come ornamento a copricapi femminili (Delphinium consolida L.)' Targioni-Tozzetti 1809.

Sintagmi: sic. *bbaçilicò cappùcciu* m. 'varietà di basilico' VS.

Sic. *bbàlacu cappùcciu* m. 'varietà di violaciocca' VS.

Sic. *biancu cappùcciu* m. 'tipo di uva bianca' VS, niss.-enn. (Gagliano Castelferrato) ~ ib.

it. *cavolo cappuccio* → *caulis*

sic. *cèusu cappùcciu* → *celsa*

sic. *cirasa capùccia* → *cerasea*

sic. *fava cappùccia* → *faba*

it. *fior cappuccio* → *flos*

sic. *nìuru cappùcciu* → *niger*

messin.or. (Ìsole Eòlie) *n i v u r̦ y ę́ d d u k a p - p ú ć ć u* → *niger*

sic. *n u ć i d̦ d̦ a k a p p ú ć ć a* → *nux*

sic. *racina cappùccia* → *racemus*

sic. *rosa cappùccia* → *rosa*

Trent.or. (valsug.) *capussi de vecia* m.pl. 'farfaraccio (Petasites officinalis)' PedrottiPiante 530, Caldonazzo ~ Pedrotti-Bertoldi 272.

Lig.occ. (Mònaco) **capüçin** m. 'fior cappuccio (Delphinium consolida)' Frolla.

B.piem. (gattinar.) *carpüscín* m. 'cicoriella selvatica' Gibellino.

Tic.alp.centr. (Lumino) *capuscìn* m. 'aquilegia (Aquilegia vulgaris)' Pronzini, lad.anaun. (Tuenno) *ć a p u t t s í η* Quaresima.

Trent. *capucini* m.pl. 'nasturzi indiani (Tropaeolum majus L.)' Rosamani, istr. (Cittanova d'Istria) ~ ib., ver. *capuzzini* MontiBot.

Corso cismont.nord.-occ. (Asco) ⌐*k a p p u ć - ć i n i*⌐ m.pl. 'ciclamini (Cyclamen neapolitanum Ten.)' (ALEIC 942, p.14).

Umbro occ. (perug.) *capuccino* m. 'bocca di leone' Catanelli.

Sintagmi: ver. *capuzzini dopi* m.pl. 'nasturzi doppi' MontiBot.

Moes. (Roveredo) *capuscín di fraa* m. 'fusaggine' Raveglia.

piem. *còi capussìn* → *caulis*

it. *fior cappucino* → *flos*

ver. *geranio capuzzin* → *geranion*

It. **cappuccina** f. 'crescione d'India' (1662, Stefani, Faccioli).

It. **cappuccina** f. 'nasturzio indiano (Tropaeolum maius L.)' (dal 1826, Cardinali; Zing 2008), gen. *cappûççinn-a* (Casaccia; Gismondi), piem. *capussina* (Zalli 1815; DiSant'Albino), *capussine* pl. CollaHerbarium, trent. *capuzine* (Pedrotti,StTrentNat 17,59; ib. 209), emil. *capuzzèina* f. Penzig, romagn. *capuzena* Mattioli, tosc. *cappuccina* (TargioniTozzetti 1809; FanfaniUso), garf.-apuano (Gragnana) *k a p u t s í n a* (Luciani,ID 45), *k a - p u ć í n a* ib., carr. ~ ib., *k a p u ć ć í n a* ib., *k a p p u ć ć í n a* ib., sic. *cappuccina* VS[1].

It. *cappuccina* f. 'calendula (Calendula officinalis L.)' (1827, DizAgric, Tramater – Lessona-A-Valle 1875), tosc. ~ Penzig.

Lig.occ. (Mònaco) *k a p ü s í n a* f. 'cinque chiodi (Sisymbrium nasturtium)' Arveiller 74 e 167.

Tic.prealp. (lugan.) *k a p u ć í n a* f. 'vite isolata coi tralci tesi a raggi' Ghirlanda 163.

Tic.prealp. (lugan.) *k a p ü š í n a* f. 'vite coi filari piegati alternativamente a destra e a sinistra del ceppo' Ghirlanda 162.

Pant. *k k a p p u ć í n a* f. 'Erica arborea' (Tropea, RicDial 1).

Sintagma prep.: tic. *a capüscina* 'modo di tenere la vite' (VSI 3,571).

Sintagmi: emil.or. (ferrar.) *erba capuzzina* → *herba*

it. *rosa cappuccina* → *rosa*

Tosc. *cappuccina de' campi* f. 'calta selvatica, calendula (Calendula arvensis L.)' Penzig.

Lig.occ. (Mònaco) **capüçetu** m. 'fior cappuccio, speronella (Delphinum consolida)' Frolla, abr.or. adriat. (Bomba) *k a p p u ć ć ę́ t t ə* DAM.

Tic.alp.occ. (Comologno) *capüscítt* m.pl. 'alchemilla (Alchemilla vulgaris)' LuratiCultPopDial.

Laz.centro-sett. (Vico nel Lazio) *cappuccïtti* m.pl. 'tipo di fiore delle Liliacee (Muscari atlanticum Boiss et Reuter)' Jacobelli.

Sintagma: abr.or.adriat. (Bomba) *k a p p u ć ć ę́ t - t ə a d d z ú r r ə* m. 'fior cappuccio (Delphinum aiacis L.)' DAM.

---

[1] Cfr. il topon. *Cappuccina* (Modica, Avolio,AGI-Suppl 6,91).

Trent.or. (primier.) **capuseti** f.pl. 'acetosella (Oxalys acetosela)' Tissot.

Trent. **capussati** m.pl. 'botton d'oro (Trollius europaeus L.)' PedrottiPiante 530, lad.fiamm. (cembr.) ~ Pedrotti-Bertoldi 407.

Sintagma: trent. *capussati de croz* m.pl. 'semprevivo (Sempervivum tectorum L.)' PedrottiPiante 530, trent.occ. (Miola) ~ Pedrotti-Bertoldi 366.

Trent.or. (Torcegno) *capussati de monte* m.pl. 'botton d'oro (Trollius europaeus L.)' Pedrotti-Bertoldi 408.

Nap. **scappuccella** f. 'trifoglio dei prati (Trifolium pratense L.)' Penzig.

Pant. **š k a p p u ć í n a** f. 'erica arborea' (Tropea, RicDial 1; VS).

Loc.verb.: pant. *ẹ́ s s i r i r r á m a s k a p p u ć í-n a* 'essere facile all'ira' VS.

Istr. (rovign.) **k a p ú l** m. 'picciuolo; sorta d'alga sottile, sporgente dal mare' Ive 47; *pulàso* 'alghe marine fra le più grandi esistenti' DEDI-2[1].

Lad.fiamm. (Predazzo) **capúle bianche** 'petasite alpina (Petasites albus Gaertn.)' Pedrotti-Bertoldi 272; ~ *verde* 'farfaracci (Petasites officinalis Moench.)' ib.

Lomb.or. (cremon.) **capòlech** m. 'pianta precoce che sopravanza le altre' Oneda.

Tosc. **capparelli** m.pl. 'Gnaphalium orientale' Targioni-Tozzetti 1809.

It. **capparella** f. 'amaranto giallo' Petr 1887.

Romagn. **capôdel** m. 'specie di cece grosso e angoloso, gallettone' Mattioli; ~ agg. 'di una specie di cece grosso' ib.

Tosc. **capponi** m.pl. 'Clematis vitalba' Targioni-Tozzetti; ~ 'rosa canina (Rosa canina L.)' ib.; pis. (Chianni) *cappone* m. 'rosa di macchia' (Rohlfs, SLeI 1).

Abr.or.adriat. **k w a p p á w n ə** m 'varietà di grano duro che dà poca paglia' DAM.

Sintagmi: it. *capponi di macchia* m.pl. 'rosolacci' (1765, Manetti, B).

it. *erba cappona* → *herba*

Composto: nap. **stracciacappe** m. 'smilace (Smilax Spren.)' Pasquale-Avellino 79.

3.b.β[1]. funghi

Derivati: ven.merid. (Val Lèogra) **capelèta** f. 'fungo' CivitàRurale.

Carr. (Marina di Carrara) **k a p a r ọ́ l ə** m. 'specie di fungo' (Luciani,ID 45).

Macer. **capparùccia** f. 'tre specie di funghi: Amanita vaginata, Cortinarius orellanus, Lepiota helveola' GinobiliApp 2.

Abr.or.adriat. (Pollutri) **k a p p a r ẹ́ l l ə** f. 'fungo prataiolo (Agaricus campestris)' DAM.

Abr.occ. (Bussi sul Trino) **k a p p u ć í n ə** m. 'tipo di fungo (Endeloma lividum)' DAM.

4. mondo animale

4.c.α[1]. parte o prodotto di animale

Emil.occ. (Albinea) **k á p a** f. 'guscio di lumaca' (p.444), Nonàntola *k ắ p α* (p.436), emil.or. (Minerbio) *k ắ p e* (p.446), Loiano *k á p a* (p.466), romagn. (Brisighella) *k ắ p a* (p.476), venez. *capa* Piccio, ven.merid. (Cavàrzere) *k á p α* (p.385), ven.centro-sett. ~, trent.or. (Canal San Bovo) ~ (p.334); emil.occ. (Poviglio) *k ắ p r a* 'id.' (p.424)[2], emil.or. (Dozza) *k ắ p r α* (p. 467); AIS 460.

Ven.merid. (Val Lèogra) *capa* f. 'secrezione mucosa di molluschi terrestri' CivitàRurale.

Trent.or. (Canal San Bovo) *k á p a* f. 'guscio d'uovo' (AIS 1133, p.334).

Sintagmi: trent.or. (tesin.) *capa de la rompesina* f. 'diaframma di muco secco col quale le chiocciole chiudono il guscio al tempo del letargo' Biasetto; primier. ~ *del s-ciòs* 'id.' Tissot, lad.ven. (Cencenighe) *k á p a d e l s ć ọ́ y s* RossiVoc.

Metafora: nap. *capa d'auciello* f. 'craniolaria (Martynia proposcidea Glox.)' Gusumpaur.

Derivati: lomb.alp.or. (Grosio) **capùscia** f. 'nido di uccelli' Antonioli-Bracchi.

Trent.occ. (bagol.) *căpốsä* f. 'ciuffo di penne che hanno sul capo certi volatili' Bazzani-Melzani, mant. *capùcia* (BonzaniniBarozzi-Beduschi,MondoPopLombardia 12).

It. **cappuccio** m. 'copertura che il lumacone terrestre si applica sul dorso' (1684, Redi, B).

It. *cappuccio* m. 'cuffia di pelle per riparare il capo del cavallo' (dal 1878, CarenaFornari 319; Zing 2008).

It. *cappuccio* (*rosso*) m. 'ciuffo di penne sul capo di varie specie di uccelli' (1933, Bartolini, B), mant. *capuzz* Cherubini 1827.

It. *cappuccio* m. 'copricapo per falchi' (dal 1943, Palazzi; B; "tecn.-spec.venat." GRADIT 2007).

Lig.occ. (Mònaco) *k a p ú ć u* m. 'sorta di protezione al capo del polpo' Arveiller 102.

Trent.occ. (bagol.) *căpösì* m. 'ciuffo di penne sul capo di alcuni uccelli' Bazzani-Melzani.

It. **scappuccini** m.pl. 'copricapi per equini' (1573, Bascetta 1,248), *scapuccini* (1573, Corte, B).

Emil.occ. (parm.) **capuzzoeul** m. 'ciuffetto di peli che il cavallo ha sotto i garretti' Pariset.

---

[1] Con caduta della prima sillaba.

[2] Con motivazione secondaria.

It. **incappucciarsi** v.rifl. 'detto del cavallo quando per sottrarsi dalla soggezione del morso abbassa la testa fino al petto' (dal 1798, D'AlbVill; B; GRADIT; Zing 2008), piem. *ancapussesse* DiSant'Albino, emil.occ. (parm.) *incapuzzàres* Malaspina.

Agg.verb.: it. **incappucciato** 'di cavallo che avvicina la testa al petto' B 1972, emil.occ. (parm.) *incapuzzà* Malaspina.

It. **accappucciarsi** v.rifl. 'detto del cavallo che piega la testa verso il basso' (1833, IstrCavaliere-MelilloM 86,129); *far accappucciare il cavallo* v.fattit. 'fare in modo che il cavallo si accappucci' ib. 137.

Agg.verb.: it. (*cavallo/muletti*) **accapucciato** 'di cavallo con la testa corta' (Oudin 1640 – Veneroni 1681), (*cavallo*) *accappucciato* (D'AlbVill 1772 – Garollo 1913; B), gen. *accappûssòu* (Casaccia; Gismondi).

Agg.sost.: it. **accapucciata** f. 'modo del cavallo di portare la testa' (1556, Bascetta).

Piem. ⌜**k a p a r ŭ́ c a**⌝ f. 'ciuffo di penne sul capo dei volatili' (Capello – Brero), APiem. ~ (Toppino,ID 2), b.piem. (vercell.) ~ Vola; APiem. (Montà) **p a r ŭ́ c a** 'ciuffo di piume sul capo dei polli' (Toppino,ID 1)[1].

Ven.centro-sett. (San Stino di Livenza) **k a p a - r ǫ́ š u y a** f. 'guscio di lumaca' (AIS 460, p.356); ven.centro-sett. (Possano) **scaparòtho-la** 'id.' (Vardanega,GuidaDialVen 15,140).

Ven.merid. (poles.) **scaparozzi** m.pl. 'scudetti dello storione' Mazzucchi.

4.c.β. animali

Emil.occ. (moden.) **cappa** f. 'tartaruga' Neri, Magrignana di Montecreto *k ǻ p p a* Bertoni.

Venez. **capa** f. 'chiocciola' Hörz 37.

Derivati: ven.merid.. (Téolo) **k á p a r ǫ** m. 'chiocciola' (p.374); àpulo-bar. (Palagiano) *t a p - p a r ǫ́ n e* 'id.' (p.737); AIS 459.

Istr. (rovign.) **k a p a l ó ŋ** m. 'maggiolino' (AIS 471, p.397).

Lomb.occ. (brianz.) **capón** m. 'maggiolino (Rhizotrogus solsititialis L.)' (Garbini 2,354).

4.c.β[1]. molluschi; animali marini

it. **cappa** f. 'mollusco con conchiglia bivalve' → prelat. **kapp-*; lat. *cap(p)ulāre, capellāre*

Sintagmi e composti: it. *cappa chione* f. 'venere chione (Meretrix chione L.)' Palombi-Santarelli 354.

It. *cappa gallina* f. 'mollusco di scarso pregio (Venus gallina)' (Palombi-Santarelli 356; Cortelazzo,BALM 12,403).

It. *cappa incrocicchiata* f. 'mollusco del genere Tapes (T. decussatus)' (Penso,BPPI 16; Palombi-Santarelli 351), laz. *capa incrocichiata* Palombi-Santarelli 351.

Istr. (Fiume) *capa lisa* f. 'mollusco (Venus chione)' (Penso,BPPI 16; Palombi-Santarelli 354).

Ven.a. *cape longue* f.pl. 'tipo di mollusco dalla conchiglia a punta e molto allungata (gen. Solen)' (1525, Pigafetta, Busnelli,SLeI 4,11)[2], venez.a. *cape longhe* (1493, Sanudo, CortelazzoDiz), *cape-longe* (1509, ib.), it. *cappa lunga* f. (ante 1552, Giovio, Rossi,SLeI 6,134; dal 1940, Penso,BPPI 16 s.v. *Solen*; GRADIT 2007), *cappalunga* (dal 1906, Tommasini; Zing 2008), it.sett. *cappa lunga* (1570, Scappi, Rossi,SLeI 6,134)[3], it.reg.ven. *cape longe* pl. (1593, Moryson, Cartago), ven. *cape longhe* (sec. XVI, Rossetti, Rossi,SLeI 6,134), ven.lagun. (venez.) *cape longue* (1534, Pigafetta, Sanvisenti,RIL 75), *capa longa* f. (1547, Calmo, CortelazzoDiz), *cape longhe* pl. (1553, Calmo, ib.), *cappa longa* f. (1569, Fernández, TermMarinMedit 151; 1795, Nemnich 4,1323), *capalonga* Contarini, (*speo da*) *capelonghe* pl. Ninni-Giunte-1, chiogg. *capalònga* f. Naccari-Boscolo, ven.merid. (vic.) *capa lunga* Pajello, *capalónga* Candiago, poles. *capa longa* Mazzucchi, ven.centro-sett. (bellun.) ~ Nazari, bisiacco *capalónga* Domini, grad. *capa lunga* Deluisa 31, triest. *capa longa* (Penso,BPPI 16; Pinguentini), *capalonga* DET, istr. ~ ib., capodistr. *capa longa* Semi, Parenzo ~ (Berlam,ACATP 4), Fiume *capa lunga* (Penso,BPPI 16), *capa longa* Rosamani, ven. adriat.or. (Cherso) *capalonga* DET, march. ~ Palombi-Santarelli 359, ancon. (senigall.) *k a p - p a l ó n g a* (ManciniAM,BALM 21,108).

It. *cappa lunga* f. 'Cappa di deo (Solen ensis)' Palombi-Santarelli 360, ven. *cape longhe* pl. ib.

Ven. *capalonga bianca* f. 'cannolicchio (Solen vagina L.)' Palombi-Santarelli 358; *capelonghe de rumegada* pl. 'id.' ib.; triest.-istr. *capalonga de deo* 'id.' ib.

Triest.-istr. *capalonga colorita* f. 'manicaio (Solen siliqua o legumen)' (Tommasini 1906; Palombi-Santarelli 359.

---

[1] Probabilmente influsso di *parrucca*.

[2] Cfr. ted. *capi longi* (1585-89, Kiechel, Wis).

[3] Cfr. it.sett. *capra* 'mollusco marino (Mytilus edulis L.)' (ante 1557, RamusioMilanesi 2,880). Traduzione erronea di Ramusio del fr. *caspres longues*; cfr. RamusioMilanesi 2,880 n 2.

Ven *capalonga marina* f. 'mollusco detto canno-licchio (Solen siliqua o legumen)' Palombi-Santarelli 359, venez. *capa longa marina* (Boerio; Piccio).

Ven. *capalonga nostrana* f. 'varie specie di con-chiglie tubolari: manicaio, cannolicchio (Solen ensis/siliqua/legumen/vagina)' Palombi-Santarelli 358seg., venez. *capa longa nostrana* Piccio, ven. centro-sett. (bellun.) ~ Nazari, triest.-istr. ~ Pa-lombi-Santarelli 358seg.

Triest.-istr. *capalonga tabachina* f. 'manicaio (Solen siliqua o legumen)' Palombi-Santarelli 359; *capalonga de mar* 'id.' ib.

Ven.lagun. (venez.) *capalonganti* m.pl. 'coloro che pescano le cape longhe' NinniGiunte-1, chiogg. ~ Naccari-Boscolo.

Ven. *capa margarota* f. 'specie di conchiglia: cuore edule (Cardium edule L.)' Palombi-San-tarelli 347, triest.-istr. *capa margarote* ib.; *cape marzarote* pl. ib.

It. *cappa marina* f. 'tipo di mollusco' (1565, Ben-zoni, ScopritoriCaraci-Pozzi 1).

March. *cappa pellegrina* f. 'conchiglia di San Giacomo (Pecten Jacobaeus L.)' Palombi-Santa-relli 334.

Venez. *capa reonda* f. 'cappa tonda' (1556, Be-rengoTucci).

Venez.a. *cape sante* f.pl. 'molluschi a due valve disuguali (Pecten Jacobeus e altri meno diffusi)' (1493, Sanudo, CortelazzoDiz), it. *cappasanta* f. (sec. XVI, Petronio, Rossi,SLeI 6,173; dal 1847, VocUniv; Zing 2008), *cappa santa* (1795, Nem-nich 4,811), it.sett. *cappasanta* (ante 1548, Messi-Sbugo, Rossi,SLeI 6,173), lig.gen. (savon.) *k a -p e s á n t e* pl. VPLPesci, romagn. *capasânta* f. Ercolani, rimin. *capasenta* (Quondamatteo-Bellosi 2,84), Porto Corsini *capasâta* ib., march.sett. (Fano) *capsant* Sperandini-Vampa, it.reg.ven. *ca-pe sante* pl. (dal 1593, Moryson, Cartago; Nievo-Portinari, CortelazzoMAMat; Zanotto, DEDI-1; Zing 2008), *capasanta* f. (dal 1906, Tommasini; BSuppl; "tecn.-spec.zool." GRADIT 2007), ven.lagun. (venez.) *cape sante* pl. (1547, Calmo, CortelazzoDiz; sec. XVI, Rossetti, Rossi,SLeI 6,173), *capa santa* f. (Boerio; Piccio), chiogg. *capasanta* Naccari-Boscolo, ven. merid. (vic.) *capa santa* Pajello, *capasànta* Candiago, ven.centro-sett. (bellun.) ~ Nazari, grad. ~ (Rosa-mani; Deluisa 31), *capasanta* (Domini; DET), triest. *capa santa* (Penso,BPPI 16 s.v. *pecten*; Rosamani; Pinguentini), istr. *capasanta* DET, Parenzo *cape sante* pl. (Berlam,ACATP 4,541), ven.adriat.or. (Cherso) *capasanta* f. DET, ancon. *coppasanta* Spotti, senigall. *k a p p a s á n t a*

(Mancini,BALM 21, 108)[1], nap. *cappe sante* pl. (1761, Campolongo, Greco,StCortelazzo 1997, 196); abr.or.adriat. (vast.) *p a p a s á n d ə* f. 'id.' DAM[2].

It.sett. *cappe sante di San Giacomo* f.pl. 'tipo di paste dolci a forma di conchiglia' (ante 1548, MessiSbugo, Catricalà,SLeI 4,173).

It. *cappatonda* f. 'tellina: tipo di mollusco di forma tondeggiante (Cardium edule L.)' (Florio 1598; ib. 1611; dal 1955, DizEncIt; BSuppl: "tecn.-spec.zool." GRADIT 2007), it.reg.ven. *cape tonde* pl. (1593, Moryson, Cartago), ven.lagun. (venez.) ~ (1547, Calmo, Cortelazzo-Diz), *capa tonda* f. (Boerio; Contarini; Piccio), chiogg. *capatónda* Naccari-Boscolo, ven.merid. (vic.) *capa tonda* Pajello, ven.centro-sett. (bellun.) ~ Nazari, grad. ~ Deluisa 31, bisiacco *capatónda* Domini, triest. *capa tonda* (Rosamani; Pinguenti-ni), *capatonda* DET, istr. (Parenzo) *cape tonde* (Berlam,ACATP 4,541), Fiume *capa tonda* f. Rosamani[3].

Ven. *cappa-tonda* f. 'cuore spinoso (Cardium aculeatum L.)' Palombi-Santarelli 350.

Ven. *capatonda de mare* f. 'specie di conchiglia: cuore tubercolato (Cardium echinatum)' Palombi-Santarelli 349, triest.-istr. *capa tonda de mar* ib.; ven. ~ 'venere incrocicchiata (Amigdala decussata L.)' ib. 351.

Ven. *capa tonda de valle* f. 'specie di conchiglia: cuore edule (Cardium edule L.)' Palombi-San-tarelli 347.

It. *cappa verrucosa* f. 'venere tartufo (Venus ver-rucosa L.)' Palombi-Santarelli 357.

Venez.a. *cape a deo* f.pl. 'cappa di San Giacomo (Pecten Jacobaeus)' (1493, Sanudo, Cortelazzo-Diz), it. *cappe da deo* (sec. XVI, Romoli, Rossi, SLeI 6,173); *cappa di deo* f. 'mollusco del genere Solen, detto anche *coltellaccio*' (Penso,BPPI 16), venez. *capa de deo* Boerio, ~ *da deo* (Contarini; Piccio), grad. ~ *de deo* Deluisa 31, bisiacco ~ *de dé* Domini, triest. ~ *de deo* (Penso,BPPI 16; Pa-lombi-Santarelli 358), istr. (Parenzo) ~ *da deo* (Rosamani; Berlam,ACATP 4,541); it. *cappa di deo* 'cappa lunga (Solen ensis)' Palombi-Santarelli 360, ven. *capa da deo* ib.

Ven. *capa de fos* f. 'cuore spinoso (Cardium acu-leatum L.)' Palombi-Santarelli 350.

---

[1] Cfr. croato *kapasanta* f. DET.

[2] Attrazione per paraetimologia.

[3] Cfr. friul. *cape tonde* f.pl. PironaN, *capetonde* DESF.

Ven. centro-sett. (trevig.) *cape de fosso* f.pl. 'molluschi del genere Anodonta, Alasmodonta ed Unio' Ninni-1.

Ven.a. *cape de mare* f.pl. 'mollusco (Chama antiquata)' (Corti,AGI 45,121), pad.a. ~ (ante 1468, SavonarolaM, Gualdo 197), trevig.a. ~ (sec. XIV, LapidarioTomasoni,SFI 34), venez. *capa de mar* f. Boerio, trent.or. (rover.) *cappe de mar* pl. Azzolini; ven. *capa de mar* f. 'cuore spinoso (Cardium aculeatum L.)' Palombi-Santarelli 350.

Venez. *capa de palo* f. 'mollusco (Lepas balanus)' Boerio, *cape dei pali* pl. NinniGiunte-1.

Venez. *capa de le piere* f. 'mollusco (Lepas balanoides)' Boerio.

Ven.a. *chapi de redize de perle* f.pl. 'madreperla' (1477, VocAdamoRodvilaGiustiniani)[1], venez. *cape de madre de perle* (1547, InventarioMuschier, Ludwig,ItF 1,336).

Venez.a. *cape de San Giacomo* f.pl. 'Pecten Jacobaeus' (1493, Sanudo, CortelazzoDiz), it. *cappa di San Giacomo* f. (1795, Nemnich 4,811), it.sett. *cappe di San Iacomo* pl. (1570, Scappi, Rossi,SLeI 6,173), grad. *capa de San Giacomo* Deluisa 31.

Composto: ven.lagun. (chiogg.) **capatartufo** f. 'verrucosa (Venus verrucosa L.)' Naccari-Boscolo, tosc. *cappatartufo* Palombi-Santarelli 357.

Con dissimilazione consonantica o influsso di *capra*:

It. **capre** f.pl. 'mollusco marino dell'Ordine Conchiferi, con conchiglia bivalve triangolare di colore viola e munita di bisso sericeo (Mytilus edulis L.)' (1550, SommarioIndie, RamusioMilanesi)[2].

Sintagmi: emil.occ. (parm.) *càpra d' màr* f. 'cappa; conchiglia bivalve commestibile (Venus decussata L.)' Malaspina.

Emil.occ. (parm.) *càpra da pelegrén* f. 'cappasanta; nicchio da pellegrini; conchiglia bivalve scanalata (Ostrea Jacobea L.)' Malaspina.

Derivati: venez.a. **capete** (*de pelegrin/rose*) f.pl. 'tipi di nicchio' (1490, PortolanRizo 120, Kahane-Bremner 3), *chapete* (*de sabion*) ib. 8; mant. *capetta* f. 'specie di nicchio (Tellina cornea L.)' CherubiniAgg 1827, *capèta* Arrivabene, venez. ~ (Boerio; Ninni-Giunte 1), istr. (Fiume) ~ Rosamani.

Triest.-istr. *capète* f.pl. 'conchiglie di San Giacomo (Pecten Jacobaeus L.)' Palombi-Santarelli 334.

Lig. **cappòtto** m. 'crostaceo del gènere Dromia' (Lessona-A-Valle 1875; Tommasini 1906), corso *cappóttu* Falcucci[3].

Sic. **cappottello** m. 'specie di scampo' Vaccaro 1966.

Sic.sud-or. (Vittoria) *kkapputtẹḍḍa* f. 'seppioline o calamaretti' Consolino.

Venez.a. **chapule** f.pl. 'piccole conchiglie' (1490, PortolanRizo, Kahane-Bremner).

Ancon. (senigall.) *cappulara* f. '(rete) gàngano a mano' Spotti; *kapulára* 'la barca e l'attrezzatura necessaria per la pesca delle vongole' (ManciniAM,BALM 21,99).

Ancon. (senigall.) *cappulâr* m. 'pescatore o venditore di arselle' Spotti.

Pant. **kappućẹttu** m. 'seppiola (Sepiola rondeleti)' (Tropea,RicDial 1).

Lig.or. (Lérici) **kapóŋ** m. 'scorfano (Scorphaena scropha)' (Merlo,CN 8).

Corso *cappone* m. 'specie di pesce di mare, varietà di chiocciola mangereccia' Falcucci.

Sintagma: it.sett. *pesce cappone* m. 'scorfano' (ante 1548, MessiSbugo, Faccioli 1,268).

Ven.lagun. (chiogg.) *scapon* m. 'medusa' Naccari-Boscolo.

Ven. **capazza** f. 'la cappa più grossa esistente' Boerio.

Grad. **capero** m. 'specie di cappa lunga' DeLuisa 31.

Trevig.a. *caparoçolli longhi* m.pl. 'specie di mollusco marino' (sec. XIV, LapidarioTomasoni, TLIOMat), *capparozzoli* (Oudin 1640 – Veneroni 1681), ven. *caperosoi* Coltro 160, ven.lagun. (venez.) *caparozzolo* m. (1566, CalmoRossi)[4], *caparòzzolo* (1795, Nemnich 4,1425; NinniGiunte-1; Contarini), *caparossolo* Piccio, chiogg. ~ Naccari-Boscolo, ven.merid. (vic.) ~ (Pajello; Candiago), grad. ~ Deluisa 31, bisiacco *caparòzul* Domini, triest. *caperòzolo* DET, *caparozolo* Rosamani, *caperòzzoli* pl. (Berlam,ACATP 4,541), istr. *caparozolo* m. Rosamani, capodistr. *caparòsolo* Semi, ven.adriat.or. (Cherso) *caperòzolo* DET, Lussingrande *caparozolo* Rosamani[5].

Ven. *caparozzolo* m. 'cappa verrucosa (Venus verrucosa L.)' Palombi-Santarelli 357, triest.-istr. *ca-*

---

[1] Per il plurale femminile in *-i* cfr. RohlfsGrammStor § 362.

[2] Cfr. dalm. *ćavra* f. 'specie di cefalo' (Vinja,SRAZ 9/10,159).

[3] Cfr. malt. *kapott* m. 'granchio' Aquilina 98.

[4] Cfr. lat.mediev.venez. *capparozulus* m. (1300, Sella).

[5] Cfr. friul. *caparòzzul* m. PironaN, mugl. *kaparọsul* (Zudini-Dorsi; Cavalli 117), *caparosolo* DET.

parrozzolo ib.; ven. *caparozzolo* 'mastietto (Tapes aureus)' ib. 352.

Triest. *caparozzolo* m. 'mollusco (Tapes Sp.)' (Penso,BPPI 16).

Ven. *caparozolo scorzo grosso* m. 'cappa incrocicchiata (Tapes decussatus L.)' (Penso,BPPI 16), venez. *caparossolo dal scorzo grosso* Piccio.

Venez. *caparozzolo sutil* m. 'specie di conchiglia (Scrobicularia piperita)' (Penso,BPPI 16), *caporozzolo sutil* ib.

Venez. *caparossolo dal scorzo sutilo* m. 'mollusco del genere Solen' Piccio; venez. ~ *de mar* 'venere tonda (Venus rotundata L.)' ib.

It. **capparòzola** f. 'vongola' Spadafora 1704, istr. (Fiume) *caparòzzole* pl. (Penso,BPPI 16 s.v. *Tapes sp.*), *caparòzola* DET, *caparòzula* ib.

Apulo-bar. (bar.) *cocciola caparozzola* f. 'specie di conchilia (Scrobicularia piperita)' (Penso,BPPI 16).

Venez. *caparozzoleti* (*de mar e dei bastimenti/de marina*) m.pl. 'specie di conchiglie marine' Boerio; ~ 'ogni conchiglia bivalve' NinniGiunte-1; ven.merid. (vic.) *caparossoléto* (*de mare*) m. 'tellina' Pajello.

Ven.lagun. (chiogg.) *caparossolante* m. 'chi effettua la pesca dei caparòssoli' Naccari-Boscolo.

It. **capparole** f.pl. 'mollusco di genere non definito' (Oudin 1640 – Veneroni 1681).

It. **capparogoli** pl. 'nome generico di alcuni piccoli molluschi (genere Venus)'(ante 1552, Giovio, Rossi,SLeI 6,95).

It. **caparocchie** f.pl. 'molluschi (venere tonda)' (1585, Garzoni, B).

It. **capparocchiole** f.pl. 'mollusco (genere Tapes)' (Florio 1598 – Veneroni 1681).

Romagn. (Porto Corsini) **k a p a r ǒ** m. 'tellina del tipo Chione' Quondamatteo-Bellosi 80.

Ven.lagun. (venez.) *caparòn* m. 'cuore spinoso (Cardium aculeatum L.)' Boerio, chiogg. ~ Naccari-Boscolo, triest.-istr. ~ Palombi-Santarelli 350; àpulo-bar. (barlett.) *capparone* 'gasteropodo' Tarantino; garg. (Mattinata) *caperròune* m. 'murice aculeato (Murex brandaris)' Granatiero, manf. *caperrone* Caratù-RinaldiVoc.

Ven. *caparon* m. 'cappatartuffo (Venus verrucosa L.)' Palombi-Santarelli 357, triest.-istr. ~ ib.

Venez. **caparona** f. 'mollusco (Venus Virginea)' Tommasini 1906.

Pad.a. **capparace** f.pl. 'peverazze, specie di muscoli marini commestibili' (1452, SavonarolaM-Nystedt-2), *caparace* ib., ancon. *caparazza* f. 'id.' Spotti.

Venez. **capariol** m. 'addetto alla pesca dei molluschi' Tommasini 1906.

Emil.occ. (parm.) **caprén'na** f. 'tipo di dolce a forma di conchiglietta' Malaspina.

Venez. *fondo de* **capegno** 'fondo di laguna cosparso di gusci di conchiglie' NinniGiunte-1.

Romagn.a. **capar** 'pescare conchiglie' (Comacchio 1494, Tommasini), romagn. ~ Tommasini 1906, ven. ~ ib.

Sign.second.: venez. **capa** f. 'motivo decorativo a forma di conchiglia' GlossCostrConcina, *cappa* ib.

Sintagma: it.reg.venez. *cape del coro* f.pl. 'motivo decorativo a forma di conchiglia' (XV, Paoletti 84, GlossCostrConcina).

Lomb.or. (berg.) **capeta** f. 'lavoro di ricamo su tessuti composto a piccoli triangoli a forma di conchiglia' Tiraboschi, bresc. ~ Rosa, lad.fiamm. (cembr.) ~Aneggi-Rizzolatti, mant. ~ Arrivabene, venez. ~ Boerio, ven.merid. (vic.) ~ Pajello, bisiacco ~ Domini, triest. ~ (Rosamani; DET).

Venez. *capète* f.pl. 'elementi architettonici decorativi a forma di conchiglia marina' Boerio.

Venez. *capèta da pitori* f. 'scodellino dove i pittori tengono il colore' Boerio.

Sintagma prep.: ven.merid. (vic.) (*lasagne*) *a capéte* 'col bordo frastagliato' Pajello.

Lomb.or. (berg.) *fa i capète* 'camminare zigzagando, come il ricamo omonimo' Tiraboschi.

Lad.cador. (comel.sup.) **k a p é t u** m. 'lavoro di ricamo su tessuti composto di piccoli triangoli a forma di conchiglia' (Tagliavini,AIVen 103), Candide ~ DeLorenzo.

4.c.β². pesci

Sintagma: it. **cappa nera** f. 'pesce (Corvina nigra)' (Tommasini 1906; Garollo 1913)[1], gen. *cappa neigra* (Paganini 247; Parona,ASLigSNG 9).

Derivati: lig. **capota** f. 'giaccone' VPLMare.

Corso **cappóttu** m. 'pesce' Falcucci.

Ancon. **capucì** m. 'sparetto (Sargus rondeletii)' Spotti.

Sic. *cappuccinu* m. 'tipo di razza marina, aquila di mare (Myliobatis aquila Cuv.)' Assenza 151, catan.-sirac. (Golfo di Catania) ~ (LoPresti,FI 10,91).

Sic. *cappuccinu* m. 'pesce vescovo (Pteromylaens bovinus)' VS.

Sintagmi: it. *razza cappuccina* f. → *raia*
sic. *picara cappuccina* f. → *pikkare*
sic. *picara scapucina* f. → *pikkare*
lig.centr. (onegl.) *r á z a s k a p i s í n a* f. → *raia*
Lig.occ. **k a p ú ŋ** m. 'triglia' VPLPesci; lig.or. *k a p ọ́ ŋ* 'tartufo di mare' VPLPesci.

───────

[1] Cfr. lat.mediev.emil. *cape* f.pl. 'pesce manicaio' (Cittadella 1438, SellaEmil).

Lig.gen. (tabarch.) **k a p á s u l a** f. 'latterino bavone' VPLPesce.

4.c.β³. mammiferi

Derivati: it. *foca dal* **cappuccio** f. 'specie di foca' (dal 1875, Lessona-A-Valle; "tecn.-spec.zool." GRADIT 2007).

Corso cismont.occ. (Èvisa) *cappusgiu* agg. 'dicesi di porco chiazzato' Ceccaldi.

It. (*razza*) *cappuccia* agg.f. 'di una varietà molto pregiata di suini dalla Toscana' (dal 1955, DizEnc-It s.v. *cappuccio*; VLI 1986).

It. **cappuccino** m. 'tipo di scimmia (Cebus capucinus)' (dal 1913, Garollo; "tecn.-spec.zool." GRADIT 2007); *cebo cappuccino* → gr. *kebos*

It. **cappuccina** f. 'scimmia del genere Cebus' (Coronedi 1869-74 s.v. *capuzeina*; Petr 1887), bol. *capuzeina* Coronedi.

Sintagma: it. *scimia cappuccina* f. → *simia*

4.c.β⁴. uccelli, parte di uccelli

Derivati: piem. **capucc'** m. 'canarino' Capello.

Trent.occ. *capùcio* m. 'beccofrosone' Bazzani-Melzani.

Nap. *cappuccio* m. 'gufo' Volpe.

Sintagmi prep.: lig.occ. (Mònaco) (*l ó d u ɹ a*) *a k a p ú ć u* 'di allodola col ciuffo (Galerita cristata L.)' Arveiller 96, mant. (*lodola*) *col capuzz* Cherubini 1827.

Ven. (*perruzzolin*) *col capuzzo* m. 'di cinciallegra palustre (Parus palustris L.)' (Salvadori 68; Giglioli 159).

Piem. **k a p ü̆ s a** f. 'upupa (Upupa epops L.)' (Capello – Brero), b.piem. (viver.) ~ Clerico.

B.piem. (Ottiglio) *k a p ü̆ ć a* f. 'allodola col ciuffo (Galerita cristata L.)' (AIS 496, p.158), sic. *cappùccia* VS, agrig.occ. (Castel Tèrmini) ~ ib.

Sic.sud-or. (Àvola) *cappùccia* f. 'gheppio (Falco tinniculus)' VS.

Luc.-cal. (Oriolo) **k a p p ǝ ć ǘ t ǝ** f. 'allodola cappelluta (Galerita cristata L.)' (AIS 496, p.745).

Sic. **cappuzzièddu** 'allodola cappelluta (Galerita cristata L.)' VS, Mòdica *k a p p u t t s y é ḍ ḍ u* ib., *k a p p u t t s é ḍ ḍ u* ib.

Sic.sud-or. (Scicli) **k a p p u t t s é ḍ ḍ a** f.. 'allodola cappelluta (Galerita cristata L.)' VS[1].

Tosc. **cappuccino** m. 'falco di palude (Falco rufus L.)' (dal 1865, TB; GRADIT; Zing 2008), lucch.-vers. (lucch.) ~ Nieri, pis. ~ Savi 61[2].

---

[1] Cfr. fr.-prov. *k a p ü ϑ á t t a* f. (AIS 496, p.161).

[2] Sebbene questo falco non porti ciuffetto di penne è difficile pensare alla sopravvivenza del lat.tardo CAPYS/CAPUS 'falcone', dato che queste sarebbero le

It. *cappuccino* m. 'tipo di colombo con le penne del capo rovesciate in avanti a guisa di cappuccio' (dal 1962, B; Zing 2008).

It. *cappuccino* m. 'nome di varie specie della famiglia degli estrildidi' (dal 1987, VLI; "tecn.-spec.ornit." GRADIT 2007).

It. *cappuccino* m. 'nome di varie specie della famiglia dei passeracei' (DizEncIt 1955; VLI 1987).

Lomb.alp.or. (Tàrtano) *k a p ü š í* m. 'capinera' Bianchini-Bracchi, lomb.or. (crem.) *capusí* Bombelli.

Sintagma: it. *falco cappuccino* m. → *falco*

It. **cappuccina** f. 'tipo di falco (Falco biarmicus Feldeggi)' Petr 1887, sic. *cappuccina* VS.

Piem. *k a p ü s í ŋ a* f. 'cincia bigia (Parus palustris Kaup.)' (Salvadori 68 – Levi); ~ 'cincia mora (Parus ater L.)' ib., trent.occ. (Valle di Rendéna) *capucina* (BonomiAvifauna 1,21).

Lomb.occ. (torton.) *capussinna* f. 'cappellaccia (Galerita cristata L.)' Giglioli 68.

Sintagmi: trent.occ. (Valle di Rendéna) *capucina granda* f. 'cinciallegra (Parus major L.)' (BonomiAvifauna 1,20).

ven. *parussoletta capuccina* f. → *parra*

Lomb. **capuzòl** m. 'cappellaccia (Galerita cristata L.)' (Giglioli 68; Salvadori 132).

Mil. **capùzzola** f. 'allodola, lodola cappelluta' Cherubini.

Roman. **capuccione** m. 'piviere tortolino (Eudromias morinellus l.)' (Giglioli 371; Salvadori 204).

Ven.merid. (poles.) **scapuzaròlo** m. 'colimbo minore (Podiceps minor)' (Lorenzi,RGI 15,153).

Agg.verb.: it. **incappucciato** 'di uccello da preda coperto col cappuccio di cuoio' (ante 1866, D'Azeglio, B).

It. *incappucciato* agg. 'attributo del falcone o del grifone' (dal 1957, DizEncIt; VLI; "tecn.-spec. arald." GRADIT 2007).

It. **scappucciare** v.tr. 'privare un falcone del cappuccio prima dell'assalto' (ante 1866, D'Azeglio, B).

Garg. (manf.) **k a p a č č ó w n ǝ** m. 'moriglione (Aythya ferina)' Caratù-RinaldiVoc.

Lomb.or. (Gardino) **capèta** f. 'sterpazzola (Sylvia communis Lath.)' CaffiZool num. 151.

Loc.verb.: lig.occ. (sanrem.) *avé u* **capotu** 'raggomitolarsi (detto di uccelli morenti che gonfiano per ciò le piume)' Carli[3]; lig.centr. (Pieve di Teco) *fâ capottu* 'id.' (Durand-2,56), bisiacco *far al capot* Domini, istr. *fa[r] capoto* Rosamani, triest.

---

uniche tracce di questo vocabolo (cfr. però Marrapodi,AttiBracchi 278).

[3] Talora detto anche di uomini.

~ (Pinguentini; DET), ven.adriat.or. (Zara) *f a r k a p ǫ́ t o* Wengler, sic. *fàrisi u cappottu* VS; sic. *pigghiàrisi u cappottu* 'id.' ib.; *trascinàrisi u cappottu* 'id.' ib.

Bol. **capan d' vâl** m. 'airone bianco; tarabuso' (Ungarelli,Archiginnasio 25).

Corso centr. (Ajaccio) **k a p a r ę́ l l a** f. 'civetta' (ALEIC 1313, p.36).

It.sett.occ. **caparruccia** f. 'allodola cappelluta (Alauda cristata L.)' Vopisco 1564, piem. *caperucia* Capello, *caparucia* Zalli 1815, APiem. (Priocco) *k a p a r ū́ ć a* (Toppino,ID 3,114), march. *capparuccia* (Salvadori 133; Giglioli 68), march.merid. ~ Egidi.

Piem. **s k a p a r ū́ ć a** f. 'allodola cappelluta (Alauda cristata L.)' Porro, APiem. (Govone) ~ (Toppino,ID 2).– Piem. **p a r ū́ ć a** f. 'allodola cappelluta (Alauda cristata L.)' (Levi; Gavuzzi)[1], *p r ū́ ć a* (Toppino,ID 3,114), APiem. (Montà) *p a r ū́ ć a* (Toppino,ID 1).

Piem. *p a r u ć í ɲ a* f. 'cincia' Gavuzzi; ~ 'testa mora delle Alpi' DiSant'Albino.

Lad.ates. (bad.sup.) **caparó** m. 'colombaccio' (1763, Bartolomei, EWD 2 s.v. *càpa*)[2].

B.piem. (monf.) **capastr** m. 'astore' GribaudoSeglie; vercell. *capástar* 'falco, gheppio' Argo.

Umbro merid.-or. (Bevagna) **k a p p ú t a** f. 'allodola cappelluta (Alauda cristata L.)' Bruschi.

Composti: ven.adriat.or. (Lussingrande) **capelunga** f. 'cappellaccia (Galerita cristata L.)' Rosamani.

Umbro merid.-or. (tod.) **caporgnina** f. 'cincia maggiore' (Mancini,SFI 18).

Lig.or. (Tellaro) **s k a p a t ǫ́ r d z o a** f. 'torcicollo' Callegari-Varese.

Laz.merid. (Minturno) **capparólla** f. 'allodola' (DeSanctis,BISLazioMerid 2,140)[3].

5. configurazione atmosferica

Pav.a. **capa** (*del cel*) f. 'volta del cielo' (1342, ParafrasiGrisostomoVolg, TLIOMat), it. *cappa* (*del cielo/del sole/del firmamento*) (dal 1864, FaldellaMarazzini 38; B; "basso uso" GRADIT; Zing 2008), lig.occ (Mònaco) *k á p a* (*du ćę́lu*) Arveiller 92, lomb.alp.or. (borm.) *k á p a* (Bracchi,AALincei VIII.30), venez. *capa* (*del cielo*) (1768, GoldoniVocFolena)[4], sen. *cappa* (*del cielo*) (1567, BargagliSRiccò, LIZ).

It.a. *sotto la cappa del sole* 'in questo mondo' (1518-25, Firenzuola, B), lig.Oltregiogo or. (AValle del Taro) *sotto a cappa dro sö* Emmanueli, lomb.or. (berg.) *sóta la capa dol sul* Tiraboschi, bol. (*esser*) *sotta la capa del soul* Coronedi, tosc. *sotto la cappa del sole* FanfaniUso; it. *sotto la cappa del firmamento* 'id.' (1875, Faldella, LIZ).

Sen.a. *sotto la cappa del cielo* 'in questo mondo' (1427, SBernSiena, B), it. ~ (1553ca., Straparola, LIZ), gen. *sōtto a cappa dō cé* Casaccia, triest. *soto la capa de ziel* Rosamani, nap. *sotto la cappa de lo cielo* Rocco.

Sign.second.: fior.a. *cappa di cielo* m. 'tipo di tessuto, così detto per il suo colore' (seconda metà sec. XIV, Sacchetti, B)[5], prat.a. *capadicelo* (1384, MelisAspetti 486), sen.a. *chappa di cielo* (1294, Bautier,BSHF 1945, 98), umbro a. *cappa de cielo* (Mercatale prima metà sec. XIV, TestiMancarella).– It. *cappa di cielo* 'colore azzurro' (D'AlbVill 1797 – Crusca 1866; B 1962), tosc. ~ Fanfani.

It. *cappa* f. 'manto di neve' (1919, Jahier, B).

Abr.or.adriat. (gess.) *cappa* f. 'ombra che le piante si fanno da sé per proteggersi dalla siccità' Finamore-1.

Derivati: it. **cappucci** m.pl. 'strato di neve' (1875, Faldella, B).

It. *cappuccio* (*di vapori grigi*) m. 'nembo, nuvola bassa' (ante 1952, Barilli, B); istr. *capuso* 'copertura di nuvole su un monte' Rosamani, *capuzo* ib. ALaz.sett. (Porto Santo Stefano) **k a p p ú ć ć a** f. 'piccola ondata che si abbatte contro una barca' (Fanciulli,ID 44).

Tic.alp.occ. (Sonogno) *capüscióm* m. 'nuvolone, nembo' Lurati-Pinana.

Sintagma: lucch.-vers. (vers.) *giornata cappugióna* agg.f. 'di giornata grigia con cielo nuvoloso' Cocci.

Agg.verb.: it. (*cielo*) **accappucciato** 'detto di cielo nuvoloso' (prima del 1942, Pea, B).

It. **incappucciarsi** v.rifl. 'coprirsi di neve o nubi (detto di monte)' (dal 1927, Bacchelli, B; Zing 2008), moes. (Mesocco) *incapusciass* (LSI 2,877). ALaz.sett. (Porto Santo Stefano) *n k a p p u ć ć á* v.assol. 'detto di ondata quando si rovescia su una barca' (Fanciulli,ID 46).

Agg.verb.: it. **incappucciato** 'coperto da nubi o neve' (dal 1910, Marinetti, B; Zing 2008).

---

[1] Con caduta della prima sillaba.

[2] Cfr. la critica di Gsell (Ladinia 14,363) dato che tali uccelli esistono in Australia ma non nel lad.ates.

[3] Designazione d'un tipo di allodola a causa del ciuffo di penne sulla testa (Fanciullo).

---

[4] Cfr. fr.a. *cape dou ciel* f. 'firmament' (1180ca., MonGuill, FEW 2,274a) e occit.a. *la capa del cel* (1150ca., BertVentadorm, Rn 2,320b).

[5] Per il genere maschile cfr. Ageno,Tesaur 9,12.

It. (*Alpi*) **scappucciate** agg.f.pl. 'prive del manto nevoso' (ante 1963, Fenoglio, B).

Umbro occ. (Magione) *si gúvə dí* **nkáppa**, *príma də dəmḗnəka fa l ákkwa* 'quando il sole tramonta coperto di nuvole, la pioggia è vicina' Moretti.

Umbro merid.-or. **nkappá** v.assol. 'tramontare dietro una cortina di nubi (del sole)' BruschiAgg.

Agg.verb.: it. (*monti*) **incappati** agg.m.pl. 'coperti dalle nuvole' (1915, D'Annunzio, B), umbro occ. (Magione) (*zǫle*) *nkappḗto* Moretti.

Abr.or.adriat. (gess.) **capparèlla** f. 'asciutto superficiale' Finamore-1.

Agg.verb.: nap. (*luna*) **accappottata** agg.f. 'coperta di nuvole' (prima del 1778, Quattriglia, Rocco).

Composto: abr.or.adriat. (gess.) **štraććakáppa** m. 'macchie lunari' DAM.

6. oggetti a forma di cappa
6.f.α. di tessuto, cuoio; filtro

It. **cappa** f. 'drappo dei padiglioni' Guglielmotti 1889.

Lomb.occ. (valvest.) *kápe* f.pl. 'smerlo, pizzo decorativo di tende e abiti' (Battisti,SbAWien 174.1), venez. *capa* f. (Boerio; Piccio), ven.centro-sett. (vittor.) ~ Zanette, bisiacco ~ Domini, triest. ~ (Rosamani; DET; Pinguentini), ver. ~ Beltramini-Donati, trent.or. (primier) ~ Tissot, lad.ven. *kápa* PallabazerLingua, agord.centro-merid. ~ RossiVoc, lad.ates. ~ PallabazerLingua.

Ven.centro-sett. (Révine) *kápa* f. 'dentellatura di francobollo' Tomasi; *kapá* agg. 'frastagliato, dentellato' ib.

Lad.ates. (livinall.) *capa* f. 'punta delle scarpe' PellegriniA.

Lad.cador. (Auronzo di Cadore) *kápa* f. 'festone, banda di capelli (sulla fronte)' Zandegiacomo.

Sic.sud.-or. (ragus.) *cappa* f. 'tela grossolana adibita a coperta' VS.

Composto: lomb.alp.or. (Valfurva) *fár al kapafǫl* 'ripiegare le lenzuola nel letto di modo che i maschi e le femmine dormano separati (Longa,StR 9).

Lig.gen. (tabarch.) **kápu** m. 'zoccolo' DEST.

Derivati: perug.a. (*benda con*) **capeta** (*ad oro*) f. 'elemento decorativo dell'arredo ecclesiastico' (1339, InventariDisciplinati, Monaci,RFR 1,258, 35)[1]; it. *cappette* pl. 'in alcuni luoghi le copertine

in stoffa delle suppellettili della messa' Pantalini 1932.

Lomb.or. (berg.) *capèta* f. 'pizzo, merletto, lavoro che fanno le donne a certe loro guarnizioni che consiste in piccoli triangoli' (Tiraboschi; Carminati-Viaggi, JudMat).

Mant. *captina* f. 'punta arrotondata dello smerlo' Arrivabene.

It. **cappuccio** m. 'pezzo tondo di feltro usato come filtro per colare liquidi, specialmente mosto' (1859, Carena 323), gen. *capüzzo* Paganini 14, *cappûsso* (*da filtrá*) Casaccia, ancon. *capùcio* Spotti, abr.or.adriat. (vast.) *kappíččə* DAM, nap. *cappuccio* Volpe, àpulo-bar. ~ DeSantisG, sic. *cappùcciu* VS, agrig.occ. (Menfi) ~ ib.; dauno-appenn. (Trinitàpoli) *cappucce* 'sacchetto triangolare di tessuto denso per filtrare i vini' Orlando.

Trent.occ.(bagol.) *kapǽs* m. 'modo di portare un sacco contenente della merce, appoggiato sulle spalle e tenuto dalla testa come un cappuccio' Bazzani-Melzani.

Tosc. *cappuccio* m. 'punta della calza' Fanfani-Uso, umbro merid.-or. (Bevagna) *kappúčču* Bruschi.

Carr. *käpúts* m. 'piccolo sacco pieno di paglia' (Luciani,ID 45).

ALaz.sett. (Bolsena) *kappúčřo* m. 'estremità superiore di vela cucita a mo' di cappuccio' Casaccia-Mattesini.

Umbro merid.-or. *kappúčču* m. 'parte di guanto tagliata ed applicata a difesa di un dito ferito' Bruschi.

Roman. *cappuccio* m. 'rete di forma conica per pescare gamberi' Chiappini.

Niss.-enn. *scapùcciu* m. 'sacco di tela che i *carusi* rivoltano a mo' di mantello per coprirsi la testa e le spalle già indurite per il carico' Castiglione.

Sic. *cappùcciu* m. 'poggiatesta di poltrone e simili' VS.

Emil.a. **chapuza** f. 'cuffia di pelle per riparare il capo del cavallo' (fine sec. XV, HippiatriaTrolli).

Lomb.alp.or. (Grosio) *capùscia* f. 'parte terminale della soletta delle calze' Antonioli-Bracchi[2].

Umbro merid.-or. *kappúčřa* f. 'punta della calza' Bruschi.

Sic. **cappuccinu** m. 'arnese per filtrare il vino' Traina.

Bisiacco **kapotséta** f. 'cesto di forma allungata per spedizioni' (Pellegrini,Linguistica 25,22).

---

[1] Cfr. lat.mediev.friul. *capetta* f. 'smerlo' (1458, Piccini).

[2] Cfr. lat.mediev.ven. *capuzaria* (*ad pedes*) f. 'copertura per i piedi' (1405, Aebischer,ZrP 66,325).

Cicolano (Ascrea) *s k a p p u ć ć á s s e* v.rifl. 'sciogliersi (dello spago che lega la bocca di un saccheto)' (Fanti,ID 16,24).

Umbro merid.-or. (Foligno) *s k a p p u ć ć á t a* f. 'di calza rotta sulla punta' Bruschi.

Laz.centro-sett. (Castelmadama) **rencappuccià(ne)** v.tr. 'rifare la punta (a calzini e simili)' Liberati.

Abr.or.adriat. (vast.) *v í n' a* **k a p p í ć ć ə** 'vino fatto con mosto filtrato' DAM.

It. **cappotto** m. 'sacco di tela grossa usato per incappucciare il cavallo quando viene ferrato affinché non morda' (1827, DizAgric, Tramater – Acc 1941).

Tosco-laz. (pitigl.) **k a p p ọ́ n i** pl. 'cuscini del basto imbottiti di paglia o lana' (AIS 1233, p.582).

Tic.alp.occ. (Auressio) *k a p a r ú ć a* f. 'cuoio capelluto' (VSI 3,509b).

ALaz.merid (Ronciglione) **k a p a r ẹ́ l l a** f. 'pezza, pannolino (per neonati)' (AIS 60, p.632).

Laz.merid. (Amaseno) *k a p p a r ẹ́ l l a* f. 'imbroglio' Vignoli.

Volt. (Chiusdino) **k h a p p ẹ r ọ́ n i** pl. 'cuscini del basto' (AIS 1233, p.551).

Corso cismont.or. *capparone* m. 'fondo di sacco' Falcucci, *capperone* ib.

It. **scapperuccia** f. 'sacco; bisaccia da pellegrino' (Florio 1598; ib. 1611).

Àpulo-bar. (minerv.) **cappitella** f. 'drappo superiore del padiglione del letto' (1598, CartaDotaleVeglia,StMelillo), Trani *cappitelle* pl. (1612, DocCorredo, Rubano,LingItMerid 4/5,86).

Lomb.or. (berg.) *fa* **capassìl** 'star sopra a guisa di baldacchino' (1670, Assonica, Tiraboschi).

Carr. (Colonnata) **k a p p ə ǧ ǧ í n a** f. 'punta del pedule della calza' (Luciani,ID 45).

Abr.or.adriat. **r a k k a p p á** v.tr. 'rincalzare il letto' DAM.

6.f.β. coperchi, capsule, guarnizioni; estremità di oggetti

Umbro a. (*bombarda con*) **cappe** (*de ferro*) 'coperchio' (1445, InventarioAngelucci,ASMarcheUmbria 3,480).

It. *cappa* f. 'parte superiore del blasone dello scudo' (Florio 1598 – Veneroni 1681).

It. *cappa* f. 'cavità della bussola dove s'impernia l'ago' (Saverien 1769 – Petr 1887).

It. *cappa* f. 'parte di rinforzo di armi, sia da taglio che da fuoco' Guglielmotti 1889, lomb.or. (bresc.) *capa* Melchiori, mant. ~ Arrivabene.

It. *cappa* f. 'tipo di proiettile' Garollo 1913, lad.ates. (bad.sup.) *k á p a* Pizzinini.

It. *cappa* f. 'involucro esterno del telefono' (dal Zing 1983; ib. 2001), ~ 'involucro di apparecchi elettrici e simili' DISC 1997.

APiem. (Còrio) *k á p a* f. 'gombina' (AIS 1470, p.144).

Tic. *capa* f. 'estremità sporgente di oggetti' (VSI 3,504).

Lad.ates. (bad.sup.) *k á p a* f. 'tabernacolo del santo patrono' Pizzinini.

Sintagma: trent.or. (primier.) *capa del fulminante* f. 'capocchia del fiammifero' Tissot.

It. **cappo** m. 'parte superiore di scudo' (Oudin 1640 – Veneroni 1681).

Derivati: palerm.a. **chappecti** (*di spiruni*) f.pl. 'protezione di speroni' (1432, InventariBresc,BCSic 18,137,298).

Fior. *cappette* (*da cassa*) f.pl. 'copertura di casse, bauli e affini' (1602, Cantini 134, 176).

It. *cappetta* f. 'guarnizione del dorso dell'impugnatura di una spada' (Guglielmotti 1889; Garollo 1913).

It. *cappetta* f. 'bottone di metallo in cima al manico dei coltelli' Guglielmotti 1889, lomb.or. (bresc.) *capèta* Rosa, venez. ~ Boerio.

Mil. *capètta* f. 'specie di piccola sgorbia dei torniai' Cherubini.

Lad.anaun. (Tuenno) *capéta* f. 'capsula della cartuccia a salve' Quaresima, lad.fiamm. (cembr.) ~ Aneggi-Rizzolatti, venez. *capèta* (*del schiopo*) Boerio, ven.centro-sett. (Revine) *k a p ẹ́ t a* PallabazzerContributo, lad.ven. (agord.centro-merid.) ~ RossiVoc, lad.ates. ~ PallabazzerContributo, livinall. *capeta* PellegriniA.

Lad.fiamm. (Predazzo) *k a p ẹ́ t a* f. 'cappuccio che copre la testa della sala del carro' Boninsegna 282, lad.ates. ~ ib.

Mant. *capetta* f. 'mappa' Cherubini 1827.– Molis. (Bonefro) **capp'tóne** m. 'raccoglitore, cartella per riunire documenti, schede, fogli' Colabella.

Àpulo-bar. (biscegl.) **cappittelle** (*di la pìsside*) f. 'coperchio della pisside' Còcola; *cappittelle* (*di la chistodie*) 'coperchio del ciborio' ib.

Irp. (Calitri) **ncappetto** m. 'uncinetto' Acocella.

Ven.a. **capolare** v.tr. 'fare con la sgorbia la cavità in cui entra il capo del chiodo' (Chioggia 1312-19, MonumentiLioMazorLeviU), venez. *capolar* (Caniato-Cortelazzo,ArteSquerariòli); ven.lagun. (chiogg.) *capolare* 'battere i chiodi' Naccari-Boscolo.– Retroformazione: mil.occ.(parm.) **càpola** f. 'sorta di succhiello da squerariolo' Malaspina; ven.lagun. (chiogg.) *càpola* 'capocchia del chiodo' Naccari-Boscolo; ven.merid. (pad.) *k á p o ł a* 'incavo eseguito per adattarvi la testa di un chiodo in modo che non sporga' Turato-Sandon.

Tic.alp.centr. (Lumino) **capúla** f. 'capocchia' Pronzini, moes. (Roveredo) ~ Raveglia.

Lucch.-vers. (vers.) *cappóllera* f. 'capocchia dei fiammiferi, funghi e chiodi' Cocci.

Mil. **capiœù** m. 'specie di rocchetto meccanico, ruota cilindrica vuota a più fessi o tondini ritti ed equidistanti fra loro nei quali ingranano i denti delle ruote dentate o a corona' Cherubini.

It. **cappuccio** m. 'coperchio di cuoio per riparare la martellina del fucile' Guglielmotti 1889.

It. *cappuccio* m. 'paralume' (1953, Comisso, B).

It. *cappuccio* m. 'rivestimento metallico che ricopre la punta dei proiettili' (dal 1955, DizEncIt; B; Zing 2008).

It. *cappuccio* m. 'oggetto per tappare o rivestire (bottiglia, dentifricio, penna)' (dal 1955, DizEncIt; GRADIT; Zing 2008).

Lomb.or. (cremon.) *capeuzz* m. 'soffietto della carrozza' Vercelli, *kapŭs* Oneda, emil.occ. (parm.) *capùzz* Malaspina, *capuzz* (*dla carrozza*) Pariset, guastall. *capeuss* (*dla carosa*) Guastalla.

March.sett. (metaur.) *kapúćć* m. 'ferro nel quale entra il saliscendi' Conti.

Corso cismont.occ. (Èvisa) *cappucciu* m. 'contenitore per confetti' Ceccaldi; luc.nord.occ. (Picerno) *kappúććə* 'siringa per dolci a forma di cono in tela' Greco.

Gen. **cappûççin** m. '(stamp.) pezzo di cartoncino che copre il vuoto di una forma nel torchio per impedire all'inchiostro di debordare dai margini del foglio durante la stampa' (Casaccia; Gismondi).

Fior. *capuccini* m.pl. 'piccoli coperchi o tappi lavorati' (1546, Cantini 108).

Pis. *cappuccini* m.pl. 'fermi infissi nel muro per bloccare le ante aperte' Malagoli.

It. **cappuccina** f. 'ponticello del fucile che fa scattare il grilletto' Guglielmotti 1889, mil. *capuscìnna* Cherubini, *càpücína* Angiolini, emil.occ. (parm.) *capuzzèn'ni* pl. Malaspina.

Emil.occ. (parm.) *capuzzen'na del tambòrr* f. 'vite che nei tamburi serve a tener tesa la minugia contro la pelle' Malaspina.

It. **cappuccetto** (*di anodo*) m. '(elettr.) cilindretto metallico posto alla sommità di un tubo elettronico' VLI 1987 s.v. *cappuccio*; it. *cappuccetto di griglia* 'id.' ib.

Dauno-appenn. (Margherita di Savoia) *cappuccette* m. 'cappuccetto, coperchietto di penna e altri oggetti simili' Amoroso.

Emil.occ. (mirand.) **cappuzzól** m. 'maschera di pelle posta dai calzolai in punta alle scarpe' Meschieri.

Emil.occ. (mirand.) *cappuzzól* m. 'rinforzo della punta della calza' Meschieri, emil.or. (ferrar.) *cappucciòl* Azzi; emil.occ. (regg.) *capuzzól* m. 'ferro sul quale s'incastra il saliscendi della porta' Ferrari, romagn. *capuzôl* Mattioli, *kaputsówl* Ercolani, faent. *capuzzôl* Morri; venez. **skapitsyól** 'id.' Boerio.

APiem. (Sanfrè) **capuzzone** (*tutto di ferro*) m. 'strumento' (1586, InventarioSobrero,BSPCuneo 93,57).

It. **scappucciare** v.tr. 'togliere la parte superiore di qc.' (dal 1947, Bernari, B; GRADIT; Zing 2008), corso cismont.occ. (Èvisa) *scappuccià* Ceccaldi, perug. *scapuccià'* Catanelli, umbro merid.-or. *škappúććá* Bruschi, laz.merid. (Castro dei Volsci) ~ Vignoli.

Retroformazione: emil.occ. (piac.) **scappuzz** m. 'soffietto della carrozza' Foresti.

It. **incappucciare** v.tr. 'chiudere, avvolgere, nascondere (di vari oggetti)' (1920, DiGiacomo, B; 1953, Manzini, B).

It. (*costruzione/lampadina*) **incappucciata** agg.f. 'avvolta, nascosta, coperta' (1932, Stuparich, B – 1961, Soldati, B).

Luc.-cal. (Oriolo) **accappuccià** v.tr. 'coprire' NDC.

Emil.occ. (parm.) **contracapùzz** m. 'contromantice della carrozza' Malaspina; piac. *contrascappuzz* Foresti.

Tic.alp.occ. (*dent da restell con ar*) **capòta** '(denti di rastrello che hanno sulla testa una) capocchia' Lurati-Pinana; valverz. *kapóta* 'capocchia' Keller-2.

It. **caparucia** f. 'palpebra in lamiera rivestita in pelle o finta pelle posta sopra la plancia porta strumenti per evitare che questi si riflettano sul parabrezza' Valentini.

Macer. *capparùccia* f. 'copertura generica' GinobiliApp 2.

Laz.centro-sett. (Monte Còmpatri) **capparùcciu** m. 'cappuccio di penne stilografiche' Diana.

Bol. **incapär** v.tr. 'rimboccare i tegami di terracotta: metterli a bocca in giù per farli asciugare' Ungarelli.

Laz.merid. **rakkappá** v.tr. 'ricoprire qc.' Vignoli, Sezze ~ Zaccheo-Pasquali.

Laz.merid. **arrakkappá** v.tr. 'ricoprire qc.' Vignoli.

6.f.γ. copertura che si mette su cibi

It. **cappa** f. 'glassatura di dolci' (1896, Deledda, Secci,AFLMCagliari 30,131).

Messin.occ. (Frazzanò) *cappa* f. 'velo che copre il latte bollito' VS, sic.sud.-or. (Acate) ~ ib.

Derivati: àpulo-bar. (biscegl.) **cappucce** *di li mònece* f.pl. 'specie di pasta fatta in casa' Còcola, salent. *kappúčči de mǫ́naku* (Fanciullo VDS,ID 36).

It. **cappuccino** m. 'bevanda di color marrone scuro composta di caffè e schiuma di latte caldo' (dal 1897, Angiolieri s.v. *capücîn*; Panzini; GRADIT; Zing 2008), mil. *capücîn* Angiolieri, vogher. *kapüsę́ŋ* Maragliano, romagn. *capuzén* Mattioli, ven.merid. (vic.) *capussìn* Candiago, triest. *capucin* Pinguentini, *capuzin* (Rosamani; DET), ver. *capuçin* Beltramini-Donati, molis. (Bonefro) *cappuccine* Colabella, dauno-appenn. (Margherita di Savoia) *cappuccène* Amoroso, it.reg.sic. *cappuccino* Ferreri 77[1].

Retroformazioni: it. **cappuccio** m. 'bevanda a base di caffè e schiuma di latte caldo' (dal 1938, MiglioriniPanziniApp; GRADIT; "colloq." Zing 2008).

Triest. **capo** m. 'abbreviazione di *cappuccino*' DET.

mil. *câper capüscin* → *capparis*

it. *insalata de' cappuccini* → *sal*

gen. *tōrta ä cappüççinn-a* → *tortus*

Sintagma prep.: it. (*pesce*) **a capucciollo** 'modo di cucinare il pesce allo spiedo' (ante 1548, MessiSbugo, Catricalà,SLeI 4,192).

It. *cappucciolo* m. 'modo di cucinare il pesce' (Florio 1598; ib. 1611).

It. *cappucciolo* m. 'salsa di pesce' (Oudin 1640 – Veneroni 1681)[2].

abr. *a ped' d' porc' c' z'accappucc* → *pes*

It. (*maestro*) **scapucciatore** (*d'ova sode*) m. 'colui che toglie il guscio alle uova' (1902, Lucini, B).

6.f.δ. elementi di costruzioni

Nap.a. **cappa** f. 'fornace' (1471, DeRosa, MasuccioPetrocchi).

It. *cappa* (*del camino*) f. 'vano in muratura di varia forma sovrastante camini, stufe e fornelli e che serve per convogliare il fumo nel camino' (dal 1554, Bandello, B; Zing 2008)[3], it.sett. *kápa*, lig.Oltregiogo occ. *cappa* (1721, Baraldi 6; 1755, ib.), ossol.alp. *čápa* Nicolet, Antronapiana *káppa* Nicolet, lomb.alp.occ. (Malesco) *káppę* (p.118), Gurro *ačápa* Zeli, tic.alp.occ *čápa* (VSI 3,504), tic.alp.centr. (ABlen.) *kę́pa*

Baer, Olivone ~ (VSI 3,504), Ludiano *čę́pa* ib., lomb.occ. (borgom.) *káppa* (p.129), lomell. *kápə* MoroProverbi 67, trent.occ. (bagol.) *càpä* Bazzani-Melzani, lad.anaun. *čápa* Quaresima, march.sett. (Frontone) *káppa* (p.547), trent.or. (tasin.) *capa* Biasetto, it.mediano ⌜*káppa*⌝, garf.-apuano (Gragnana) *kápa* (Luciani,ID 45), carr. ~ ib., lucch.-vers. (Camaiore) ~ (p.520), amiat. (Seggiano) *kápa* (p.572), macer. (Treia) ~ (p.558), Sant'Elpidio a Mare *kápa* (p.559), laz.centro-sett. (Vico nel Lazio) *káppa* Jacobelli, abr.or.adriat. (Fara San Martino) ~ (p.648), vast. *káppə* (*də la ćummunírə*) DAM, molis. (Bonefro) *cappe* Colabella, laz.merid. ~ Vignoli, Sonnino ~ (p.682), nap. *cappa* (*de la cemmenera*) (Volpe; Rocco), *káppa* (*e ćəmmənę́ra*) Altamura, dauno-appenn. (fogg.) *cappa* (*de la cemenèra*) Villani, Margherita di Savoia *cäppe* Amoroso, garg. (manf.) *cappe* Caratù-RinaldiVoc, àpulo-bar. rubast. ⌜*káppə*⌝, sic. *cappa* VS; AIS 932; ALEIC 742; VSI 3,504[4].

It. *cappa* (*del camino*) f. 'comignolo' (GiorginiBroglio 1870; 1919, Panzini, B), lomb.occ. (aless.) *capa* Prelli 25.

It. *cappa* f. 'cupola a costoloni' (dal 1986, VLI; "tecn.-spec.arch." GRADIT 2007).

Tic.alp.occ. *capa* f. 'architrave' (VSI 3,505), tic.prealp. (Sigirino) ~ ib.

Tic.alp.occ. (Gresso) *capa* f. 'mensola sopra il camino per collocare i candelieri' (VSI 3,505), tic.prealp. ~ ib.

Sign.fig.: it. *cappe* (*di ombrelli*) f.pl. 'riparo' (1884, Serao, B).

Sintagma prep.: it. (*mettiamoci*) *alla cappa* 'alla protezione dalla burrasca' (ante 1873, Guerrazzi, B).

Nap. *sotto la cappa de la protezione di qc.* 'detto di chi è protetto da persona di maggior importanza' Rocco.

Derivati: it. **cappuccio** m. 'tetto di casa' (ante 1861, Nievo, B; 1932, Deledda, B).

It. *cappuccio* m.'coronamento del piedritto del ponte' (dal 1970, Zing; DISC; Zing 2008).

Ancon. *capùcio* m. 'sorta di embrice (muratura)' Spotti.

It. **cappuccino** m. 'qualsiasi pezzo di costruzione appuntato a sostegno dell'altro' (Guglielmotti 1889 – Garollo 1913).– Sintagma: it. *bracciuolo cappuccino* 'id.' Casaccia 1876 s.v. *cappúççin*, *bracciolo cappuccino* Tommasini 1906.

---

[1] Cfr. *cappuccino* m. 'frate' (1.a.β[2].).

[2] Nell'Oudin 1643 *capucciolo* (dopo *cappuccio* e prima di *capra*) sarà errore di stampa.

[3] Cfr. picc.a. *cape* f. 'voûte d'un four' (1456, Meyer-Lübke,ZrP 27,254) e lat.mediev.emil. *capa da stufa* (Este 1230, InventarioEste, JudMat).

[4] Cfr. occit. (Pontechianale) *čápα* (p.160), Valdinieri *kápa* (p.181); AIS 932.

Mil. **capücina** f. 'abbaino' Angiolini.

Mil. *capuscìnna* 'stretto corridoio di disimpegno' Cherubini, lomb.or. (cremon.) *capüsìna* Oneda, romagn. (faent.) *capuzzena* Morri.

Pav. *capücína* f. 'battente delle ante' Annovazzi, emil.occ. (parm.) *capuzèina* (*d'na fnèstra*) PeschieriAgg, *capuzzén'na* (*d'na fnèstra*) Malaspina, *capuzzen-na* (*dna fnestra*) Pariset.

Sic. *cappuccina* f. 'gronda del tetto per lo scolo dell'acqua' VS.

Sic. **cappuccinata** f. 'parte sporgente di tetto a guisa di gronda' VS, niss.-enn. ~ ib., Catenanuova *kappuććinắta* (AIS 868, p.846).

Sic. **cappuccinisca** f. 'parte sporgente di tetto a guisa di gronda' VS, catan.-sirac. (catan.) ~ ib.

Niss.-enn. (Sperlinga) **s k a p u ć i n ắ δ a** f. 'parte sporgente di tetto a guisa di gronda' (AIS 868, p.836).

APiem. (Sanfrè) **capuzzone** m. 'cappa sopra il fornello' (1586, InventarioSobrero,BSPCuneo 93,89).

Novar. (Oleggio) **k a p ü š é** m. 'casuccia piccola; sottotetto' Fortina.

Tic. prealp. (Rovio) **k a p ẹ́ t a** f. 'cappa del camino' (VSI 3,504), tic.merid. ~ ib.

Tic.merid. (Cabbio) *capeta* f. 'mensola sopra il camino per collocare i candelieri' (VSI 3,505).

Sign.metaf.: emil.or. (ferrar.) *capèta* agg. 'aggiunto di una specie di accento, accento circonflesso' Ferri.

Bisiacco **capetàr** v.tr. 'centinare' Domini.– Agg.verb.: bisiacco *capetà* 'centinato' Domini, Monfalcone ~ Rosamani.

Corso **cappighjula** f. 'cappello del camino' Falcucci 411.

Nap. **cappiglia** f. 'copertoio sopra la cappa del camino' Andreoli.

Abr.occ. (Campo di Giove) **k a p p a r ẹ́ l l ǝ** f. 'cappa del camino; comignolo' DAM, laz.merid. (Castro dei Volsci) *kapparẹ́lla* (Vignoli,StR 7,186).

It. **capperuccio** m. 'gronda a forma di cono' TB 1865.

Abr.occ. (Scanno) **k a p a y y ọ́ n e** m. 'grosso camino all'interno del casone' DAM.

Composti: gen. **cappo foco** m. 'ferro da camino' (1561, Inventario, Aprosio-2).

It. **cappa-fumo** f. 'grande cappa nei forni per lavorazioni industriali' (dal 1955, DizEncIt; BSuppl; "tecn.-spec.industr." GRADIT 2007).

6.f.δ¹. parti di nave

It. **cappa** f. 'vela maestra' (1556, Cartier, Ramusio, LIZ; Saverien 1769 – Tommasini 1906)¹.

It. (*vele di*) *cappa* f. 'velatura minima di una nave' (1556, Oviedo, Ramusio, LIZ; dal 1769, Saverien; Zing 2008), lig.gen. (savon.) *kápa* (Nobersco,ASSSP 16), corso *cappa* Falcucci.

It. *cappa* f. 'copertura impermeabile di varie parti della nave' (dal 1889, Guglielmotti; Zing 2008), romagn. (rimin.) *capa* Quondamatteo-Bellosi 2, ALaz.sett. (Porto Santo Stefano) *káppa* (Fanciulli,ID 44), abr.or.adriat. (Pescara) *káppǝ* DAM.

Sign.second.: it. *cappa* f. 'andatura della nave che utilizza solo le vele omonime, o, se a motore, al minimo della potenza' (dal 1813, Stratico, Tramater; Zing 2008)², grad. *capa* Rosamani, bisiacco ~ ib., triest. ~ ib., istr. ~ ib., ALaz.sett. (gigl.) *káppa* (Fanciulli,ID 44), sic. *cappa* VS.

Sintagmi: it. *cappa ardente* f. 'dicesi quando una nave alla cappa ha posizioni diverse dalla direzione del vento' Barberousse 1979; ~ *corrente* 'disposizione di vele atta a contrastare il vento' Guglielmotti 1889; ~ *filante* 'andatura della nave con velatura minima' Barberousse 1979; ~ *molle* 'dicesi quando una nave alla cappa procede in avanti' ib.; ~ *secca* 'dicesi quando la nave procede a vele serrate in balia del vento' Guglielmotti 1889.

It. *cappa dell'albero* f. 'collare di tela cerata che assicura la tenuta stagna della mastra' (1813, Stratico, Tramater); ~ *di mastra* 'id.' Barberousse 1979.

It. *cappa di carrucola* f. 'pezzo delle carrucole che formano il coperchio' Saverien 1769; venez. *cappa di tagia* 'id.' ib.

It. *cappa del timone* f. 'pezzo di tela cerata che isola dall'acqua l'apertura del forno di poppa dove passa l'asta del timone' (1813, Stratico, Tramater).

Derivati: it. **cappuccino** m. 'ogni tipo di bracciolo verticale posto a sostegno di diverse parti di una nave' (D'AlbVill 1772 – DizMar 1937), corso *cappuccinu* Falcucci.

It. *cappuccino* m. 'murata della vela di straglio' (Costa-Cardinali 1820 – VocUniv 1847), gen. *cappûççin* Casaccia; gen. *cappûççin da veia* 'id.' Gismondi.

---

¹ Cfr. fr. *câpe* f. 'grande voile' (Rich 1680, TLF 5,136a).

² Cfr. fr. *à la cappe* 'posizione di una nave trasversale rispetto al vento durante il cattivo tempo' (Kahane 1,704).

Sintagmi: it. *cappuccino della bitta* m. 'elemento che mantiene verticale ogni sostegno della bitta' Guglielmotti 1889.

It. *cappuccino di ponte* m. 'bracciolo verticale che serve a creare una connessione tra il ponte e la murata quando cominciano a disgiungersi' (1813, Stratico, Tramater).

It. *cappuccino della ruota* m. 'sostegno che serve per tenere a sesto la ruota di poppa e prua' Guglielmotti 1889.

It. *cappuccino dello sprone* m. 'bracciolo ad angolo acuto fissato tra la ruota di prua, il tagliamare e il maschio' (D'AlbVill 1797 – VocUniv 1847); ~ *del tagliamare* 'id.' Guglielmotti 1889.

It. *guida alla cappuccina* 'caladdalza: antica manovra di navi ad albero, ora disusata' (Guglielmotti 1889; Tommasini 1906); *imbroglio alla cappuccina* 'id.' ib.; *manovra alla cappuccina* 'id.' ib.

Lig.gen. (savon.) **k a p ü s é l e** f.pl. 'pezzi curvi delle coste e dei membri della nave' (Noberasco,ASSP 16), gen. *cappûsselle* Casaccia.

Ven.merid. (pad.) **k á p o l a** f. 'uno dei punti segnati sulla *banda* della barca per indicare i piedi di pescaggio' Turato-Sandon.

It. **cappeggiare** v.assol. 'legare forte il timone per andare a fil di vento' (D'AlbVill 1772; ib. 1797); ~ 'navigare alla minima velocità possibile in senso contrario al vento e alle onde quando il mare è molto mosso' (dal 1772, D'AlbVill; Zing 2008), lig.gen. (savon.) *k a p e s $\tilde{a}$* Besio, tabarch. *k a p e t s ǫ* DEST, venez. *capegiar* Boerio, corso *cappighjà* Falcucci; ALaz.sett. (gigl.) *k a p p e ǵ g á* 'star fermi con vele ridotte' (Fanciulli,ID 44); elb. *k a p e ǵ g á [r e]* v.assol. 'beccheggiare' (Cortelazzo,ID 28).

Loc.verb.: it. *cappeggiare a secco di vele* 'navigare a cappa secca' Tommasini 1906.

Agg.verb.: it. **cappeggiato** 'messo alla cappa' Guglielmotti 1889.

It. **cappeggiamento** m. 'atto del navigare alla cappa' (Guglielmotti 1889; Tommasini 1906).

Retroformazione: it. **cappeggio** m. 'velocità minima tenuta dalle navi in caso di cattivo tempo' (dal 1889, Guglielmotti; Zing 2008), lig.gen. (tabarch.) *k a p é t s u* DEST, elb. *k a p p é ǵ g o* (Cortelazzo,ID 28).

It. **incappare** v.assol. 'situazione di pericolo di una nave senza più possibilità di governare il timone' AloisiLarderel 1970.

7. mucchio; fascio; strato, copertura; misura

Orv.a. **cappa** f. 'impasto terroso che ricopre la cera di cui sono rivestite le forme delle statue e delle campane' (ante 1438, Prodenzani, B), it. ~ (1599, Imperato, TB).

Nap.a. *cappa* f. 'residuo di sostanze bruciate nella fornace' (ante 1475, DeRosaFormentin).

It. *cappa* f. 'sorta di copertura di terra grossa circa un dito, tipica di certi dannosi insetti sudamericani che con essa costruiscono sentieri coperti; i suddetti sentieri coperti' (1556, Oviedo, Ramusio, LIZ).

It. *cappa* f. '(agr.) monticello di terra sul quale si coltivano le zucche' (1827, DizAgric, Tramater).

It. *cappa* f. 'monte di noci tipico di un gioco infantile' (dal 1865, TB; GRADIT 2007 s.v. *nocino*)[1], fior. ~ (Pieraccioni,LN 4).

It. *cappa* f. 'strato di malta che copre l'esterno di una volta per proteggerla dall'umido' (dal 1875, Lessona-A-Valle; "tecn.-spec.edil." GRADIT 2007).

It.reg. *cappa* f. 'unità di misura (2 dozzine)' (1935, GlossConsGiur), romagn. (faent.) *capa* Morri.

Lig.gen. (Val Graveglia) *k á p a* f. 'mucchio di foglie secche' Plomteux.

APiem. (Guarente) *k á p a* f. 'mucchio di paglia, grano, fieno, foglie e simili' (Toppino,ID 1,116), lomb.occ. (Bienate) *k $\mathring{a}$ p a* (AIS 1457, p.250), lomb.or. (cremon.) *capa* Oneda, bresc. *cape* (Gagliardi 1759; Melchiori), ven.merid. (vic.) *capa* (Pajello; Candiago), Val Lèogra ~ CiviltàRurale 200[2], carr. *k á p p a* (Luciani,ID 45), Còdena *k á p a* ib., lucch.-vers. (vers.) *cappa* Cocci, Terrinca ~ (Rohlfs,SLeI 1)[3].

Lomb.or. (Dello) *k á p a* f. 'mannello' (AIS 1495, p.267), corso cismont.occ. (Cargese) *g á p p e* pl. (p.29), oltramont.merid. (Livia) *k á p p i* (p.43); ALEIC 865b.

Emil.occ. (Coli) *k á p a* f. 'pagliaio' (AIS 1476, p.420).

Fior. *cappa* f. 'castello di carte' Fanfani.

Elb. *cappa* f. 'regalo al capitano di una nave ordinariamente del 5% sull'ammontare del nolo' Mellini.

Cicolano (Santo Stéfano di Sante Marie) *k á p p ə* f. 'staio' DAM.

Àpulo-bar. (martin.) *k á p p ə* f. 'spiazzo libero sotto gli ulivi' VDS.

---

[1] In GRADIT s.v. *cappa* obsoleto, mentre s.v. *nocino* risulta di uso.

[2] Cfr. friul. *ciape* f.pl. PironaN.

[3] Cfr. lat.mediev.ravenn. *capa* f. (1180, SellaEmil), lat.mediev.romagn. *cappa* (Forlì 1359, ib.; Faenza 1414, ib.), lat.mediev.dalm. ~ (sec. XV, Bàrtoli-2,242).

Niss.-enn. *cappa* f. 'strato di rosticci con cui veniva ricoperto il cumulo del calcarone' Castiglione.
Niss.-enn. (Gagliano Castelferrato) *cappa* f. 'impiastro' VS.

Derivati: it. **cappuccia** f. 'monticello di sale stagionato' D'AlbVill 1797.
Tic.alp.occ. (Sonogno) *capücia* f. 'modo di sistemare i mucchi di fieno o altre erbe con una certa pendenza tale da lasciar scorrere via l'acqua' Lurati-Pinana, emil.occ. (parm.) *capùzza* Malaspina.
Àpulo-bar. (tarant.) **cappuccio** (*primacciuolo*) m. 'fascetto di paglia che si mette a difesa degli innesti' DeVincentiis.
Pant. *cappùcciu* m. 'piccola altura' VS.
ALaz.sett. (Capodimonte, Bolsena) **k a p p u ć - ć é t t o** m. 'mucchietto di terra applicato all'innesto della vite' (Petroselli 1,242).
Sic.sud-or. (ragus.) **ccappuccina** f. 'terreno coltivato' VS.
Sen.a. (*grano a altra biada abarcheiate overo*) **accappucciati** part.pass.pl. 'fatti covoni' (1406-52, StatutiSestito).
Luc.nord-occ. (Muro Lucano) *a k k a p p u ć ć á* v.tr. 'coprire le piante di terra o altro per ripararle dal freddo' Bigalke.
Luc.nord-occ. (Picerno) *a k a p u ć ć á* (*l u f ǫ̃ 9 α p α l a ć é n a r a*) v.tr. 'coprire il fuoco di cenere' (AIS 930, p.732).
Umbro merid.-or. *a k k a p p u ć ć á* v.assol. 'arare praticando solchi addossati l'un l'altro' Bruschi; **a k k a p p u ć ć a t ú r a** f. 'inizio dell'aratura consistente nel praticare due solchi addossati l'un l'altro' ib.
Luc.nord-occ. (Picerno) **k a p u ć á** v.tr. 'ricoprire di terra (piante e simili)' (AIS 1386, p.732).
Salent.sett. (Grottaglie) **ncappucciári** v.tr. 'incappucciare le viti ad alberello, legando le punte dei tralci tra loro a modo di cappuccio per difendere i grappoli da un eventuale grandine' Occhibianco.
Salent.centr. (Vèrnole) *n k a p u ć ć á r e* v.tr. 'rincalzare la terra sui vegetali e i germogli per ripararle dal freddo' (AIS 1389, p.739), salent.merid. (Santa Cesaréa Terme) *ncappucciare* VDS.
It. **incappucciamento** m. 'copertura dei fiori delle piante per evitare impollinazioni non volute' (dal 1970, Zing; "tecn.-spec." GRADIT; Zing 2008).
Dauno-appenn. (Margherita di Savoia) **scappücce** m. 'piccolo appezzamento di terreno' Amoroso, Trinitàpoli *scappucce* Orlando.
Dauno-appenn. (Margherita di Savoia) *scappücce* m. 'parte di un bacino salante sul quale è rimasto del sale da cogliere' ib.

B.piem. (vercell.) **capugnìn** m. 'cappuccio medicamentoso di erbe che si applica in capo ad un dito ammalato' Vola.
Sen.a. **cappanello** m. 'mucchio di scopa' (1427, SBernSiena, LIZ).
Loc.prov.: ALaz.merid. (Amelia) *m á r t s a b - b o t t ǫ́ n a a b r í l e š p a ǵ ȩ́ l l a e m m á y y* **a k k a p p a n ȩ́ l l a** 'filastrocca sulle caratteristiche dei mesi: si intende probabilmente che a maggio si ammucchiano le foglie dopo l'inverno o si comincia la fienagione' (AIS 1358, p.584).
Emil.occ. (moden.mont.) **capàr** m. 'mucchio di covoni a forma di parallelepìpedo' Neri.
Lucch.-vers. (lucch.) **capparòtta** f. 'capannetta di tegole aperta da tutti i lati per tenervi sotto foglie e pattume' NieriGiunte.
Sen.a. **capparone** (*a due aque*) m. 'capanna di frasche o canne' (1427, SBernSiena, B), it. ~ (ante 1912, Pascoli, B), it.reg.vers. ~ (ante 1936, Viani, B); lucch.-vers. (viaregg.) *capparone* 'capanna aperta da tutti i lati e col solo tetto' RighiniVoc.
Lucch.-vers. (vers.) *capparóne* m. 'grosso mucchio di foglie' Cocci; corso cismont.occ. *capperone* 'misura di circa tre manate di castagne ottenuta unendo due foglie di lapazzo' Falcucci, Castagniccia *capperone* ib.
Tic.alp.centr. (Airolo) **capón** m. 'mucchietto quasi secco di fieno accumulato per ripararlo dalla pioggia o dalla rugiada' Beffa.
It.sett.occ. **capalla** f. 'bica (di quindici covoni)' Vopisco 1564, lig.occ. (Buggio) *capala* Pastor 80, lig.Oltregiogo occ. (Calizzano) *k a p á l l a* (p.184), piem. *capala* (Pipino 1783 – Brero)[1], APiem. (foss.) *capale* pl. (1581, Barroto, Sacco,BSSS 163,159), Villafalletto *k a p á l a* f. (p.172), castell. ~ (Toppino,StR 10), b.piem. (gattinar.) *capella* (1731, Poggio)[2]; AIS 1487.
Lig.centr. (Triora) **capallu** m. 'bica' (Ferraironi-Petracco,RIngInt NS 18,68), Pieve di Teco ~ Durand-2[3], corso ⌜*k a p p á l e*⌝, cismont.or. (Pedorezza) ⌜*k a p p á l*⌝ (p.17), Ghisoni *k a p p á l i* pl. (p.30), corso centr. (Ajaccio) ~ m. (p.36); ALEIC 865b.
Lad.cador. (amp.) **capùla** (*de sòde*) 'mucchio (di soldi)' Croatto.

---

[1] Cfr. lat.mediev.piem. *accapallare* v.tr. 'accatastare biche nel campo' (Revello 1477, GascaGlossBellero).

[2] Cfr. lat.mediev.cun. *capalla* f. 'bica' (Barge 1374, GascaGlossBellero; Priola 1397, ib.), *capala* (Cherasco 1294, ib.; Corneliano d'Alba 1416, ib.).

[3] Cfr. lat.mediev.lig. *capallo* m. 'covone' (Calizzano, Rossi,MSI 35,112).

Corso oltramont. ⌜**k a p p á ǵ a**⌝ f. 'bica' ALEIC 865b.

Corso cismont. ⌜**k a p p í l**⌝ m. 'bica', cismont. occ. ⌜*k a p p i l e*⌝, corso centr. (Bastélica) *k a p - p í l i* pl. (p.34); ALEIC 865b.

Corso cismont. ⌜*k a p p i l e*⌝ m. 'mucchio di fieno', La Volparola ⌜*k a b b í l e*⌝, cismont.nord- occ. (balan.) *capile* Alfonsi; ALEIC 873.

Garf.-apuano (Gragnana) **k a p ǫ́ ḍ** m. 'mucchiet- to di 3-4 noci tipico di un gioco' (Luciani,ID 45), carr. ~ ib., *k a p p o ḍ ə* ib.

Cicolano (Tagliacozzo) **k a p ǫ̈́ t h a** f. 'mucchio di covoni sul campo; copertura di un mucchio di covoni' (AIS 1457, p.645).

Lig.occ. (sanrem.) **caputà** f. 'buona dose (di pioggia, freddo, ecc.)' Carli, lig.centr. (Pieve di Teco) *caputâ* (*de fréidu*) (Durand-2,46), lig.gen. (savon.) *caputä* (*d'aegua*) Besio.

Romagn. *m e d z a k á p a* f. 'dozzina (detto di uova)' Quondamatteo-Belloni.

Emil.occ. (piac.) **capà** v.tr. 'fare covoni' Foresti.

Lunig. (Arzengio) **k a p ǎ́ d e** m. 'mucchio di paglia' (AIS 1400, p.500), *k a p ǎ́ d α* ib.; *k a p ǎ́ d i* pl. 'mucchio di foglie e fascine' (AIS 544, ib.).

Abr.or.adriat. (gess.) **cappàta** f. 'piccola estensio- ne in superficie' Finamore-1.

Sic. *cappata* f. 'qualsiasi strato di qualunque materia spalmato su una superficie' VS; ~ 'impia- stro, cataplasma' ib., catan.-sirac. (catan.) ~ Tro- pea 87.

Sic. *cappata* f. 'impasto di gesso o calce che si stende sul tetto di canne' VS, catan.-sirac. (Pater- nò) ~ ib., niss.-enn. (Centùripe) ~ ib.

Lomb.or. (Dello) **a ŋ k a p á** v.tr. 'fare covoni' (AIS 1495, p.267).

Sintagma: lomb.or. (bresc.) *encapà le chœe* 'fare le biche' Melchiori.

Lucch.-vers. (vers.) **accappà** v.tr. 'fare covoni' Cocci.

Laz.merid. (terrac.) *accappà* v.tr. 'rimettere a posto la terra della vite dopo la prima zappatura' DiCara.

Corso cismont. **accappighjà** v.assol. 'preparare covoni' Falcucci, cismont.nord-occ. (balan.) *ac- cappilà* Alfonsi, cismont.occ. (Èvisa) *accapilà* Ceccaldi.

Abr.or.adriat. **r a k k a p p á** v.tr. 'rincalzare la terra intorno all'àlbero' DAM.

Composti: abr.occ.adriat. (Rosello) **a k a p p ə l - w ǫ́ ł ə** 'gioco fanciullesco, scaricalàsino' DAM.

Umbro merid.-or. (Foligno) **k a p p a - m a n d ę́ l l a** f. 'modo di distribuire le carte prendendole da sotto il mazzo' Bruschi.

II.1. Sintagma prep.: sic. **di cappis e cottis** 'detto di chi veste sfarzosamente' VS.

III.1.a. ⌜*ciapperone*⌝
1.a.α. 'copricapo'
Fior.a. **ciapperone** (*di bugea*) m. 'antico coprica- po' (1311, CompFrescobaldiSapori 125)[1], it. ~ (sec. XVI, Alberi, Hope 254), *ciaperone* (Florio 1598 – Veneroni 1681).

1.a.β. 'veste'
It. **ciapperone** m. 'sorta di veste' (ante 1704, L. Bellini, B; 1732, NoteMalmantile, Bergantini). Piem. **saproun** m. 'cappuccio delle signore' Capel- lo, *ćapirúŋ* (Zalli 1815 – Brero); *s a b r ú ŋ* 'guastamestiere, zoticone' Levi.
It. **chaperon** m. 'donna attempata che ne accom- pagna una più giovane' (dal 1881, Fogazzaro, LIZ; Vaccaro; GRADIT; BSuppl; Zing 2008).
Mil.gerg. **chaperon** m. 'mezzana' BazzettaVeme- nia.
Con cambio di suffisso: it. **ciapperotto** m. 'antico àbito a foggia di mantello' (1612, BuonarrotiGio- vane, B).

1.a.γ. parte di costruzione
Piem. **saprounè** *na muraja* 'fare la cresta ad un muro' (Capello; Zalli 1815)[2].

1.a.δ. copertura
It. **ciaperonare** v.tr. 'coprire q. col ciapperone' (Florio 1611 – Veneroni 1681).
Piem. **saprounè** v.tr. 'accompagnare una giovane donna' Capello, *sapronè* Del Pozzo 1893, *saprunè* Levi.

1.b.α. It. **caponare** v.tr. 'assicurare l'ancora, an- nodarla per rimetterla a posto' (dal 1769, Save- rien; TB; Zing 2008), *capponar* (*l'ancora*) (dal 1772, D'AlbVill; TB; Zing 2008), lig.gen. (savon.) *k a p u n ǎ́* (*l'ánkwa*) (Noberasco,ASSSP 16), triest. *caponar* (*l'àncora*) (Pinguentini; Rosama- niMarin; DET), corso *capouná* Falcucci.
It. *caponato* agg. 'agganciato al capone, manovra- to per mezzo del capone' Tommasini 1906; *capo-*

---

[1] Cfr. fr.a. *chaperon* m. 'sorta di cappa portata da laici o ecclesiastici' (secc. XII-XV, FEW 2,269b).– Cfr. l'antroponimo lat.mediev.pis. *Ciapparonis* (1146, Gloss- DiplTosc, Larson), sen.a. *Ciapparone* (1231, ib.), pist.a. *Guilielmus Ciaparone* (1219, BrattöNuoviStudi 72).

[2] Cfr. fr. *chaperon* m. 'tutto ciò che copre un muro' (dal sec. XV, Froissart, FEW 2,274a).

natura f. 'effetto del caponare' ib.; *caponamento* m. 'manovra del caponare' ib.

It. **accapponare** v.tr. 'alzare l'ancora mediante la gru' (dal 1889, Guglielmotti; DizMar[1]; B; Zing 2008).

It. **incapponare** v.tr. 'bozzare l'ancora con la bozza di *capone*' Guglielmotti 1889, *incaponare* Garollo 1913, garf.-apuano (carr.) *ŋkapponá* 'sospendere l'ancora mediante un grosso paranco' (Luciani,ID 46), ALaz.sett. (Porto Santo Stefano) ~ (Fanciulli,ID 46), pant. *nkapunári* (Tropea, RicDial 1).

Pant. *ngavunári* v.tr. 'sospendere l'ancora mediante un grosso paranco' (Tropea,RicDial 1)[2].

1.b.β. It. **capone** m. 'specie di grosso paranco assegnato all'operazione di afferrare l'ancora per la cicala, ruota di prua o di poppa, certe parti di legno che formano una parte del castello di poppa o di prua' (dal 1769, Saverien; TB; "tecn.-spec.mar." GRADIT 2007)[3], *cappone* (dal 1772, D'AlbVill; B; "tecn.-spec.mar." GRADIT 2007)[4], gen. *kappóŋ* (Casaccia; Gismondi), venez. *capòn* Boerio, triest. ~ (Pinguentini; Rosamani; DET), garf.-apuano (carr.) *kapóŋ* (Luciani,ID 45), corso *cappone* Falcucci, ALaz.sett. (gigl.) *kappóne* (Fanciulli,ID 44); it. *capione* 'id.' (1813, Stratico, Guglielmotti), venez. *capione* Boerio.

Lig.gen. (savon.) *gavún* m. 'specie di grosso paranco' (Noberasco,ASSSP 16)[1].

It. **capona** f. 'comandamento d'alare sul *capone*, per rimettere l'àncora al suo luogo' Saverien 1769.

1.c.α. It. (*dare/dichiarare/fare/perdere/vincere*) **cappotto** (*a q.*) m. '(nei giochi di carte) vittoria senza che l'altro conquisti alcun punto' (dal 1795, Baretti; Zing 2008), it.sett. ⌐*kapót*⌐, lig.occ. (sanrem.) (*dà*) *capotu* Carli, lig.gen. (savon.) *kapótu*, lad.anaun. (Rabbi) *čapót* Quaresima venez. *capoto* Boerio[5], ven.merid. (vic.) *capòto* Candiago, triest. (*andar per*) *capoto* Pinguentini; ver. *capòto* Patuzzi-Bolognini, lad.ates. (gard.) *ćapót* (Martini,AAA 46), lad.cador. (oltrechius.) *capòto* Menegus, corso (*fà*) *cappóttu* Falcucci, sen. *far cappotto* Lombardi, ancon. *capoto* Spotti,

---

[1] Secondo DizMar termine fuori uso.

[2] Con influsso di ⌐*ingavonarsi*⌐ → CAPUT

[3] Cfr. gr. χαπόνια pl. 'bracci dell'àncora' (Kahane, ByzNgrJb 15,102). Secondo Zing 2008 il termine è in disuso.

[4] Secondo Zing 2008 il termine è in disuso.

[5] Cfr. friul. *fâ capôt* PironaN.

abr.or.adriat. (vast.) (*yę́rəsənə*) *kappóttə* DAM, abr.occ. (Introdacqua) (*fá*) ~ ib., molis. (Ripalimosani) (*fá*) *kęppǫ́ttə* Minadeo, Bonefro *cheppòtte* Colabella, santacroc. (*fa*) *kappǫ́ttə* Castelli, laz.merid. (*fá*) *kappǫ́ttə* Vignoli, nap. (*fare*) *cappotto* Rocco, dauno-appenn. (Margherita di Savoia) *cappötte* Amoroso, garg. (manf.) *cappòtte* Caratù-RinaldiVoc, àpulo-bar. (andr.) *fère cappotte* Cotugno, biscegl. *cappotte* Còcola, rubast. (*fǫ́ u*) *kappwǫ́ttə* Jurilli-Tedone, bitont. *cappótte* Saracino, altamur. *kwappǫ́ttə* Cirrottola, luc-cal. (trecchin.) *cappotto* Orrico, sic. (*fari*) *cappottu* (Traina; VS), sic.sud-or. (Vittoria) *kappwǫ́ttu* Consolino.

Lomb.alp.or. (borm.) *capôt* m. 'accordo tra due litiganti' Monti.

Luc.-cal. (trecchin.) *cappotto* m. 'fortuna o successo straordinari di una persona' Orrico; sic. *cappottu* 'sbornia' VS, sic.sud-or. (Butera) ~ ib., *ccappuottu* ib.

Sintagmi: it. *cappotto dichiarato* m. 'quando la vittoria per cappotto viene promessa da un giocatore' Petr1887.

Àpulo-bar. (bitont.) *cappótte a l'ammèrse* 'quando non si fa nemmeno un punto' (⌐*cappotto al contrario*⌐, Saracino).

Sign.fig.: venez. *dar capoto* (*a uno*) 'mancare all'appuntamento' (Boerio; Contarini).

Derivati: mil. **capottòn** m. 'dicesi quando un giocatore dà cappotto a tressette giocando le carte una per volta' Cherubini, venez. *capotòn* Boerio.

Loc.verb.: lomb.or. (cremon.) *fá kaputǫ́n* 'vincere soltanto con le proprie carte' Oneda.

Laz.merid. (Castro dei Volsci) **kapputtá** v.assol. 'fare ciarle maligne' Vignoli; *kapputtyę́rə* agg. 'di chi ha uso malignare su tutti e sparlare' ib.; *kappwǫ́ttə* 'ciarle maligne' ib.

Lad.ates. (bad.sup.) *kaputé* v.tr. 'vincere (gioco)' ("raro" Pizzinini).

Lad.ates. (bad.sup.) *kaputáda* f. 'sconfitta (in un gioco)' Pizzinini, mar. *captoda* Videsott-Plangg.

Lad.cador. (Campolongo) **diskapotá** v.assol. 'evitare il cappotto a tressette' DeZolt.

It. **scappottare** v.assol. 'evitare di perdere per cappotto in alcuni giochi a carte' (dal 1872, TB; B; Zing 2008), tic. *scapotá* (LSI 4,614), umbro merid.-or. *škappottá* Bruschi, molis. (santacroc.) *skapputtá* Castelli, dauno-appenn. (Margherita di Savoia) *scapputté* Amoroso, àpulo-bar. (minerv.) *scapputtéie* Campanile, tarant. *skapputtárə* Gigante; salent. *scapputtá* 'liberarsi da un incarico' VDSSuppl; salent.centr. (lecc.) *scaputtare* 'cavarsela' Attisani-Vernaleone. It. *scappottar[sela]* v.rifl. 'cavarsela al momento opportuno' (1951, Bernari, B); nap. *scapputtarse-la* 'svignarsela, scappar via' Andreoli; dauno-appenn. (Sant'Àgata di Puglia) ~ 'salvarsi da malattia grave, incidente e simili' Marchitelli, sic.sud.-or. (Vittoria) *š k a p p u t t a r s í l l a* Consolino. Romagn. *s k a p u t ę́ a r* v.tr. 'battere, superare in bravura' Ercolani. Dauno-appenn. (Trinitàpoli) *scapputtè* v.tr. 'evitare, passarla liscia' Orlando. Dauno-appenn. (Margherita di Savoia) *scapputtà* v.tr. 'evitare un impegno gravoso, un inconveniente' Amoroso, àpulo-bar. (barlett.) ~ Tarantino, tarant. *s k a p p u t t á r ə* Gigante, luc.nord-occ. (Muro Lucano) *s k a p p u t t á* Mennonna, sic.sud-or. (Vittoria) *š k a p p u t t á r i* Consolino. Salent.sett. (Grottaglie) *scapputtári* v.tr. 'evitare un pericolo' Occhibianco.

1.c.β. It. **far cappotto** 'detto di vascello che si rovescia' (dal 1769, Saverien; Zing 2008). It. *fare cappotto* 'detto di giornata di caccia senza preda' (dal 1941, Farini-Ascari 42; Zing 2008), lomb.or. (berg.) *tö fö capòt* TiraboschiApp; sic. *fari cappottu* 'fallire in qc.' VS. Lomb.or. (bresc.) *salvà 'l capòt* 'detto di chi consegue una cosa desiderata per la prima volta' Gagliardi 1759; berg. *tö fö capòt* 'id.' TiraboschiApp.

1.d. Sintagma prep. e loc.verb.: it. (*anda-re/essere/mettere/navigare/stare*) **alla cappa** 'di nave che procede con la velatura omonima' (dal 1797, D'AlbVill; B; Zing 2008)[1], gen. (*mettise*) *ä cappa* Gismondi, (*mettise*) *in cappa* ib., romagn. (rimin.) (*andé/sté*) *a la capa* Quondamatteo-Bellosi 2, venez. (*esser/meterse*) ~ Boerio, triest. (*meter*) ~ (Pinguentini; DET), garf.-apuano (Gragnana) (*ę́ s ə r / n a v i k á r / s t á r*) *a la kápa* (Luciani,ID 45), carr. ~ ib., elb. (Marina di Campo) (*stáre*) *alla kápa* (Cortelazzo,ID 28), corso (*méttesi*) *a la cappa* Falcucci, ALaz. sett. (gigl.) (*stá*) *a la kappa* (Fanciulli,ID 44), ancon. (senigall.) ~ (ManciniAM, BALM 21,99), abr.or.adriat. (*m ə́ t t [e r e] a l a kápp ə* DAM, nap. *a la cappa* Rocco. It. *prendere la cappa* 'procedere con la velatura omonima' (dal 1979, Barberousse; "tecn.-

spec.mar." GRADIT 2007); *tenere la cappa* 'id.' (dal 1986, VLI; "tecn.-spec.mar." GRADIT 2007). Sign.fig.: it. *mettersi alla cappa* 'usare cautela' (ante 1873, Guerrazzi, B), sic. *mittirisi a la cappa* VS. ALaz.sett.. (gigl.) *s t á a l a k á p p a* 'star fermi in attesa di qc; oziare' (Fanciulli,ID 44).

1.e. It. **capote** (*nera*) f. 'cappellino chiuso ai lati da nastri annodati sotto la gola' (dal 1901, Valera, BSuppl; "tecn.-spec.abbigl." GRADIT 2007). Tic.alp.occ. *capòta* f. 'cappello con visiera' Lurati-Pinana.

1.f. It. **cappottare** v.assol. 'ribaltare (di aeroplano o automobile)' (dal 1919, Dander, DELIN; BSuppl; Zing 2008). Pav. *caputà* v.assol. 'urtare con la punta di un velivolo nell'atterraggio e capovolgere l'apparecchio' Annovazzi. Tic. *capotá* v.assol. 'capovolgersi di autoveicolo' (VSI 3,563), umbro merid.-or. (Alterona) *cappottà* Mattesini-Ugoccioni, molis. (santacroc.) *k a p - p u t t á* Castelli. Cicolano (Ascrea) *k a p o t á* v.assol. 'precipitare' (Fanti,ID 16). It. *capottarsi* v.rifl. 'capovolgersi, ribaltarsi' ("tecn.-spec." dal 1999, GRADIT; ib. 2007), catan.-sirac. (Sant'Alfio) *ccapputtarsi* VS, sic.sud-or. (Vittoria) ~ ib. Macer. (Petriolo) *capotá* v.tr. 'capolvolgere, rovesciare' GinobiliApp, Servigliano *capotá* (Camilli,AR 13), march.merid. (San Benedetto del Tronto) *caputà* Egidi. It. **capottata** f. 'l'atto del capottarsi' (dal 1983, Zing; "tecn.-spec." GRADIT; Zing 2008). It. **cappottamento** m. 'ribaltamento' (dal 1928, Balducci; PratiProntuario; "tecn.-spec." GRADIT; "raro" Zing 2008), *capotamento* (Balducci 2002; Zing 2008). Molis. (Bonefro) **eccapputtà** v.tr. 'capottare di vettura' Colabella, luc.-cal. (trecchin.) *accappottà* Orrico. Macer. (Petriolo) **scapotà** v.tr. 'capovolgere' Ginobili, Servigliano *scapotá* (Camilli,AR 13), march.merid. (San Benedetto del Tronto) ~ Egidi; macer. *scapordà* v.tr. 'capovolgere' Ginobili[2]. Sic.sud-or. (Vittoria) *š k a p p u t t á r i* v.assol. 'uscir di posto, detto di congegni meccanici' Consolino.

---

[1] Cfr. fr. (*mettre*) *à la cape* (dal 1643, FEW 2,274b).

[2] Forse con immissione di *capovorda* < *capovolta*. Per questo passaggio fonetico si veda RohlfsGrammStor § 246.

1.g. It. **decapare** v.tr. 'pulire un metallo con un' operazione di decapaggio' (dal 1933, DISC; "tecn.-spec." GRADIT; Zing 2008)[1].

It. **decapante** agg. 'di qualsiasi sostanza atta a decapare' PF 1992.

It. **decapant** m. 'sostanza chimica usata per decapare' ("tecn.-spec." dal 1999, GRADIT; ib. 2007); **decapé** agg. 'di legno o mobile, colorato e trattato in modo da lasciare in evidenza la venatura' ib.

It. **decapaggio** m. 'ripulitura superficiale di pezzi metallici, ottenuta per immersione in liquidi acidi o alcolini' (dal 1931, Zing; "tecn.-spec." GRADIT; Zing 2008)[2]; **decapamento** 'id.' DISC 1997.

It. *decapaggio* m. 'operazione analoga ma su qualsiasi superficie anche non metallica' (dal 1992, PF; "tecn.-spec.fal." GRADIT 2007).

It. **decapatore** m. 'operaio specializzato nel decapaggio' (dal 1956, Zing; "tecn.-spec." GRADIT; Zing 2008).

1.h. It. **capote** f. 'copertura in tessuto impermeabile di carrozze e automobili che può essere rimessa o ripiegata' (dal 1950, Panzini, BSuppl; Zing 2008), tic. *capòtt* (VSI 3,563).

It. *cappotterìa* f. 'copertura aerodinamica dell'abitacolo di alcuni aerei' ("tecn.-spec.aer." dal 1999, GRADIT; BSuppl; GRADIT 2007); *capote* 'id.' ("tecn.-spec." dal 1999, GRADIT; BSuppl; Zing 2008).

It. **scappottare** v.tr. 'scoprire una macchina, aprendone il tettuccio' (dal 1952, GRADIT; B; Zing 2008).

It. *scappottamento* m. 'apertura del tettuccio di un'auto' (dal 1988, Garinci, B; GRADIT).

1.i. Tic.alp.occ. (Comologno) **capotanglè** m 'profilattico' (⌜*cappotto inglese*⌝, LuratiCultPopDial 51).

2.a. Sic.a. **cappaceti** m. 'armatura di capo' (1519, Scobar, Trapani,ASSic 8, num. 186).

2.b. It. **carapuzze** (*moresche*) pl. 'berretti moreschi' (1583, Sassetti, ZaccariaElemIb).

2.c. It. **cappeggiare** v.assol. 'derubare, soprattutto i passeggeri sulle navi di notte' (1584, FilSasset-

ti, ScopritoriCaraci-Pozzi 1; GridMilVelasco, ZaccariaElemIber), nap. *cappejare* ("furb." D'Ambra).

Nap. **cappejare** v.assol. 'avvolgere nella cappa' D'Ambra.

Nap. **cappiatóre** m. 'ladro' D'AscoliSpagn.

2.d. It. **capotiglio** m. 'specie di cappotto spagnolo con piccolo cappuccio' (Florio 1611 – Veneroni 1681); nap. *cappottiglio* (1699, Stigliola, Rocco), *capotìglio* (Alessio,AAPontaniana 16).

2.e. Molis. (Bonefro) **cappiglia** f. 'cappuccio' (1612, Colabella; 1692, ib.)[3].

Nap. *capiglia* f. 'specie di copertorio di fabbrica che si pone disopra alla gola della cappa' Andreoli[4].

2.f. It. **capirona** f. 'genere di rubiàcee dell'America tropicale' (sec. XIX, DEI).

3.a.α. It. **chepì** m. 'copricapo militare rigido usato fine alla prima guerra mondiale' (dal 1882, Buttà, DELIN; B; Zing 2008), *cheppi* (dal 1889, Guglielmotti; Zing 2008), *kepí* (dal 1905, Panzini; Zing 2008), *chipi* (1974, Pizzerto, Deodati,SLI 19,93) lig.gen. (Carloforte) *kipí* DEST, piem. *kepí* Ponza 1830, tic.prealp. (Melide) *chipí* (VSI 5,152a), breg.Sottoporta (Soglio) *cheppi* (ib. 5,151b), lomb.occ. (aless.) *chepì* Parnisetti, Lomellina *kepí* MoroProverbi 72, lomb.or. (cremon.) *chepì* (Taglietti; Oneda), vogher. *chipì* Maragliano, emil.occ. (parm.) *chepì* MalaspinaGiunte, guastall. *capí* Guastalla, pis. *chipì* Malagoli, roman. *cheppì* (Trilusso, Vaccaro), cal. *chipí* NDC.

Emil.occ. (mirand.) *chepì* m. 'berrettone' Meschieri.

Derivato: umbro occ. (Magione) **kipíno** m. 'basco, berretto senza visiera' Moretti.

3.a.β. Lad.ates. (gard.) **kápa** f. 'cuffia da bambino' Lardschneider, bad.sup. ~ Pizzinini, mar. ~ Videsott-Plangg, fass. ~ 'berretto con visiera' Elwert 67.

3.b. It. **kapútt** agg. 'finito, rovinato' (dal 1918, Panzini; GRADIT; Zing 2008).

Lad.ates. (gard.) *kapút* avv. 'perduto, in malora' (Lardschneider; Martini,AAA 46).

Loc.verb.: lomb.alp.or. (borm.) *far kapút* 'inciampare; fallire un intento' (Longa,StR 9); lad.

---

[1] Cfr. fr. *décaper* 'pulire un metallo con un'operazione di decapaggio' (1742, TLF 6,800b).

[2] Cfr. fr. *décapage* m. 'ripulitura superficiale di pezzi metallici, ottentua per immersione in un liquido adatto (es. vari tipi di acido)' (1768, TLF 6,799b).

[3] Cfr. lat.mediev.sic. *cappiglia* (*di villuto*) f. 'cappuccio' (1547, Michel 288).

[4] Dallo spagn. *capilla* il sardo (logud. e campid.) *kapíla* f. 'mozzetta' (DES 1,290).

ven. (agord.) *'l a fat kapút* 'è andato in rovina; è morto' RossiVoc.

3.c. Breg.Sottoporta (Bondo) **kapanégal** m.pl. 'chiodi per scarponi' (VSI 3,508a), Castasegna *kaponégər* ib., Soglio *kapinéyra* f. ib., breg.Sopraporta *kapanéla* ib., lomb.alp.or. (posch.) *kapnégel* m.pl. ib.

3.d. Lomb.alp.or. (breg.) **kapatǘsal** m. 'cuffia da donna' (VSI 3,510a).

3.e. Lad.ates. (gard.) **kaputsínər** m. 'frate cappuccino' (Gartner; Lardschneider), *capuzìner* (Martini,AAA 46), Selva di Val Gardena *kaputsínaχ* (p.312), bad. *capuzìner* Martini, mar. *kapatsínar* (p.305), *capezíner* Videsott-Plangg, livinall. *capuziner* PellegriniA[1]; AIS 797.

4.a. It. **handicap** m. 'corsa di cavalli nella quale il peso da portare viene stabilito di chi deve tener conto delle diverse qualità dei cavalli iscritti e delle corse alle quali essi presero parte' (dal 1887, RestoCarlino, DELIN; Zing 2008).
It. *handicap* m. 'vantaggio o svantaggio in tale competizione' (dal 1931, EncIt 10,210; Zing 2008).
It. *handicap* m. 'condizione di svantaggio, d'inferiorità nei confronti degli altri' (dal 1956, Diz-EncIt; Zing 2008).
It. **handicappare** v.tr. 'assegnare gli handicap' (dal 1910, GazzettaSport, DELIN; "raro" Zing 2008).
It. *handicappare* v.tr. 'porre in stato di inferiorità' (dal 1927, Panzini, DELIN; Zing 2008), *andicappare* Panzini 1935.
It. *handicappato* m. 'persona affetta da handicap, disabile' (dal 1973, ZingMin, DELIN; Zing 2008).
It. **handicapper** m. 'periziatore' (dal 1892, Garollo; Zing 2008).

4.b. It. **handicappato** agg. 'svantaggiato' (dal 1933, Monelli, DELIN; Zing 2008), *andicappato* (1939, Jacono, ib.).

Il latino tardo CAPPA 'mantello, veste lunga', attestato dal sec. VI in Gregorio di Tours (ThesLL 3,354,33), continua in tutte le lingue romanze, ad eccezione del rumeno, cfr. engad. *chappa* (DRG 3,327), sopraselv. *cappa* (ib.), fr.a. *cape* (sec. XI, SAlexis, Eusebio 572), *chape* (dal 1131ca., CouronnementLouis, TLF 5,520), occit.a. *capa*

(1180ca., BertBorn, Rn 2,320b), rouerg.a. ~ (*e gonella e calzas*) (1180ca., Brunel 179,6), cat. ~ (dal 1271, DELCat 2,525b), spagn. ~ (dal 952, Oelschläger, DCECH 1,650b), port. ~ (1246, DELP 2,59a). Per Alessio la voce tardolatina CAPPA "è probabilmente di origine orientale, cfr. il pers. *qābā* (donde l'ar. *qabā'* 'abito, mantello'). La voce però è di tramite greco". Lo stesso autore corregge la glossa di Esichio καππάτια γυναικεῖα ἱμάτια in καππα τὰ γυναικεῖα ἱμάτια. La struttura dell'articolo segue quella di *CAPPELLUS. La macrostruttura distingue indumenti (1.), parti anatomiche (2.), mondo vegetale (3.), mondo animale (4.), configurazione atmosferica (5.), oggetti a forma di cappa (6.) e mucchio; fascio; strato, copertura; misura (7.). Sotto il punto 1. sono raggruppate tutte le attestazioni orbitanti intorno al campo concettuale di indumento, separando mondo umano (1.a.), suddivise nei punti indumenti per uomini (α.), indumenti per religiosi (β.), indumenti per armati (γ.), indumenti da donne (δ.), indumenti da bambino (ε.). Un'ulteriore suddivisione nei punti: parti di indumento ('berretto, copricapo') (α^1.), persone (α^2.), copricapo di religiosi (β^1.), religiosi (β^2.), parti di indumento da donna (δ^1.), parti di indumento da bambino (ε^1.). Il mondo vegetale (3.) si sottodivide in parti di vegetali (α^1.), piante (β.) e funghi (β^1.). Il mondo animale (4.) distingue parte o prodotto di animale (α^1.) da molluschi; animali marini (β^1.), pesci (β^2.), mammiferi (β^3.), uccelli, parte di uccelli (β^4.). Per i molluschi marini (4.c.β^1.) si distinguono molluschi con conchiglie bivalvi dove la simmetria fa supporre un taglio in due parti simmetriche; → prelat. **kap(p)-*; lat. *cap(p)ulāre, capellāre* 'tagliare'[2]. Altri molluschi, p.es. la *cappa santa* (Pecten Jacobaeus) sono motivati dal copricapo del pellegrino oppure la *cappa lunga*, metafora applicata alla conchiglia con le sue scanalature e ondulazioni, simili alle pieghe verticali a raggiera di un mantello, ambedue trattati qui sebbene nel corso della storia di queste parole si sono prodotti confusioni che non permettono più una netta distinzione. Molti di questi significati si ritrovano in altre lingue romanze, p.es. fr.a. *cape del ciel* 'firmamento' (TLF 5,520b) (5.), occit.a. *chapa* 'mercato coperto per il pesce' (Nice 1445, FEW 2,273b) (6.f.δ.).
Sic. *di cappis e cottis* costituisce una forma dotta (II.1.), di cui la fonte è un latinismo dalle Facetiae di Poggio Bracciolini (1438-52).

---

[1] Dal ted. *Kapuziner* m. 'frate cappuccino'.

[2] Cfr. il commento della voce *chiappa*.

Tra i prestiti (III.) si distinguono quelli dal france-se (1.) da quelli iberoromanzi (2.), tedeschi (3.) e inglesi (4.) con la sottodivisione *ciapperone* (1.a.), chiaro prestito dal francese *chaperon* (1131, Cou-ronnementLouis, TLF 5,527b). La parola francese entra in Italia in tre diversi momenti: all'inizio del sec. XIV col significato di 'copricapo' (1.a.α.), verso la fine del sec. XVII col significato di 've-ste' (1.a.β.), mentre all'influenza del francese come lingua colta sono da attribuirsi le attestazio-ni ottocentesche in piemontese (1.a.γ.). In partico-lare il verbo *saprounè* 'accompagnare una giova-ne' può essere ricondotto al fr. *chaperonner* 'gui-dare' (1835, TLF 5,528a) (1.a.δ.). Per l'it. *capona-re* 'assicurare l'ancora' (dal 1769, Saverien), cfr. fr. *caponner ses anchres* 'issare l'ancora' (1551, EntreHenryRouen, JalN) (1.b.α.) e fr. *capon* 'stru-mento per alzare l'ancora' (dal 1516, JalN) (1.b.β.)[1]. L'it. *cappotto* nel significato di 'sconfitta al gioco' è considerato francesismo (dal 1795, Baretti) (1.c.α.), benché la più antica attestazione in ambito romanzo sia comunque il cast. *capote* (prima metà sec. XV, Cancionero de Baena, DCECH 1,650, r. 41-47). Questo fatto e la presun-ta maggior produttività del suffisso *-ot(to)* in castigliano rispetto all'occit. e al fr. spinge il Co-rominas a considerare la parola di origine moza-raba (mozar. *qapût*, 1505, PedroAlcalà, DELCat 2,530a), cfr. cat. *capot* (1507, NebrijaCat, DELCat 2,540), port. *capote* (sec. XVII, DELP 1,495a). Essa poi si è diffusa nelle altre lingue neolatine del Mediterraneo seguendo le rotte commerciali (DELCat 2,540): fr. *capot* (dal 1642, Oudin, TLF 5,151a) e l'it. *cappotto* (1795). L'it. *far cappotto* come termine nautico è francesismo, cfr. fr. *faire capot* 'rovesciarsi (nave)' (dal 1689, TLF 5,151a) (1.c.β.). L'it. *alla cappa* (D'AlbVill 1797) è presti-to dal fr. *mettre a la cappe* (dal 1484, TLF 5,156) (1.d.). Per l'isolato it. *capote (nera)* 'cappellino', cfr. fr. *capote* 'specie di cappello di donna' (dal 1820, TLF 5,151b) (1.e.). Quanto all'it. *cappottare* 'ribaltare (di aeroplano o automobile)', cfr. fr. *capoter (automobile)* (dal 1907, TLF 5,152a) (1.f.). Per *decapare* (1.g.) è da confrontare fr. *decaper* 'pulire un metallo' (1742, TLF 6,800b). L'it. *capote* (1.h.) è prestito dal fr. *capot* 'copertura mobili di automobile' (dal 1839, TLF 5,151b). Per il tic.alp.occ. *capotanglè* 'profilattico', cfr. fr. *capote anglais* 'id.' (dal 1878, TLF 5,151b) (1.i.). Prestiti dallo spagn. sono poi il sic.a. *cappaceti*,

cfr. spagn.a. *capacete* (1492, NebrijaConcord 1,283) (2.a.). L'it. *carapuzze* è prestito catalano, cfr. cat.a. *carapussa* (1461, DCVB 2,1017a) (2.b.). Prestiti dallo spagn. sono poi il nap. *cap-peggiare* 'avvolgere nella cappa, rubare' (2.c.) e *capotiglio* 'mantello' (2.d.), cfr. spagn. *capear* (1599, BDELC s.v. *capa*) e *capotillo* (ib. 828a). Per nap. *capiglia* (2.e.), cfr. spagn.a. *capilla* (1292-93, DEM 1,616), *capilla de capa* (1495, Nebrija, Michel 289). It. *capirona* (2.f.) pare provenire dall'arag.a. *capirón* 'grande cappuccio' (1362, Inventario, DCECH 1,828a). Per i prestiti tedeschi distinguiamo it. *chepì* 'copricapo milita-re' (3.a.α.), cfr. svizzero ted. *käppi* (> surselv. *chepi*, DRG 3,544) e fr. *képi* (dal 1809, FEW 2,294a). Il lad.ates. *kápa* risale al ted. *Kappe* (3.a.β.). Per l'it. *kapútt* 'finito' (3.b.), cfr. III.1.c. e il ted. ~ che da sua volta è prèstito dalla termino-logia di gioco francese. Il breg. *kapanégal* a sua volta dal grigion. *capanegal* è alemannismo moderno < ted. *kappennagel* (per scarpa di mon-tagna) (3.c.). Il breg. *kapatüsal* (3.d.) provie-ne dallo svizzero ted. *Chappatüsli* (SchwId 3,396). Il lad.ates. *kaputsínər* costituisce un prestito dal tirolese *Kapuziner*, cavallo di ritorno dall'it. *(frate) cappuccino* (3.e.). Per l'it. *handicap* cfr. l'ingl. *handicap* che originariamente indicava un gioco d'azzardo, passato (almeno dal 1754) alla terminologia ippica (4.a.). In origine si metteva la mano nel *cappello (cap)* per estrarre il vantaggio *(hand+in+cap)* (4.b.). Nel senso fig. 'individuo fisicamente handicappato' nell'ingl. è attestato dal 1915.

Diez 86; REW 1642; DEI 22, 716, 735, 741-744; VEI 223; DELIN 292seg., 329; VSI 3,503-506, 508segg., 568-572 (Ceccarelli), 3,536seg. (Mom-belli-Pini); DRG 3,327 (Schorta), 3,333-339 (De-curtins), 3,544 (Schorta); EWD 2,45seg.; FEW 2,269-278, ib. 19,71 s.v. *handicap*; Alessio,LE 74; Laporta,AGiornFed 5,111; G. Marrapodi, Etimo-logie di zoonimi: cappa e falco cappuccino, AC-Bracchi 271-280; MeierDESF,RF 99,42 (< *cap-(p)ulum*); Sofer 126.– Marrapodi; Hohnerlein; Cornagliotti[2].

→ prelat. ***kap(p)-***; lat. **cap(p)ulāre**, **capellāre**; **caput**; ***caputium***

---

[1] Il FEW (2,342a s.v. *caput*) fa risalire questa voce all'occit. *capoun*, che però dovrebbe costituire una base sonorizzata (**caboun*).

[2] Con osservazioni di Bork, Chauveau, Fanciullo, Lu-rati, Pfister, Veny e Zamboni.

*cap(p)aneum 'cesto'

I.1. *capaneum
1.a. ⌜*kapáño*⌝/⌜*kaváño*⌝
1.a.α. 'cesto'
Gen.a. **cavagno** m. 'paniere, cesto' (ante 1311, AnonimoNicolas 96,17), it.sett. ~ (ante 1556, Bini, B; dal 1875, Faldella, LIZ; Zing 2009), lig. ⌜*kaváñu*⌝, lig.gen. (Zoagli) *kắñu* (p.187), lig.or. (spezz.) *kaváño* Lena, Castelnuovo di Magra *kapáño* Masetti, piem. ⌜*kaváñ*⌝, ⌜*kaváñu*⌝, ossol.alp. (Premia) *čaváñ* (p. 109), lomb.-emil. ⌜*kaváñ*⌝, tic.alp.occ. (Brione Verzasca) *čaváñ* (VSI 4,473b)[1], tic.alp. centr. (Airolo) *čavę́ñ* ib., Quinto *cavègn* ib., breg.Sottoporta (Castasegna) *cavagnio* ib., mil. *cavagn* (1695-96, MaggiIsella; ante 1821, Porta, LIZ; 1869, Rovani, ib.), lunig. *kaváño* Masetti, sarz. *kaváñu* ib., romagn. (Fusignano) *gaváñ* (p.458), Cesena *gavágn* Ercolani, Cesenàtico *gaváñ* (p.479), ven.centro-sett. (trevig.furb.) *cavagno* (1545, Cappello,SFI 15,334), carr. *capagno* (1623, SalvioniREW,RDR 4), *kapáñ* (Luciani,ID 45), lucch.-vers. (lucch.) *capagno* (1623, SalvioniREW,RDR 4), ALaz.sett. (Bolsena) *kapáñño* Casaccia-Mattesini, umbro merid.-or. (tod.) *capagno* (Mancini,SFI 18); AIS 1489; ALEIC 1597; VSI 4,473b.
APiem. (Corneliano d'Alba) *kavắñ* m. 'cesta' (p.165), ossol.alp. (Trasquera) *kaváñ* (p.107), moes. (Mesocco) ~ (p.44); AIS 1490.
Ossol.alp. (Trasquera) *kaváñ* m.pl. 'arnesi da portare la soma' (AIS 1232cp., p.107).
Corso *kapáñu* m. 'cercine da mettere in capo per portare pesi o anfore' (Guarnerio,AGI 14,147), *capagnu* Falcucci.
Sintagmi: tic.alp.occ. *kaváñ dal čüsíy* m. 'cesto del cucito' (VSI 4,475a), Piazzogna *cavágn da cüsí* ib.
Lomb.alp.occ. (Malesco) *kaváñę dəl páŋ* m. 'sporta' (AIS 1491a, p.118).
APiem. (Montanaro) *kåvắñ da špǫ́rta* m. 'sporta' (AIS 1491a, p.146).

1.a.β. 'persona'
Sintagma: tic.alp.occ. (Brione Verzasca) **cavágn rótt** m. 'detto di persona malaticcia' (VSI 4,476a).

1.a¹. forme gallo-italiche
1.a¹.α. 'cesto'
Gallo-it. (Fantina) **k a v á ñ u** m. 'paniere, cesto' (p.818), sanfrat. *kavę́ñ* (p. 817); AIS 1489.
Gallo-it. (Aidone) *kaváñ* m. 'cestone-corbello' (AIS 1492, p.865); ~ 'arnese da portare la soma' (AIS 1232cp., ib.).
Sic. *cavagnu* m. 'sorta di fiscella' VS.
Sintagma: gallo-it. (Aidone) *kaváñ u pắŋ* m. 'cestone da conservare varie cose (parlando del pane)' (AIS 1492, p. 865).

1.b. ⌜*kapáña*⌝/⌜*kaváña*⌝
1.b.α. 'cesto'
It.sett.centro-occ. ⌜*kaváña*⌝ f. 'paniere, cesto', lig.gen. (Zoagli) *kắ ña* (p.187), piem. ~ (Pipino 1783 – Brero), lomb.alp.or. (Prestone) *kavę́ña* (p.205), mil. *cavagna* (1696, MaggiIsella), lomb. or. ⌜*kaáña*⌝, carr. *kapáñña* (Luciani,ID 45), lucch.-vers. (lucch.) *capagna* Nieri; AIS 1489; VSI 4,477b.
Lig.Oltregiogo or. (Bardi) *kaváña* f. 'cesta da chioccia' (AIS 1140cp., p.432).
Ossol.alp. ⌜*kaváña*⌝ f. 'cesta', tic.alp.centr. *čavę́ña* (VSI 4,477b), Olivone *cavègna* ib., Robasacco *cavagne* ib., moes. (Mesocco) *cavagnia* ib.[2], breg. *kaváña*, lomb.alp.or. ⌜*kaváña*⌝, lomb.occ. (Monza) *kaváña* (p.252), lunig. (Arzengio) ~ (p.500), ven.merid. (Cerea) *kaváña* (p.381); AIS 1490.
Tic.merid. (Ligornetto) *kaváña* f. 'cassetta da semenza' (AIS 1492, p.93).
Lomb.occ. (Bienate) *kaắña* f. 'gerlo o cesto per trasportare il letame' (AIS 1180cp., p.250), lucch.-vers. (Camaiore) *aváña* (AIS 1179cp., p.520).
Lomb.or. (Toscolano) *kaváña* f. 'gerlo, cesta da foraggio' (p.259), trent.occ. (bagol.) *kaáñå* (p. 249), lucch.-vers. (Camaiore) *kaváña* (p.530); AIS 1491.

Sintagmi: piem. *kaváña dəl páŋ* f. 'cesta, sporta per il pane' Brero, APiem. (Villafalletto) *kaváña dal páŋ* (AIS 1490, p.172), tic.alp. occ. (Vergelletto) *cavagne dal pan* pl. (VSI 4, 478b).
Emil.occ. (San Secondo Parm.) *kaváña di pulắştar* f. 'cesta da chioccia' (AIS 1140cp., p.413).
Novar. (galliat.) *kaváña da zmę́ntsa* f. 'cassetta da semenza' (AIS 1492, p.139); tic.me-

---

[1] Cfr. lat.maccher. *cavagnos* m.pl. (1517, Folengo, LIZ), lat.lomb. *cavagnio* m. (Castasegna 1580, VSI 4,473b).

---

[2] Cfr. lat.lomb. *cavagnia* f. (Mesocco 1517, VSI 4,477b).

rid. (Stabio) *cavagna dala suménza* 'cesto speciale per la semina del frumento' (VSI 4,478a).

Composto: APiem. (castell.) **k a v á ñ a - s a -r ǫ́ y r̪ a** f. 'paniere con due coperchi' (Toppino,StR 10); Cornegliano d'Alba *k a v ǎ́ ñ a ṣ a -r ǫ́ y r α* f. 'cestone da biancheria' (AIS 1492, p. 165).

Sign.fig.: pav.a. *doghexe cavagne* (*de le soe parole*) pl. 'custode direttore; depositario importante' (1342, ParafrasiGrisostomo, TLIO).

1.b.β. 'persone'

Tic.alp.centr. (Àquila) **cavagna** f. 'stracciona' (VSI 4,479a); Biasca ~ 'donna malridotta' ib., moes. (Soazza) ~ ib.

Sintagma: tic.prealp. (Cimadera) *cavagna róta* f. 'persona malaticcia' (VSI 4,479a), lomb.alp.or. (Brusio) ~ ib.; tic.prealp. (Rovio) *cavágna róta* f. 'persona facile al pianto' ib.; tic.merid. (Morbio Sup.) ~ 'buono a nulla' ib.; lomb.alp.or. (posch.) (*mísera/pòra*) *cavagna* 'donna misera, povera' ib.

1.b¹. forme gallo-italiche

1.b¹.α. 'cesto'

Piem. **k a v á ñ a** f. 'carrozza' (Capello; Zalli 1815); catan.-sirac. (sirac.) *cavagna* 'carro funebre per i poveri' VS.

Sic. *cavagna* f. 'arnese che serve a dar la forma al formaggio' VS, messin.or. (Mandanici) *k a v á ñ a* (p.819), catan.-sirac. ~, sic.sud-or. (Giarratana) ~ (p.896), niss.-enn. ~, agrig.or. (Naro) ~ (p.873), agrig.occ. (San Biagio Plàtani) ~ (p.851), palerm.centr. (Baucina) *k a f á ñ a* (p. 824), trapan. (Vita) *k a v á ñ a* (p.821); AIS 1216.

Sic. *cavagna* f. 'la quantità di ricotta contenuta nel detto recipiente' Traina, messin.occ. (Capizzi) ~ VS.

Sintagma: sic. *cavagna dù stritturi* f. 'gabbia del torchio nella quale si spremono le vinacce' (Trischitta, VS).

Sign.fig.: sic. *cavagna* pl. 'scarpe molto larghe' (Avolio, VS).

1.b¹.β. 'persona'

Sic.sud-or. (Giarratana) *facci di* **cavagna** 'ceffo, individuo dall'aspetto poco raccomandabile' VS.

1.c. Derivati

1.c.α. 'cesto'

It.sett. **cavagnola** f. 'antico gioco d'azzardo basato su un tabellone suddiviso in caselle sulle quali venivano disposte le puntate' (ante 1799, Parini, B).

Lig.Oltregiogo centr. (Gavi Lìgure) *k a v a ñ ǽ a* f. 'paniere, cesto' (p.169), b.piem. (Desana) *k a -*

v a ñ ǫ́ l a (p.149), tic.alp.occ. (San Nazzaro) *cavagnòra* (VSI 4,481a), tic.alp.centr. (Sant'Antonio) ~ ib., tic.prealp. (Sonvico) *cavagnóra* ib., lomb.or. (Toscolano) *k a v a ñ ǫ́ l a* (p.259), trent. occ. (Borno) *k a a ñ ǫ́ l a* (p.238); AIS 1489.

Lig.or. (Borghetto di Vara) *k a v a ñ ǽ a* f. 'cesta' (p.189), emil.occ. (Carpaneto Piac.) *k a v a ñ ǽ l a* (p.412), Sologno *k a v a ñ ǽ l a* (p.453); AIS 1490.

B.piem. (Desana) *k a v a ñ ǫ́ l a* f. 'cesta da chioccia' (AIS 1140cp., p.149).

B.piem. (Cavaglià) *k a v a ñ ǫ́ l a* f. 'cavagnola da formaggio' (AIS 1492, p.147).

Tic.alp.centr. (Montecarasso) *cavagnòro* f. 'cesto rettangolare per filtrare il vino quando viene messo nella botte' (VSI 4,481a).

It.sett. **cavagnuolo** m. 'museruola in forma di canestrello che si applica alla bocca dei buoi perché non pascolino' (1813, Gagliardi, Tramater; 1863, Fanfani, TB), *cavagnolo* (dal 1964, B; Zing 2009), lomb.or. (Solferino) *k a a ñ ǫ́ l* (AIS 1053, p.278)[1]. Ossol.alp. (Antronapiana) *k a v a ñ ǿ l* m. 'piccolo cavagno' (AIS 1489, p.115), tic.alp.occ. (Gresso) *cavagnél* (VSI 4,483a).

Lomb. ⌜*k a v a ñ ǿ*⌝ m. 'paniere', lomb.or. ⌜*k a -a ñ é l*⌝, Introbio *k a v a ñ ǿ l* (p.234), Rivolta d'Adda *k a v a ñ ǿ y* pl. (p.263), trent.occ. (bagol.) *k ę a ñ ǿ l* (p.249), vogher. ⌜*k a v a ñ ǿ*⌝; AIS 1489; VSI 4,483a.

Lomb.occ. (vigev.) *k a v a ñ ǿ* m. 'portafiaschi' (AIS 1492, p.271).

Cors. *cabágnulu* m. 'rotolo di cenci che le donne mettono sulla testa per portare fardelli' (Guarnerio,RIL 48 num.53).

Tic.alp.occ. (Indémini) **k a v a ñ ę r í ŋ** m. 'paniere, piccolo cestello' (p.71), tic.prealp. *cavagnörín* (VSI 4,484b), lomb.occ. (vigev.) *k a v a ñ u r ĩ́* (p.271), lomb.or. (Martinengo) *k a a ñ ę l í* (p. 254), Dello *k a a ñ u l í* (p. 267); AIS 1489.

Lig.centr. (Borgomaro) **k a v a ñ é t u** m. 'piccolo paniere' (AIS 1489, p.193), piem. *k a v a ñ ę́ t* (DiSant'Albino – Brero; ante 1866, D'Azeglio, LIZ).

Gen. *cavagnetto* m. 'strenna pasquale (così detto per l'uso di dare ai fanciulli un canestrino di legno, fasciato di pasta, con due o più uova dentro' Casaccia.

APiem. (Vico Canavese) *k a v a ñ á t* m. 'crocchia' (AIS 98cp., p.133).

---

[1] Cfr. lat.mediev.tic. (*boves et vache laboris ambulantibus per campagnias sine*) *cavagnolis* (*in ore*) pl. 'museruole di vimini' (Intragna 1469, VSI 4,484a), *cavagniolis* (Terre Ped. 1473, ib.).

Breg.Sottoporta (Bondo) *cavagnétt* m. 'cesta da chioccia' (VSI 4,477a).

Lig.centr. (Noli) **k a v a ñ ḗ t a** f. 'paniere' (p.185), lig.or. (Borghetto di Vara) ~ (p.189), piem. *k a v a ñ ó t a* (DiSant'Albino – Brero), APiem. (Sanfrè) *cavagneta* (1586, InventarioSobrero,BSPCuneo 93,73), b.piem. (Desana) *k a v a ñ ä́ t α* (p. 149), novar. (galliat.) *k a v a ñ ḗ t a* (p.139); AIS 1489.

APiem. (Villafalletto) *k a v a ñ á t t α* f. 'cesta' (AIS 1490, p.172).

Tic.alp.occ. *cavagnéta* f. 'cestino di vimini usato dalle spose per distribuire i confetti' (VSI 4,481a), tic.alp.centr. ~ ib.

Tic.alp.occ. (Giubiasco) *cavagnéta* f. 'cesto piccolo, bislungo, per filtrare il vino' (VSI 4,481a).

Sintagma: lomb.or. (Rivolta d'Adda) *k a v a ñ ḗ t α p ę r s u m ą̄ ä́* f. 'cassetta da semenza' (AIS 1492, p.263).

Con metatesi: APiem. (Villafalletto) *k a n a v á t - t α* f. 'sporta' (AIS 1491a, p.172).

APiem. (tor.) **k a v a ñ ǫ́ t** m. 'cesta, paniere' (AIS 1490, p.155), tic.merid. *cavagnòtt* (VSI 4,481a), Ligornetto *k a v a ñ ǫ́ t* (p.93), lomb.or. (Introbio) *k a v a ñ ǫ́ t* (*d ę l a v á*) (p.234); AIS 1489.

It.sett. **cavagnino** m. 'piccolo e grazioso cesto, canestrino, panierino' (1875, Faldella, B; 1960, Montale, B), it.sett.centro-occ. ⌜*k a v a ñ í ŋ*⌝, tic. alp.occ. (Auressio) *cavagnégn* (VSI 4,482a), Vergelletto *k a v a ñ í ñ* (p.51), locarn. ~ (VSI 4,482a), trent.occ. (Sònico) *k a v a ñ ī́* (p.229), mant. (Bòzzolo) *k a v a ñ ḗ ŋ* (p.286); AIS 1489; VSI 4,482a[1].

B.piem. (Castelnuovo Don Bosco) *k a v a ñ í ŋ* m. 'cesta' (p.156), vogher. (Godiasco) ~ (p.290); AIS 1490.

Vogher. (Godiasco) *k a v a ñ í ŋ* m. 'gerlo o cesto per trasportare il letame' (AIS 1179cp., p.290).

Lucch.-vers. (Camaiore) *k a v a ñ í n ǫ* m. 'gerlo, cesta da foraggio' (AIS 1491, p.520).

Sintagmi: tic.alp.occ. (Vergeletto) *k a v a ñ í d d a b í n d a* m.pl. 'cesta' (AIS 1490, p.51)[2].

Tic.alp.occ. (Cavergno) *k a v a ñ í ŋ d a l č ü z ī́ α* m. 'cestellino rotondo o ovale, basso e senza manico, per il cucito' (AIS 1490, p.41).

Gen. **cavagninn-a** f. 'piccola canestra; cestino' Casaccia, piem. *k a v a ñ í ŋ α* Gavuzzi, b.piem. (Pettinengo) ~ (p.135), lomb.alp.occ. (Malesco)

k a v á ñ ñ ę (p.118), tic.merid. (mendris.) *cavagnéna* (VSI 4,481a), lomb.alp.or. (posch.) *cavagnina* ib., emil.occ. (Albinea) *k a v a ñ í n α* (p.444); AIS 1489.

Lomb.alp.or. (posch.) *cavagnina* f. 'vacca piccola' (VSI 4,481a).

Piem. **k a v a ñ ó ŋ** m. 'culla' Gavuzzi; tic.alp.occ. *cavagnóm* 'culla di vimini' (VSI 4,477a).

APiem. (tor.) *k a v a ñ ú ŋ* m. 'cesta' (p.155), lomb.alp.or. (Curcio) *k a v a ñ ǫ́ ŋ* (p.224), vogher. (Montù Beccarìa) *k a v a ñ ú ŋ* (p.282); AIS 1490.

Lomb.or. (Gandino) **k a a ñ á š** m.pl. 'cestoni, corbelli rettangolari' (AIS 1492, p.247[1]); ~ 'arnese da portare la soma'(AIS 1232cp., ib.).

Lig.Oltregiogo or. (Bardi) **k a v a ñ á** f. 'gerlo, cesta da foraggio' (AIS 1491, p.432).

Piem. *cavagnà* f. 'cesta piena; canestro pieno, quanto può contenere un cesto' (Capello – Brero), tic. *k a v a ñ á d a* (VSI 4,482a), tic.alp.centr. (Calpiogna) *cavagnèda* ib., lucch.-vers. (lucch.) *capagnata* (Guarnerio,AGI 14,147; Nieri).

Garf.-apuano (Càmpori) *k a p a ñ á ţ a* f. 'gerlo, cesta da foraggio' (AIS 1491, p.511); ~ 'cesta da foraggio' (AIS 1414, ib.).

Mant. (Bòzzolo) **k a v a ñ a d ę́ l** m. 'gerlo, cesta da foraggio' (AIS 1491, p.286).

Lunig. (Arzengio) **k a v ñ a d ę́ l a** f. 'gerlo, cesta da foraggio' (AIS 1491, p.500), *k a v a ñ a d ę́ l a* ib.

Elb. **k a p a ñ ñ é r o** m. 'paniere' Diodati.

Piem. *cavagnè* m. 'chi fa e vende panieri, ceste e zane, e diversi altri lavori fatti con vinchi, tessuti a modo di panieri' (Pipino 1783 – Brero).

Novar. (Oleggio) **k a v a ñ á t** m. 'cestaio, artigiano ambulante' Fortina, tic. ~ (VSI 4,482a)[3].

Tic.alp.occ. **scavagná** v.tr. 'sformare' (VSI 4, 481a), tic.alp.centr. (Lumino) ~ ib.

1.c.β. 'articolazione del corpo umano'
Derivato: tic.alp.occ. (Linescio) **dascavagnèss** *un calóm* v.rifl. 'slogarsi una gamba' (VSI 4,481a).

---

[1] Cfr. tic.merid. (mendris.) *cavagnín* m. 'soprannome individuale di una donna, schernita al suo passaggio' (VSI 4,481a); *cavagnéna* 'id.' ib.

[2] Per il plurale *-it* di un singolare in *-in* cfr. Salvioni,MélBoisacq 195segg.

---

[3] Cfr. il toponimo tic.alp.centr. (Quinto) *Sprǘi di cavagnatt* 'riparo sotto la roccia utilizzato dai cestai' (VSI 4,482a).

1.c.γ. 'configurazione del terreno'[1]
Moes. (Landarenca) *i cavagnö dala név* m.pl. 'piccola valanga' (VSI 4,484a).
Tic.alp.occ. (Sant'Abbòndio) **scavagnass sgiü** v.rifl. 'franare (parlando del terreno)' (VSI 4, 481a).

1.c¹. forme gallo-italiche
1.c¹.α. 'cesto'
Gallo-it. (sanfrat.) **k a v a ñ u l ę́ ŋ** m. 'paniere, piccolo cestello' (AIS 1489, p.817).
Gallo-it. (Aidone) **k a v a ñ í t** m. 'piccolo paniere' (AIS 1489, p.865).
Gallo-it. (Aidone) **k a v a ñ ę́ ḍ ḍ a** f. 'arnese che serve a dare la forma al formaggio' (AIS 1216, p.865).

2. ⌐*cappaneu*⌐
2.a.α. 'cesto'
Lucch.-vers. (mass.) **k a p p á ñ u** m. paniere, cesto, canestro' (Gray,MemTodd 189), corso ~ ib.

2.c.α. Lig.or. (Castelnuovo di Magra) **k a p a - ñ ǫ́ a** f. 'paniere, cesto' (AIS 1489, p.199).
Istr. (Pirano) **k a p a ñ ó l o** m. 'paniere' (CrevatinREW,ACStDiallt 13).

Le forme presentate sotto questo lemma sono divise da Meyer-Lübke in *cappaneum* 'cesto' (REW 1643) e *cavaneum* 'id.' (REW 1786). Von Wartburg (FEW 2,547seg.) conosce solo *cavaneum*, che fa derivare da CAVUS. Sembra difficile separare queste denominazioni di recipienti da *capācium* 'cesto'/lat. *capula* 'recipiente per attingere l'acqua'. Tutte queste voci sono ricondotte da Pokorny all'ie. *kap-* 'prendere' (IEW 528) con influsso di un suono onomatopeico ("Schnapplaut") per il consonantismo *-pp-*.
Si suppone dunque una base *cap(p)aneum* di cui la forma scempia *capaneum* continua nell'engad. *chavogn* (DRG 3,509a), pr.a. *cavagn* (AlpesM.

1548, MeyerDoc, FEW 2,547b), MeurtheM. *ševä* (ib.), leon. *cabaño* (DCECH 1,830a) e nell'Italo-romania (I.1.a.). Sono distinte le forme maschili ⌐*k a v á ñ o*⌐ (1.a./2.a.), quelle femminili ⌐*k a - v á ñ a*⌐ normalmente con funzione aumentativa (1.b.) e i derivati (1.c./2.c.). Il femminile esiste anche nell'engad. *chavogna* (DRG 3,509) e nel pr. *gavagno* (FEW 2,548a). Le forme sic. ⌐*k a - v á ñ o*⌐/⌐*k a v á ñ a*⌐ hanno il loro nucleo nelle colonie gallo-it. (1.a¹./1.b¹./1.c¹.).
Semanticamente si distinguono i significati 'cesto' (α.), 'persone; articolazione del corpo umano' (β.) e 'configurazione del terreno' (γ.) di cui gli ultimi due sono rari e unicamente it.sett. La base *cappaneu* si limita al port. dial. *capanho* (DCECH 1,830a) e alle poche forme it.centr. e it.sett. (2.a./2.c.).

REW 1643 (*cappaneum*), 1786 (*cavaneum*), Faré; DEI 731; VSI 4,473-485 (Mombelli); DRG 3,505 (Decurtins); FEW 2,547seg. (*cavaneum*); Caix 261.– Tressel; Pfister[2].

→ **capācium**; **cavea**

capparis 'cappero'

I.1. ⌐*cappero*⌐
1.a. pianta e frutto
1.a.α. It. **càppero** m. 'pianta arbustiva con foglie tonde e carnose il cui braccio fiorale, conservato in salamoia, viene usato come condimento; frutto di questa pianta (Capparis spinosa L., C. rupestris Sib.)' (dal 1350ca., CrescenziVolg, B; Zing 2009), *capparo* (1545, Aretino, LIZ – 1793, Nemnich 2,844)[3], *càparo* Stefano 1677, it.sett.a. *capari* pl. (sec. XV, GuasparinoVienexiaCastellaniC 18), berg.a. *capar* m. (1429, GlossLorck 135), mant.a. *[de] capari[s]* pl. (1300ca., BelcalzerGhinassi,SFI 23,55)[4], venez.a. *capperi* (1336-40, LibroCompCovoniSapori 360), pad.a. *caparo* m.

---

[1] Cfr. il toponimo lomb.alp.or. (Sant'Abbondio) *Valécc dal cavágn* 'torrentello' (VSI 4,477a); cfr. i toponimi tic.alp.occ. *Cavagna* 'nome di una località a Brione Verzasca' (VSI 4,481a), Bignasco *Cát Cavagna* 'casa appartenente a una famiglia così soprannominata' (ib.), tic.alp.centr. (Dongio) *Sciücch dra cavagna* 'pascolo, in seguito selva' (ib.), Biasca *Riu cavagna* 'sponda a forma di conca' (ib.) e l'antroponimo tic.alp.occ. *Cavagna*, cognome (ib.); cfr. i toponimi tic.alp.centr. (Bedretto) *Pítts čaveñ ę́* 'pizzo, poncione Cavagnoli' (ib. 484b), l'antroponimo lat.medarev.tic. *Albertinus Cavagnolus* (Giubiasco 1387, ib.).

[2] Con osservazioni di Bork, Caratù, Cornagliotti e Zamboni.

[3] Cfr. fr. *câprier* m., spagn. *alcaparro, -a*, port. *alcaparra* f.; fuori del dominio rom. ted. *Kapern(staude)*, neerl. *Kappers*, ingl. *caper (bush)*; ma già nel ted. del sec. XVI *Capperen* (1574, Guicc., Wis 150), *Capparen* (1583, Rauwolff, ib.; *capern* (1589, Kiechel, ib.).

[4] Cfr. il cognome o soprannome moden.a. *Arloto Caparo* (1353 DocBertoni, TLIO).

(1452, SavonarolaMNystedt-2), *capari* pl. ib.[1], tosc.a. *capperi* (prima metà sec. XIV, Palladio-Volg; TLIO; 1361, PieroUbertinoBrescia, TLIO-Mat), *capparo* m. (1471, BibbiaVolg, ib.), fior.a. *caperi* pl. (1306-25, LibroSoderiniManni, TLIO – 1404, LapoMazzeiGuasti 2,371), *capperi* (prima metà sec. XIV, LibriCommPeruzziSapori – 1499, RicettarioFior 15), *chapperi* (1338, LibriComm-PeruzziSapori 2,84 – 1499, RicettarioFior), prat.a. ~ (1385, MelisAspetti 373), pis.a. *càpparo* m. (sec. XIII, Martelli,RSSMN 44,26; sec. XV, Malagoli), sen.a. ~ (metà sec. XIV, RicettarioLaurenz, TLIO), perug.a. *capparo* (1427ca., CorgnoloCorgnaUgolini,ArtiMestieri 23), march.a. *capro* (inizio sec. XV, GlossCristCamerinoBocchiMs), sic.a. *cappari* pl. Valla 1500, it.sett. ~ (1548, MessiSbugo, Westerkamp 35; Bevilacqua 1567), it.sett.occ. ~ Vopisco 1564, lig.or. (Castelnuovo di Magra) *kápari* Masetti s.v. *tápɘni*, piem. *capari* (PipinoSuppl 1783; CollaHerbarium), *capri* CollaHerbarium num. 348, novar. *càppar* m. ib., tic. *capar* (VSI 3,508), *càper* ib., lomb.occ. (mil.) ~ Cherubini, vigev. *cápar* Vidari, lomb.or. (berg.) *càper* pl. Tiraboschi, *càpere* ib., *càperi* CaffiBot num. 197, bresc. *capèr*[2] m. AriettiFlora 177, *càpero* Penzig, Salò *càper* Razzi, pav. *capari* (*in sale*) pl. (1548-49, Zanetti,RSIt 77,896), *cappari* ib., vogher. *kápaɾ* m. Maragliano, mant. *capri* pl. Cherubini 1827, *càpar* m. Arrivabene, emil.occ. (piac.) *cappar* Foresti, parm. *càper* PeschieriAgg, it.reg.moden. *cappari* (*salati*) pl. (1614, CastelvetroFirpo 140), lunig. (Fosdinovo) *kápɘri* Masetti s.v. *tápɘni*, emil.or. (bol.) *caper* Coronedi, *câper* m. Ungarelli, romagn. *càpar* (Mattioli; Ercolani), ~ (Quondamatteo-Bellosi 2,62), *càper* ib., ven. *càparo* Penzig, venez. *càpari* pl. (1535, X Tav, CortelazzoDiz), *cappari* (1553, MinerbiCalepino), *càparo* m. Boerio[3], ven.merid. (vic.) ~ (Pajello; Candiago), *càpero* Candiago, Val d'Alpone *càparo* Burati, poles. ~ Mazzucchi, ven.centro-sett. (bellun.) ~ Nazari, bisiacco *càpar* Domini, triest. *càparo* (Rosamani; DET), istr. *càpero* ib., ven.adriat.or. (Lussingrande) ~ ib., ver. *càparo* (MontiBot – Patuzzi-Bolognini), trent.or. (rover.) *capper* Azzolini, tosc. *càpparo* (1802, TargioniTozzetti 2,406), *càppero*

FanfaniUso)[4], garf.-apuano (Gragnana) *kápɘri* pl. (Luciani,ID 45), *káppɘri* ib., sill. *káppɘr* m. (Pieri,AGI 13,332), carr. *kápɘr* ("poco com. il sing.", ib.), *kapri* pl. ib., pis. *càpparo* m. Malagoli, ALaz.sett. (gigl.) *kápparo* (Fanciulli,ID 44), sen. *cappari* pl. (1614, Politi, Bianchi,AFLPerugia 7,267), *capperi* ib. 298, umbro occ. (Magione) *kápp(ɘ)ro* m. Moretti, umbro *cappero* Trabalza, abr.or.adriat. *káppɘrɘ* DAM, nap. *capparo* Pasquale-Avellino 108, cal.merid. *cápperu* NDC, messin.or. (Isole Eolie) *káppiru* FanciulloEolie 89, *káppeɾu* 'cappero' ib. 141.

Sintagmi e composti: it. *capperi cappuccini* m.pl. 'bottoni del nasturzio indiano, usati come i capperi' CarenaFornari 1878, lomb.occ. (mil.) *câper càpüscin* Angiolini.

Ver. (*fior de*) *càparo zalo* m. 'Hypericum calcinum L.' MontiBot s.v. *Hypericum*; ~ 'Androsaemum calycinum Presl.' Penzig.

It.sett.a. *chapari salvadigi* m.pl. 'Capparis spinosa L.' (fine sec. XV, ErbarioLupo).

It. *cappero d'America* m. 'Capparis frondosa L., da serra' Cazzuola.

Fior.a. *olio di capperi di Mesue* 'adoprato per fregagioni nei dolori reumatici' (1499, RicettarioFior 74), tosc. ~ (1802, TargioniTozzetti 2,406).

It. *cappero de' muri* m. 'cappero' Cazzuola, *capperi di muro* pl. CarenaFornari 1878, tosc. *càppero de' muri* TargioniTozzetti.

It. *cappero di padule* m. 'ninfea (Nymphaea lutea L.)' Cazzuola, ~ *di palude* DEI[5], tosc. *càpperi di padule* pl. (1802, TargioniTozzetti 2,410), *cappero di padule* m. TargioniTozzetti 1809; pis. ~ 'Nymphaea alba L.' Penzig; ~ 'ninfea gialla (Nuphar luteum S. Sm.)' ib.

It. *cappero del Perù* m. 'Capparis mollis H. et B., commestibile' Cazzuola.

It. *cappero di rupe* m. 'Capparis rupestris Sib., commestibile, dalle radici eccitanti' Cazzuola.

It. *cappero di Sicilia* m. 'Capparis peduncularis Presl., commestibile' Cazzuola.

fior.a. *barbe di capperi* → LEI 4,1213,38

niss.-enn. (Aidone) *finire a brò de cchjàppire* → germ. **brod*

it.sett.a. *radixe de capari* → *radix*

umbro *salsa de capperi* → *salsa*

fior.a. *scorze di capperi* → *scortea*

tosc.a. *sugo di capperi* → *sucus*

---

[1] Cfr. lat.mediev.ver. *capari* m.pl. (1450, Sella).

[2] Dove il grafo /è/ dovrebbe indicare non un'inusuale posizione dell'accento ma piuttosto un timbro vocalico aperto.

[3] Nei dialetti croati dell'Istria e della Dalmazia esistono due forme: *käpar*, *käpara* < ven. *caparo*.

---

[4] Cfr. il topon. fior. (Montespèrtoli) *Poggio Cápperi* PieriTVA 230.

[5] Forma normalizzata da TargioniTozzetti.

Umbro occ. (Magione) *s i n - z ə k ǫ́ y y ə n , i k á p p ə r ə d i v ǫ́ n t o n t u t t ə b ǫ́ s s e* 'se non si colgono, i capperi diventano tutti vesce' Moretti.

1.a.β. oggetti
It. **capperi** m.pl. 'piccoli nodi o rilievi in un tessuto' (1585, Garzoni, B).

1.a.γ. parte del corpo animato
It. **cappero** m. 'membro virile' (1536, ["eufem."] AretinoAquilecchia)[1].
Loc.: romagn. *cavê-s de capar* 'togliersi dai piedi (propr. "coglioni")' Quondamatteo-Bellosi 2 s.v. *togliersi dai piedi*; *chêv-at de capar!* 'vattene, allontanati!' ib. s.v. *allontanarsi*.
Tic. *càper* m. 'sputo catarroso, che tossendo si trae dal petto, sornacchio' VSI 3,508), bol. *caper* Coronedi, venez. *càparo* Boerio.
Mil. *càper* m. 'zacchera, caccola' Cherubini.

1.a.γ[1]. interiezioni
It. **càpperi!** '(eufem.) esprime meraviglia, sorpresa' (dal 1544, Caro, LIZ; Zing 2009)[2], *cappari* (1623, Andreini, LIZ – Spadafora 1704), piem. *capperi* Zalli 1815, lad.anaun. (Tuenno) *càperi* Quaresima, venez. *cappari* (1752, GoldoniVocFolena), *capari* Boerio, *càperi* ib., ven.merid. (vic.) *cáperi* Pajello, tosc. *càpperi* (Pauli 1740; FanfaniUso), fior. ~ Frizzi, sen. *cappari* (1614, Politi, Bianchi,AFLPerugia 7,267), umbro *cappperi* Trabalza, abr.occ. (Canistro) *k á p p r ə* (Radica,RIL 77,128), àpulo-bar. (bitont.) *càppre* Saracino, sic. *cappari* (1764, Meli, LIZ; Biundi; Traina)[3].
Nap. **cáttera!** esclam. 'capperi' Andreoli.
It. **càppita!** esclam. 'capperi' (Oudin 1643; Consolo 1858), tosc. ~ FanfaniUso, sic. ~ VS.
Macer. **càppiu!** 'caspita, capperi' Ginobili.

1.a.δ. astratto
Tosc. **cápperi** m.pl. 'note musicali (per similitudine di forma)' ("scherz." FanfaniUso 1863 – 1880, Collodi, B).

---

[1] Il contesto "*odoratemi il cappero*" indica probabilmente l'accezione di 'prepuzio', come il *caperòzzolo* di Velluti (1555-60), B.
[2] Cfr. friul.a. *chiaparuozzoli* m.pl. 'id.' (sec. XVI, Cortelazzo,StLFriul 1,208) corrisponde formalmente al venez. *caparòzzolo*, nome di vari molluschi commestibili (Boerio), e va perciò meglio collocato sotto il tipo *cappa*.
[3] Le forme meridionali, avendo *ca-* in luogo di *chia-* sono importate; cfr. 1.b.

1.a[1]. Incrocio con ⌐*fàrfaro*⌐: it. **càrfano** m. 'ninfea bianca (Nymphaea alba L.)' (dal 1913, Garollo; EncIt 24,836; B; Zing 2009), *càrfaro* B 1962, garf.-apuano (Bagni di Lucca) *càffari* pl. 'tussilagine (Tussilago farfara L.)' DEI, pis. (Bièntina) *càrfano* m. 'ninfea bianca (Nymphaea alba L.)' Penzig, *càrfaro* 'ninfea gialla (Nuphar luteum S. Sm.)' ib.
Sintagmi: pis. (Bièntina) *càrfano femmina* m. 'ninfea bianca (Nymphaea alba L.)' Penzig, *càrfaro maschio* 'ninfea gialla (Nuphar luteum S. Sm.)' ib.

1.a[2]. Ast.a. **tappàni**[4] m.pl. 'capperi' (1521, AlioneBottasso), lig. ⌐*tápanu*⌐[5], piem. *tapari* pl. (ante 1796, Brovardi, CornagliottiMat – Brero; CollaHerbarium num. 1937), lomb.occ. (aless.) *tàpari* Prelli, lunig. *tápani* (Rohlfs,SLeI 1), sarz. ~ (Bottiglioni,RDR 3), *t á p ə n i* Masetti, corso cismont.or. (capocors.) *tàppanu* m. Falcucci, Sisco *tàppani* pl. Chiodi, Corti *tàbanu* m. Falcucci, cismont.nord-occ. (balan.) *tàppanu* Alfonsi, cismont.occ. (Èvisa) *tāpanu* Ceccaldi.
Sign.spec. e fig.: piem. *tapari* m.pl. 'testicoli' (ante 1796, Brovardi, CornagliottiMat; DiSant'Albino).
Loc.verb.: piem. *gonfié ij tàpari* 'rompere i coglioni' Gribaudo-Seglie, *rompe* ~ 'id.' ib.
Derivato: lig.occ. (Mònaco) **tapanè** m. 'pianta di cappero' Frolla[6].

1.b. ⌐*chiàpparo*⌐
1.b.α. 'pianta e frutto'
Nap.a. **chiappare** m.pl. 'cappero (pianta e frutto)' (ante 1475, LoyseRosa, Monaci 175,116; fine sec. XV, Rime, Minonne), *chiapparo* m. (1476, MasuccioPetrocchi), biscegl.a. *chiappari* pl. (sec. XVI, StatutiValente), *cappari* ib, it.merid. *chiappari* (1655, LibroRinaldiFehringer), abr.or.adriat. (gess.) *k y á p p ə r ə* m. Finamore-1, molis. (santacroc.) *k y á p p ə r ə* pl. Castelli, camp.sett. (Terra di Lavoro) *chiaggo* m. Penzig[7], nap. *chiapparo* (Galiani 1789 – Andreoli)[8], dauno-appenn. (fogg.) (fogg.) *chiàppere* (Villani; BucciA,VecchiaFoggia

---

[4] L'accento in realtà è *tàppani*.
[5] Cfr. lat.mediev.gen. *cum galinis ... et tapanis* (1494, (1494, Stat., Aprosio-1).
[6] Cfr. mars. *tapenier* (FEW 2,285a).
[7] Forma dubbia e problematica: forse *č a ǧ ǧ a* da un *c(l)app(e)lo-*, con spirantizzazione e caduta di /l/ e sporadica trattamento sonorizzante del nesso secondario /ppl/: cfr. RohlfsGrammStor §§ 186, 221a, 252.
[8] Che chiosa "*men comune di* chiappariello".

4), Sant'Àgata di Puglia ~ Marchitelli, garg. (Mattinata) ~ Granatiero, àpulo-bar. (barlett.) *chiapperi* pl. Tarantino s.v. *chiapparìne*, (bar.) *chiappare* (1569, Albanese,StLSalent 10,93)[1], *chiàpparo* m. DeSantisG, martin. *k y á p p ə r ə* (GrassiG-1,47), luc. nord-occ. (Muro Lucano) ~ Mennonna, luc.-cal. ~ pl. NDC, salent. *chiápparu* m. VDS, salent.sett. (Francavilla Fontana) *cchiápperi* pl. ib., salent.centr. *chiápparu* m. ib., salent.merid. *chiápperu* ib., Lèuca *chiappru* ib., cal.centr. *chiápparu* NDC, cal.merid. (catanz.) ~ ib., *chiáppari* pl. ib., sic. ~ (1746, Meli, LIZ), catan. *chiappiri* (Sapienza,StGl 6)[2], sic.sud-or. (Modica) *ciàppiru* m. Penzig, Vittoria *ć á p p i r u* Consolino[3], pant. *ć á p p i r i* pl. TropeaLess.

Sintagma: catan.-sirac. (etnèo) *chiappari cirasòli* m.pl. 'capperi color ciliegio' Penzig.

Modi di dire: sic.sud-or. (Vittoria) *ẹ́ s s i r i   u ć á p p i r u   k k ọ̄   f i n w ọ́ ć ć u   i   t í m p a* 'essere inseparabili (di persone; come nella *tímpa* 'terreno roccioso e poco battuto' vegetano sempre vicini capperi e finocchi selvatici)' Consolino.

Dauno-appenn. (Sant'Àgata di Puglia) *li chiàppere nàscene pure sópa a li mure* 'i capperi nascono anche sui muri' Marchitelli.

1.b.γ. persona

Nap. **chiàpparo** m. 'uomo assai piccolo' Altamura.

1.b.γ. interiezione

Sic. **k y á p p a r i !** 'capperi' (1785, Pasqualino, Traina).

2.a. ⌜*cappara*⌝

2.a.α. pianta e frutto

It.merid.a. **cappara** f. 'radice e succo del cappero' (sec. XIV, MascalciaRusioVolg, TLIO). Sic.a. *cappara* f. 'cappero (Capparis spinosa L.)' (1348, SenisioDeclarusMarinoni)[4], ven.adriat.or. (Ragusa) *càpara* RosamaniMarin.

Irp. (San Mango sul Calore) *càppera* f. DeBlasi, cal.centr. (apriglian.) *cáppara* NDC, cal.merid. ~ ib.

2.a[1]. Incrocio con ⌜*fàrfaro*⌝: it.merid.a. **camfara** f. 'radice e succo del cappero' (sec. XIV, MascalciaRusioVolg, TLIO).

2.b.α. ⌜*chiappara*⌝

Sic.a. (*fluri/radicata/sucu di*) **chappari**[5] 'capperi' (sec. XIV, ThesaurusPauperum, TLIO – 1519, ScobarLeone)[6], salent. *chiáppara* f. VDS, salent.sett. (Francavilla Fontana) ~ ib., luc.-cal. (Cerchiara) ~ NDC, cal.merid. (Nicòtera) ~ ib., regg.cal. ~ ib., *chiáppira* ib., sic. *chiàppara* (1696, Cupani, Hohnerlein,FestsPfister 2002, 2,347 – Biundi, VS)[7], *chiàppira* VS, *cchiàppira* ib., sic. sud-or. (Àvola) *ciàppara* Penzig, niss.-enn. (piazz.) *k y á p p r ə r a* Roccella, palerm.or. (Castelbuono) *chiàppara* Genchi-Cannizzaro.

Sintagma prep. e loc.verb.: catan. *spararisi a chiàppira* 'fare sfoggio di eleganza' VS, Sant'Alfio ~ 'divertirsi' ib.

3. Derivati

3.a.α. pianta e frutto

It. **capparola** f. 'erba' Spadafora 1704. It.reg.moden. **capperetti** m.pl. 'piccoli capperi' (1570, ScappiFirpo 51), *capparetti* (*genovesi*) (ib. 53; 1614, CastelvetroFirpo 140), venez. *capareto* m. (sec. 1566ca., CalmoRossi).

Mant. **caparìn** m. 'cappero' Arrivabene[8], emil. occ. (parm.) *caparèin* PeschieriAgg, *caparén* (Malaspina; Pariset), guastall. ~ Guastalla, regg. *capparèin* (Ferrari; CremonaPiante 8), *caparèin* Penzig, mirand. *capparin* Meschieri, moden. *Capparèn* Penzig, lunig. *caprìn* ib.

Sic. *capparrinu*[9] agg. 'di terreno magro, poco meno che sassoso, prediletto dal cappero' Gioeni; ~ m. 'calestro' Traina.

Tosc.sud-or. (chian.) **capparelli** m.pl. 'amaranto giallo (Helichrysum orientale Gaertn.)' Penzig.

---

[1] Nella toponomastica locale (Terlizzi) *Torre del Chiàpperi*, *la p é t t s ə d ə l ə ć á p p ə r ə* (Santoro, StLSalent 7).

[2] "Per attrazione di *chiappa* o della vasta serie iniziale le *chia-* "; cfr. il cognome sic.or. (CT), cal. e nap. *Chiàppero*, *Chiàppero*, RohlfsCognomi-1.

[3] Diffusi topon. *Chiàppara*, *Chiàppera* (Alessio, BCSic 1 e 4).

[4] Chiosato "que vulgo dicitur"; nel margine il vocabolo è anche declinato, *virtutem chiappri*.

[5] Non si può decidere il genere.

[6] Cfr. lat.mediev.sic. *chiappari* pl. (1455, Giuffrida, ACIArchMediev 493).

[7] Cfr. il cognome sic.or. (catan.) *Chiàppara* Rohlfs-Cognomi-1; tra i soprannomi, niss.-enn. (Cerami) *Ciappararu* 'chi raccoglie capperi' (< -ĀRIU, RohlfsSoprannomi); cfr. port. *alcaparreiro* 'venditore di capperi' (Silveira Bueno 1,151).

[8] Cfr. lat.mediev.venez. *capparinis egyptiacis* m.pl. (sec. XIV, Sella).

[9] Con fonetica non locale.

Tosc. **capparòzzolo** m. 'Thrincia tuberosa D.C.'
Penzig.
It.reg.sic. (Isole Eolie) **capperoni** m.pl. 'boccioli
grossi, ormai prossimi ad aprirsi, del cappero'
(Rodolico,LN 32,49)[1].
Tosc. **capperéto** m. 'piantagione di capperi'
(1592ca., Soderini, B).
It. **capperata** f. 'salsa a base di capperi' Florio
1611.
Cal.merid. **capparara** f. 'cappero (la pianta)'
NDC.
Abr. (teram.) **s k a p p a r ú ćć ǝ** m. 'cappero'
DAM, *s k a p p ú ćć ǝ* ("aplol." ib.).
Lig.occ. (Bordighera) **scaperoi** m.pl. 'caccialepre
(Picridium vulgare L.)' (Penzig,ASLigSNG 8),
scapiroi Penzig, *scapperoni* ib.

3.a.γ. prodotto umano
Emil.occ. (moden.) **caparon** m.pl. 'farfalloni,
grossi sputi catarrosi' (prima del 1750, Crispi,
Marri).

3.a.γ¹. interiezione
Cal.centr. (apriglian.) **capparina!** 'cappero, inter-
iezione' NDC, cal.merid. (Nicòtera) ~ ib., *cappa-
rinata* ib.
Àpulo-bar. (biscegl.) **capprò!** 'caspita' Còcola,
bitont. ~ Saracino.

3.b.α. pianta e frutto
Dauno-appenn. **č a p p a r í n e** m. 'cappero (pian-
ta e frutto)' (Rubano,StMelillo), Margherita di Sa-
voia *chjapparène* Amoroso, garg. (manf.) *č a p -
p a r í n ǝ* Caratù-RinaldiVoc, àpulo-bar. (Canosa)
chiappar-n Armagno, minerv. *chjapparéine* Cam-
panile, barlett. *chiapparìne* pl. Tarantino[2], andr.
chiapparòine Cotugno, biscegl. *chiapparine* m.
Còcola, *chiapperine* ib., molf. *chiapparine* Scar-
digno, rubast. *č a p p a r é y n ǝ* pl. 'capperi accon-
ciati all'aceto' (DiTerlizzi; Jurilli-Tedone), bitont.
chiapparòine Saracino, Giovinazzo *chiapparine*
m. 'cappero' Maldarelli, *chjapparine* (Barracano;
Romito; ScorciaMedicina), Monòpoli *k y a p -
p ę r í n ǝ* Reho, martin. *chiappareine* Prete,
k y a p p a r í n ǝ (GrassiG-1,47), ostun. ~ VDS,
tarant. *chiapparini* DeVincentiis, salent.sett. (Me-
sagne) *chiapparinu* m. 'id. (pianta e frutto)' VDS,

Latiano *chiapparini* pl. ib., salent.merid. (Ugento)
~ ib., Nociglia ~ ib.[3].
Àpulo-bar. (altamur.) **k y a p p a r í n ǝ** f. 'piantina
ramificata con piccole foglioline carnose, per
insalata mista' Cirrottola, Crispiano *chiapparina*
'pianta di cappero' VDS, salent.merid. ~ VDS-
Suppl, agrig. ~ VS, agrig.occ. (Cianciana) ~ 'frut-
ticino di cappero' ib.
Sic. *chiapparína* f. 'cappero' VS; palerm.or. (Ca-
stelbuono) ~ 'i capperi di piccole dimensioni salati
e pronti per l'uso' Genchi-Canizzaro.
Loc.prov.: garg. (manf.) *rumaní cul cül a cchiapa-
rine* 'rimanere senza un soldo' Caratù-RinaldiVoc.
àpulo-bar. (molf.) *musse de chiapparine* → germ.
**mosa*.
Abr. **chiapparielle** m. 'cappero' Penzig, abr.or.
adriat. (gess.) *č a p p a r í l l ǝ* DAM, molis. (Vena-
fro) *a č č a p p a r y é ł ǝ* ib.[4], nap. *chiapparièllo*
(Volpe – Altamura), isch. *chiappariélle* Jovene,
luc.-cal. (trecchin.) *chiapparieddre* pl. Orrico[5].
Nap. *chiapparielle* (*curate*) m.pl. 'capperi conci
con sale e aceto' Andreoli, *chiappariello a ll'acito*
m. D'Ambra.
Abr.or.adriat. (Alfedena) **a č č a p p a r é l l a** m.pl.
'capperi' DAM[1], sic. *č a p p a r é ḍ ḍ a* f. 'favagel-
lo (Ranunculus ficaria L.)' VS, ~ 'pianta e boccio-
li floreali del cappero' ib., sic.sud-or. (Mòdica) ~
'id.' ib.
Sic. **chiapparazza** f. 'scamonea (Cynanchum acu-
tum L.)' VS, agrig. ~ 'cappero' ib.
Sic. *chiapparazza amara* f. 'scamonea di Mont-
pellier (Cynanchum monspeliense L.) VS.
Nap. **chiapperoni** m.pl. 'frutti quasi maturi del
cappero' Pasquale-Avellino 108, luc.nord-or.
(Matera) *č a p p a r ű n ǝ* 'capperi' (Festa,ZrP 38).
Àpulo-bar. (martin.) **č a p p a r í t ǝ** m. 'piantagio-
ne di capperi' GrassiG-2.
Cal.merid. (regg.cal.) **chiapparara** f. 'cappero
(pianta)' NDC.
Niss.-enn. (piazz.) **chiapparia** f. 'luogo dove si
raccolgono i capperi' Roccella[6].

---

[1] Cfr. spagn. *acaparrón* 'judia más corta y gruesa qua
qua la común' (DCECH 1,131).

[2] Che glossa pure dial. "*chiapperi*".

[3] Cfr. anche in letteratura il cognome (soprannome)
burlesco *Chiapparino* (ante 1535, Berni, LIZ),

[4] La forma, che sembrerebbe pl., pare dovuta ad in-
crocio con (*ac*)*chiappare*; cfr. (*a*)*cchjapparèlla* m. 'mol-
letta da bucato' DAM, stante la caratteristica della
pianta di crescere su muri, rocce, ecc.

[5] Nella toponomastica cal. il tipo *k a p p a r é ḍ a*
AlessioTopon.

[6] Diffusi toponimi *Chiapparìa*, *Chiapperìa*, coll.
< gr.mod. καππαριά 'luogo di capperi': Alessio,BCSic 1
e 4; in parole gr. perdurante nell'Italia merid., - *ìa* ha di

Sic. **'nchiappariri** v.tr. 'ridurre come cappero, pigiato e salato' Traina; ~ v.assol. 'divenir pigro, lento; imminchionire' ib.

3.b.γ. parti di esseri animati; persone
Nap. **chiappariello** m. 'gromma di sporcizia' D'Ambra.
Nap. **chiappariéllo** m. 'uomo assai piccolo' (Andreoli; Altamura).
Sic. **nchiapperì** agg. 'buono a nulla, pasticcione' Traina.

II.1. It. **capparidee** f.pl. 'famiglia di piante erbacee o arbustive delle papaverali con fiori vistosi' (1820, Bonavilla, DELIN; AntonacciBot 1852)[1]; it. *capparidàcee*'id.' (dal 1865, TB s.v. *cappero*; DELIN; B; Zing 2009).
Composto: it. **capparirutina** f. 'glucoside presente nelle foglie di varie piante, a partire dalla ruta, d'interesse terapeutico contro la fragilità capillare' AriettiFlora 177: → *rutina* (1970, DizEncIt; B 1994).

III.1. It. **cappe** 'caspita!' (1525-46, Aretino, LIZ)[2], piem. ~ (1783, PipinoRacc-2 – Zalli 1830), lomb.occ. (berg.) *cape* (1670, Assonica, Tiraboschi), venez. ~ (1552, Calmo, CortelazzoDiz; 1660, BoschiniPallucchini 175,507), ven.merid. (Val d'Alpone) ~ Burati, ver. *càpe* BeltraminiDonati.

Il lat. CAPPARIS f., CAPPARI n., con le varianti CAPPARE, CAPPAR(I)US e soprattutto il f. CAPPARA, è noto da Plauto e poi dagli autori tecnici (Celso, Columella, Plinio) ed è prestito dal gr. κάππαρις, d'origine sconosciuta: usualmente, esso designa il noto frutice mediterraneo (Capparis spinosa L.) con le sue numerose varietà (tra cui la *Sicula*, Veg. 3,10,4) e sporadicamente qualche altro fitotipo (AndréPlantes). Già in antico il nome designa sia la pianta che il frutto, apprezzato come commestibile (Plin. 13,127; Bruno,RIL 92,197), e così avviene per lo più (se non per la distinzione *cappero* 'pianta' ~ *capperino* 'frutto', che è emil. e merid.) nella tradizione semiculta posteriore

dell'it. *cappero, -aro*, friul. *càpar* (non patrimoniale a causa di *ca-*: PironaN; DESF 1,306), fr.a. e medio *capparis* (seconda metà sec. XIII, AntidotNicolasVolgDorveaux), *caparis* (ib.), *cappier* (1480, DMF[2]; 1517, TLF 5,153a) occit.a. ~ (Avignon 1397, DAO 738), infine fr.a. *caprier* (1100ca., Raschi, FEW 2,284b)[3], che designa la pianta secondo il noto schema derivazionale in -ĀRIU (sempre in un contesto non autoctono a causa di *ca-*). Le continuazioni iberorom. esigono invece una trafila araba, cfr. spagn. *alcaparra* f. (1406-12), *alcaparro* m. (1624) < *kabbār* (tramite il mozar. *kappára*, non è chiaro se ereditato dal lat. o preso dall'ar. stesso) (DCECH 1,131); port. *alcaparra* (sec. XVI, DELP 1,142). In ogni caso, l'importanza culinaria dei frutti assicura la fortuna del nome in tutta l'Europa non romanza, come mostrerebbe lo stesso rum. *caper* se preso dal ted. *Kapper*, noto dalla fine del sec. XV (Ciorănescu 138). La tradizione it., antica, è piuttosto ampia, non priva di complicazioni e ricca di derivati (talvolta poco chiari): l'articolo ne distingue intanto la variante fondamentale m. (I.1.), da quella f. (2.), piuttosto ristretta e possibile femminilizzazione di un neutro collettivo. La distinzione più netta è rappresentata tuttavia dall'it.merid. ed estremo ⌐*chiàpparo*⌐ (b.), per il quale s'invoca un raccostamento secondario (non si vede come giustificato) a *chiappa* o comunque una base reg. *clapp-* (SalvioniREW,RDR 4) o, meglio, una sorta d'anafonia promossa dalle molte voci in *chia-* (DeGregorio,StGl 7). È anche possibile che *cappero* si sia incrociato con la base ⌐*(ac)chiappare*⌐ 'prendere/prendersi' e questo perché spesso il cappero cresce abbarbicato ("preso") a mura, scarpate, precipizi e così via; cfr. ad es. daunoappenn. (Sant'Agata di Puglia) *li chiàppere nàscene pure sópa a li mure* 'i capperi nascono anche sui muri' (Marchitelli) (1.a.α.). Notevoli anche la varietà di significati speciali e fig. e la fortuna dell'interiezione *capperi!* (γ[1].), eufem. per *canchero* o *cazzo*, e delle sue varianti tra cui il disusato *cappe*, possibile francesismo (III.1). Si distinguono gli incroci con ⌐*fàrfaro*⌐ (1.a[1].) e il lig. e piem. ⌐*tàppano*⌐ (1.a[2].), forma penetrata nel corso (dal lig.) e nel sardo (dal cat.-arag.), cfr. logud. e campid. *tàp(p)ara*, DES: essa è compattamente ritrovabile lungo la fascia mediterranea occ. nel prov. *tapera* (1476), occit. *tapero, tapeno* ecc., cat. *tàpera, -ena* (sec. XV [ma 1106], *tàparas*, mozar.valenc. *ṭâbaraš*), che indica il frutto di fronte a

fatto preso in parte il posto di *-éa* e di *-áıa*, cfr. RohlfsGrammStor § 1076.
  [1] Cfr. spagn. *caparídeo* DCECH 1,131.
  [2] Cfr. fr.medio *caspe* 'bottone fiorale del cappero confettato in aceto' (sec. XV, FEW 2,284b), *cape* (sec. XVI, St. Amand, ib.), *cappe* (1679, SavBr 2,140 – Trév 1771, ib.), ang. *câpe* (1694), frcomt. *cape*.

[3] È da notare che la glosa di Raschi è totalmente isolata e non considerata nel TLF (5,153a).

taperera, *-enera* (col solito -ĀRIA), la pianta; arag. *tápara*, murciano *tápana* (FEW 2,285a; DCVB 10,145seg.; DELCat 10,295segg.). Lo scambio di occlusiva iniziale non è però facile da giustificare: chi ha pensato a parallelismi del tipo spagn. *cáscara* ~ *tástara* tipici dell'ambiente mozar. e chi invece ad una complicata trafila che muove dal lat. PARIETĀRIA 'pianta delle pareti, dei muri' (come in effetti è il *cappero*) > mozar. *paratera* ridotto infine a *taparera* (e retroformazione *tàpera*) con metatesi da influsso d'un patrimoniale *caparera; la soluzione più semplice, per ragioni semantiche e fattuali, pare quella d'un incrocio con cat. *tàpia* 'terra dura e biancastra; impermeabile e sterile; muro di cinta', spagn. *tapia* (DCVB 10,146seg.), da una base prerom. nota pure al fr.merid. (REW 8564). La sottodivisione di ordine semantico separa pianta e frutto (α.), oggetti (β.), parte del corpo umano; persona (γ.), interiezione (γ¹.), astratto (δ.).

Faré 1643a (*cappari/capparis*); DEI 734 (*capiròta*), 742 (*càppero*), 766 (*càrfano*), 3715 (*tàppano*); DELIN 293; DES 1,465; FEW 2,284segg.; AndréPlantes; Brüch,RF 56,419; RohlfsCorsica 16; SalvioniREW,RDR 4,238.– Zamboni[1].

*cappella 'edificio sacro'

II.1. ⌜*cappella*⌝
1.a. 'edificio sacro'
It. **cappella** f. 'piccolo edificio consacrato al culto cristiano a sé stante o contenuto in altri edifici più grandi; chiesa senza i pieni diritti parrocchiali' (dal 1370ca., BoccaccioDecam, B; Zing 2009)[2], it. *capella* (ante 1481, TranchediniPelle – Florio 1611), it.sett. ~ Vopisco 1564[3], lig.a. ~ (1350ca., DialogoSGregorioPorro 88,80), mil.a. *capela* (1443ca., SachellaMarinoni,BCSic 7,208), cremon.a. *capella* (sec. XIII, UgoPers, TLIO), pav.a.

capele pl. (1342, ParafrasiGrisostomo, ib.), ven.a. f. *capella* f. (1477, VocAdamoRodvilaGiustiniani), venez.a. *capela* (1360-62, Dandolo, TLIO; 1512, Grassetto, CortelazzoDiz)[4], *chapella* (1424, SprachbuchPausch 165), tosc.a. *capella* (ultimo quarto sec. XIII, ItinTerraSanta, TLIO; fine sec. XIII, TristanoRicc, ib.)[5], fior.a. *cappella* (1294-97, CapitoliCompOrsanmichele, ib. – 1348, GiovVillani, B), *chapella* (1395, LapoMazzeiGuasti 402), prat.a. *capella* (1300, CeppoPoveri, TLIO), pist.a. *cappella* (1285, RicordanzeLaciti, ib. – 1353, Ruotolo, TLIOMat), lucch.a. *chapela* (fine sec XIII, LibroMemDonatoParadisi), *chapella* ib., pis.a. *cappella* (1300ca., STorpè, TLIOMat; 1345-67, FazioUbertiDittamondo, ib.), volt.a. *chapella* (1315, IscrizioneChiesaSFr, TLIO), corso a. *capilla* (1260, DocVolgStussi, ib.), amiat.a. *cappella* (1363, TestamentoNucciarello, ib.), sen.a. ~ (1295, CapitoliCompDisciplinati, ib.), *chapella* (1374, MemorieBartoli, ib.), perug.a. *cappelle* pl. (prima del 1320, LiveroAbbechoBocchi; 1333ca., SimFidati, TLIO), cast.a. *capella* f. (seconda metà sec. XIV, CapitoliDiscSCaterina, ib.), macer.a. *cappella* (1480, DocAngeletti,AFLPerugia 7,109), assis.a. *capella* (1484, CottimoBasilicaSup, Migliorini-Folena 2,104,3), orv.a. *cappella* (1357, OrdinamentiOperaSMaria, ib. 1,46), vit.a. *capella* (1345ca., CapitoliDiscSLorenzo, TLIO), roman.a. *cappelle* pl. (1358ca., BartJacValmontonePorta, TLIO), aquil.a. *cappella* f. (1362ca., BuccioRanalloDeBartholomaeis)[6], salent.a. ~ (Galatina 1473, QuaternoAprile,BStorOtr 4), cal.a. ~ (sec. XV, MosinoGloss), sic.a. ~ (1373, PassioneSMatteoPalumbo), *capella* (1380ca., LibroVitiiVirtutiBruni), *cappella* (*di cresia*) (1519, ScobarLeone), palerm.a. *cappella* (1343, Esordio, TLIO), it.sett. ⌜*kapéla*⌝, ossol.alp. (Antronapiana) *čapéla* Nicolet, tic.alp.centr. (Biasca) *čapéla* Magginetti-Lurati, lomb.alp.or. (Trepalle) *kepéla* (Huber,ZrP 76), lad.anaun. (Tuenno) *čapéla* Quaresima, *čapę́la* ib., lad.fiamm. (cembr.) ~ Aneggi-Rizzolatti, venez. *capela* (1535, GlossCostrConcina), lad.ven. (Àlleghe) *ćapę́la* Pal-

---

[1] Con osservazioni di Bork, Chauveau, Cornagliotti, Fanciullo, Filipi, Lurati, Pfister e Tancke.

[2] Cfr. lat.mediev. *capella* f. (sec. IX, CapitulareVillisBrühl; ante 1289, SalimbeneScalia).

[3] Cfr. lat.mediev.ast. *capella* f. (899, GascaGlossDelSanto), lat.mediev.monf. *cappella* (1389, GascaGlossZavattaro), lat.mediev.bol. *capella* (1254, SellaEmil); lat.mediev.cun. *capella* 'casa comunale ove si conservano gli statuti, le misure-tipo e si svolgevano i mercati' (Mondovì 1415, GascaGlossBellero; Savigliano 1437, ib.).

[4] Cfr. lat.mediev.valsus. *cappella* f. (1279, GascaGlossVavassori), lat.mediev.venez. ~ (1186, Montecchio 67), lat.mediev.istr. ~ (1183, SemiGloss), lat.mediev.dalm. ~ (1206, Kostrenčić).

[5] Cfr. lat.mediev.tosc. *capella* f. (1291, StatutiSántoliSorbelli-Jacoli), *cappella* ib.

[6] Cfr. il toponimo aquil.a. *Cappelle* (1362ca., BuccioRanalloDeBartholomaeis).

labazzerLingua, lad.ates. ćapéla ib.[1], fior. cap-
pèlla Fanfani, garf.-apuano (Gragnana) kapę́ḍa
(Luciani,ID 45), kapéla ib., carr. ~ ib.,
kapę́ḍa ib., kappę́ḍa ib., corso cappélla
Falcucci, cismont.occ. (Èvisa) ~ Ceccaldi, macer.
cappèlla GinobiliApp 3, laz.centro-sett. (Vico nel
Lazio) ~ Jacobelli, aquil. kappélla DAM,
it.merid. capelle (1690ca., Piemontese,LSPuglia
36), teram. kappę́llə DAM, abr.or.adriat. ~ ib.,
abr.occ. (Navelli) kappállə ib., Vittorito
kappę́llə ib., Introdacqua ~ ib., Scanno
kęppéllə (1715, ib.), Luco de' Marsi ~ DAM,
Pescina kappéllə ib., molis. (Bonefro) chepèl-
le Colabella, nap. cappella (prima del 1570ca.,
FuscolilloCronCiampagliaMs; Rocco), dauno-
appenn. (Sant'Àgata di Puglia) cappélla Marchi-
telli, Margherita di Savoia cappélle Amoroso,
àpulo-bar. ⌜kappélla⌝, ⌜kappę́ddə⌝, rubast.
kappyéllə Jurilli-Tedone, luc. campella (1566,
TestiCompagna 42,2)[2], sic. cappella VS, ccappel-
la ib., sic.sud-or. (Vittoria) kkappéllə Conso-
lino; VSI 3,514b.
Bol.a. cappella f. 'parte di territorio o rione sog-
getto ad una cappella' (1294, CridaBol, TLIO),
pist.a. ~ (1291, RicordanzeCompereVanni, ib.),
lucch.a. chapela (1279-1302, LibroMemDonato,
ib.), pis.a. cappella (1287-88, TrattatiAlbertano-
Volg, TLIO), aret.a. capella (1335-39, Quaderno-
BicoOrlandi, ib.).
Pav. capéla f. 'obitorio' Annovazzi, lunig. ka-
péla Masetti, bisiacco capela Domini, lad.cador.
(oltrechius.) capèla Menegus.
Lunig. kapéla f. 'cappella di cimitero, anche di
famiglia' Masetti, ven.merid. (vic.) capèla Pajello,
trent.or. (primier.) ~ Tissot, garf.-apuano (Gragna-
na) kapę́ḍa (Luciani,ID 45), kapéla ib., carr.
~ ib., kapę́ḍa ib., kappę́ḍa ib., molis. (Ripa-
limosani) kęppéllə Minadeo, dauno-appenn.
(Margherita di Savoia) cappèlle Amoroso, cap-
pédde ib., àpulo-bar. (tran.) ~ Ferrara, rubast.
kappyéllα Jurilli-Tedone, bitont. cappéllé
Saracino, tarant. kappéllə Gigante.

Sintagmi: it. cappella ardente → cappella de'
depositi
It cappella gentilizia f. 'tomba di famiglia' (dal
1870, Giorgini-Broglio; GRADIT; Zing 2009).
It. cappella laica f. 'locale non religioso messo a
disposizione dal comune per funerali civili' (Mi-
lano 1988, LuratiNeol).

Fior.a. cappella maggiore f. 'dove si trova l'altare
maggiore' (ante 1363, MatteoVillani, LIZ; 1421,
Morelli, ib.), capella magiore (1394, LapoMaz-
zeiGuasti 389), it. cappella maggiore (1550, Vasa-
ri, LIZ; 1550, Alvarez, Ramusio, ib.), bol. capéla
mazóur Coronedi; piem. capela meistra 'id' (Di-
Sant'Albino; Brero).
it. cappella mortuaria → cappella de' depositi
It. cappella palatina f. 'cappella in un palazzo
reale' (dal 1932, EncIt 16,807; "tecn.-spec."
GRADIT; Zing 2009).
It. cappella papale f. 'quella riservata per le fun-
zioni del Papa' (dal 1887, Petr; GRADIT 2007).
It. cappella de' depositi f. 'obitorio' (ante 1775,
Bottari, B); cappella ardente 'id.' (TB 1865; 1890,
Arlìa, B)[3]; ~ mortuaria 'id.' (dal 1865, TB; LIZ;
B; Zing 2009); cappelle sotterranee 'id.' (1871,
Carducci, B).
It. cappella di Sisto f. 'Cappella Sistina' (1550,
Vasari, LIZ; ante 1638, Chiabrera,TB); ~ sistina
'id.' (dal 1824, Mezzanotte, InternetCulturale;
LIZ; B s.v. sistino; "tecn.-spec." GRADIT 2005;
Zing 2009 s.v. sistino).

Derivati: fior.a. (piccola) **cappelletta** f. 'piccola
cappella' (prima metà sec. XIV, GiovVillani,
TLIO; seconda metà sec. XIV, Sacchetti, TB), it. ~
(ante 1543, Firenzuola, B; dal 1865, TB; Zing
2009), lig.alp. capëleta Massajoli, gen. capelleta
(1532, InventarioManno,ASLigSP 10,730), cap-
pelletta (Casaccia; Gismondi), lig.or. (spezz.)
kapęlḗta (Conti-Ricco; Lena), piem. ka-
plᴐ́ta (DiSant'Albino – Brero), b.piem. (ver-
cell.) kaplᴐ́ta Argo, gallo-it. (piazz.) capllédda
Roccella, tic.alp.centr. (Airolo) kaplḗta Beffa,
tic.prealp. (Melide) capeleta (VSI 3,514b), mil.
capelêta Angiolini, lomb.or. (crem.) capelèta
Bombelli, vogher. caplata Maragliano, emil.occ.
(mirand.) caplétta Meschieri, venez. capelèta
Boerio, bisiacco capeleta Domini, triest. ~ DET,
trent.or. (rover.) cappelletta Azzolini.
B.piem. (vercell.) caplëta f. 'atrio di chiesa di
campagna' Argo, capleûta Vola.
Lomb.or. (cremon.) capeléta f. 'cappella del cimi-
tero' Oneda.
Fior.a. **cappelluzza** f. 'piccola e misera cappella'
(ante 1419, GiovDominici, B), it.a. ~ (1438ca.,
LBattAlberti, Petr; 1541, N. Franco, LIZ), cappel-
luccia (dal 1550, Vasari, LIZ; B; Zing 2009), nap.
~ D'Ambra, sic. cappillùzza (Biundi; Traina).

---

[1] Cfr. il toponimo Rocca Piètore Sotciapèla 'luogo
prativo' (Pellegrini,DTA III.4).
[2] Con interferenza di campo.

---

[3] Cfr. fr. chapelle ardente f. 'luminaire qui brûle au-
tour d'un cercueil ou d'un cénotaphe' (dal sec. XVI,
Frantext).

Fior.a. **cappellina** f. 'piccola cappella' (ante 1494, MatFranco, B), it ~ (1550, Vasari, LIZ; B; dal 1920ca., Tozzi, LIZ; B; Zing 2009), *capellina* (Florio 1598; ib. 1611), lomb.or. (cremon.) *cape-lìna* Oneda, mant. *caplina* Arrivabene, emil.occ. (parm.) *caplèina* PeschieriApp, *caplén'na* Malaspina, *caplen-na* Pariset, emil.or. (bol.) *capleina* Coronedi, *caplenna* Ungarelli, trent.or. (rover.) *cappellina* Azzolini, corso ~ Falcucci, nap. ~ Rocco.

It. **cappellone** m. 'grande cappella' (1768, TargioniTozzetti, B), fior. ~ Frizzi, laz.merid. (Castro dei Volsci) *k a p p ə l l ǫ́ n ə* Vignoli, àpulo-bar. (martin.) *k a p p ə l l ǫ́ n ə* VDS, tarant. ~ Gigante, salent. ~ (ParlangéliVDS,RIL 92), sic. *cappilluni* VS.

Sic. *cappilluni* m. 'tribuna della chiesa' (Traina; SalvioniREW,RDR 4), niss.-enn. (piazz.) *capllöngh* Roccella.

Sic *cappilluni* m. 'àbside di chiesa' (sec. XVII, Anonimo, VS), trapan. (marsal.) ~ VS.

Bisiacco **capelona** f. 'grande cappella' Domini, trent.occ. (rover.) *cappellona* Azzolini.

Palerm.a. **anticappella** f. 'atrio di chiesa o cappella' (1487, Privilegium, Patera,QCSSic 17/18,222), *anti cappella* (1499-1501, Pagamenti, ib.).

Composto: ven.lagun. (chiogg.) **smerdacapèle** m. 'nefando, lurido (detto di uomo)' Naccari-Boscolo.

1.a¹. 'tabernacolo'

It. **cappella** f. 'edìcola votiva' (dal 1817, Foscolo, B; Zing 2009)¹, lig.Oltregiogo or. (Bardi) *k a - p ę́ l a* (p.432), APiem. (Vico Canavese) *k a p ę́ l a* (p.133), b.piem. (Pettinengo) ~ (p.135), Carpignano Sesia ~ (p.137), Riva Valdobbia *k a p ę́ l l ɑ* (p.124), ossol.prealp. (Ceppo Morelli) *k a p ę́ l a* (p.114), ossol.alp. *č a p ę́ l a*, Trasquera *ć a p ę́ l a* (p.107), tic.alp.occ. ⌐*k a p é l a*⌐, tic.alp.centr. (Osco) *k a p ę́ l a* (p.31), Chirònico *ć i p é l ę* (p.32), Olivone *k a p ę́ l a* (p.22), Lodrino *k a - p ę́ l a* (p.53), tic.prealp. *k a p ę́ l ɑ*, lomb.alp.or. (Novate Mezzola) *capèla* Massera, Tirano ~ Bonazzi, lomb.occ. ⌐*k a p é l a*⌐, mil. *k χ a p é l a* (p.261), trent.occ. (Mortaso) *k a p é l a* (p.330), lad.anaun. (Castelfondo) *č a p ę́ l a* (p.322), Tuenno *ć a p é l a* Quarèsima, lunig. (pontremol.) *k a - p ę́ l ɑ* (p.500), emil.or. (Comacchio) ~ (p.439), ven.merid. (vic.) *capèla* Pajello, lad.cador. (amp.) *k a p é l a* (p.316), ALaz.sett. (Montefiascone) *k a p p ę́ l l a* (p.612), chian. (Sinalunga) ~ (p.553), umbro sett. (Civitella-Benazzone) ~ (p.566),

laz.centro-sett. (Sant'Oreste) ~ (p.633), abr.or. adriat. (Montesilvano) *k a p p ę́ l l ə* (p.619), laz. merid. (Ausonia) *k a p p ę́ l l a* (p.710), àpulo-bar. (andr.) *cappella* Cotugno, bar. *cappèdda* DeSantisG, tarant. *cappèlla* Gigante, sic. *cappella* VS, messin.or. (Fantina) *k a p p é l l a* (p.818), sic.sudor. (Acate) *ccappella* VS, niss.-enn. (niss.) ~ ib.; AIS 809.

Loc.verb.: tic.alp.occ. (Sonogno) *faa capèla* 'sostare' Lurati-Pinana, moes. (Roveredo) *faa capèll* Raveglia.

Derivati: it. **cappelletta** f. 'edicola votiva' (dal 1823, Manzoni, LIZ; TB; Zing 2009), lig.alp. *capëléta* Massajoli, lig.gen. (Zoagli) *k a p ę l ę́ t a* (p.187), lig.or. (Borghetto di Vara) *k a p ę l ę́ t a* (p.189), lig.Oltregiogo centr. (Gavi Ligure) *k a p - l ę́ t a* (p.169), Oltregiogo or. (Rovegno) *k a p a - l ę́ t a* (p.179), APiem. (Cortemilia) *k a p l á t t å* (p.176), Vico Canavese *k a p l ɔ́ t t a* (p.133), b.piem. *k a p l á t t a*, Mombaruzzo *k a p l á t t a* (p.167), valses. *capplett* Tonetti, tic.merid. (Ligornetto) *k a p ę l ę́ t a* (p.93), lomb.occ. (mil.) *capelêta* Angiolini, Bienate *k a p a l ę́ t ɑ* (p.250), lomb.or. (Calolziocorte) *capelèta* (Farina,ASGMil 20,57), cremon. *capéleta* Oneda, Pescarolo *k a p ę l ę́ t a* (p.285), vogher. (Godiasco) *k a p l á t ę* (p.290), Montù Beccaria *k a p l á t a* (p.282), triest. *capeleta* DET, *k a p e l ę́ t a* (ASLEF 351, p.221), roman. *cappellétta* Belloni-Nilsson; AIS 809².

It. *cappellettina* f. 'edicola votiva' TB 1865, lomb.occ. (Cozzo) *k a p l ę t í ŋ ɑ* (AIS 809, p.270), trent.occ. (rover.) *cappellettina* Azzolini.

It. **cappellina** f. 'edicola votiva' (1584, R. Borghini, CruscaGiunteTor; dal 1870, Giorgini-Broglio; Zing 2009), emil.occ. (San Secondo Parm.) *k a p l ę́ ŋ ɑ* (p.413), parm. *caplen-na* Pariset, ALaz.sett. (Porto Santo Stefano) *k a p p e l l í n a* (p.590), casent. (Stia) *k a p p ę l l í n a* (p.526), nap. *k a p p ə l l í n a* Altamura; AIS 809.

Tosc.centr. (Radda in Chianti) **k a p p ę l l í n o** m. 'edicola votiva' (AIS 809, p.543).

Molis. (Roccasicura) **k a p p ə l l ú ć ć a** f. 'edicola votiva' (p.666), camp.sett. (Colle Sannita) *k a p - p ə ł ú ć ć a* (p.712), nap. *cappelluccia* (D'Ambra; Altamura), *cappeliuccia* Rocco, àpulo-bar. (biscegl.) *capidduzze* Còcola, rubast. *k a p p ə l - l ú ć ć ə* Jurilli-Tedone, catan.-sirac. (Acireale) *cappidduzza* (Avolio,AGISuppl 6,99); AIS 809.

----

¹ Cfr. alem. (Gressoney) *tschàpele* DeGasperi 420.

² Cfr. lat.mediev.dalm. *capeletta* f. 'edicola votiva' (Tadić Grada 1352, Kostrenčić). *cappelletta* (1352, ib.).

Àpulo-bar. (bitont.) **cappeddùzze** m. 'edicola votiva' Saracino.

1.a². 'conforteria, cappella per i conforti religiosi dei condannati'
It. **cappella** f. 'conforteria' (Giorgini-Broglio 1870 – Petr 1887), nap. ~ Rocco, sic. ~ Traina.
Sign.fig.: it. *cappèlla* f. 'nelle tonnare, la camera che precede la camera della morte, dove avviene la mattanza' Tommasini 1906.
Sintagmi prep. e loc.verb.: nap. *ncappella* 'prossimo al supplizio' Rocco.
It. (*essere messo/stare*) *in cappella* 'in attesa della morte' (1634, F. Rondinelli, B; 1801, Cuoco, B – Crusca 1866), roman. ~ Belloni-Nilsson, abr.or. adriat. (vast.) (*š t a*) *'n g a p p ę́ l l ə* DAM, sic. (*essiri*) *ncappella* VS.
It. *essere messo in cappella* 'stare in grande angoscia' TB 1865.
Sic. *èssiri ncappella* 'essere prossimo a sbrigare un affare' VS.
Agrig.occ. (Casteltèrmini) *iri ncappella* 'andare spesso in bagno per la diarrea' VS.
Roman. *mannà quarcuno in cappella* 'farlo inquietare; rovinare, mandare a monte' Belloni-Nilsson.
Àpulo-bar. (bitont.) *stà ngappélle* 'essere in pericolo imminente' Saracino.

Derivati: gen. **cappelletta** f. 'confortatorio' Casaccia, pav. *caplàta* Annovazzi, *caplèta* ("cittadino" ib.), vogher. *k a p l á t a* Maragliano.
Sintagmi prep. e loc.verb.: gen. *èse in cappelletta* 'esser prossimo alle nozze' (Gismondi; Ferrando), vogher. *ę́ s i n k a p l á t a* 'attendere ansiosamente le nozze e, in genere, un risultato; essere in attesa del supplizio' Maragliano.
Emil.occ. (parm.) **caplèina** f. 'confortatorio' PeschieriApp, *caplén'na* Malaspina, *esser in ~ caplén'na* 'essere nel confortatorio' ib., *esser in caplen-na* Pariset; *èsser in caplèina* 'essere prossimi alla propria rovina' PeschieriApp, *esser in caplén'na* Malaspina.

1.b. Significati secondari con riferimento all'edificio sacro
1.b¹. 'canto, musica'
It. **cappella** (*di musica/musicale*) f. 'complesso di cantori e musicisti che tiene servizio in chiesa, o, talora, nelle corti' (dal 1498ca., Bisticci, B; Mistrorigo 1968; Zing 2009), *capella* (1584, Bruno, B), piem. *k a p é l a* (DiSant'Albino; Gavuzzi), pav. *capèla* Manfredi, bol. *capéla* Coronedi, ve-

nez. *capela* (*de musica*) Boerio, tosc. *cappèlla* FanfaniUso, sic. *cappella* (1751, Del Bono, VS).
It. *cappella* f. 'cantoria dove stanno musici e cantori' (1587, Sozzini, TB).
It. *cappella* f. 'divini uffici celebrati con musica a cappella' (TB 1865; Crusca 1866).
Sign.fig.: it. *cappella* f. 'coro degli angeli in Paradiso' (1614, Marino, LIZ).
It. *cappella* f. 'coro di filosofi, laddove filosofia sta per musica' (ante 1686, Frugoni, B).
Sintagmi: it. *cappella corale* f. 'beneficio che obbliga il titolare al coro' (TB 1865 – Petr 1887).
it. *canto a cappella* → *cantus*
It. *messa a cappella* → *missa*
it. *misura a cappella* → *mensura*
it. *musica a cappella* → *musicus*
it. *stile a cappella* → *stilus*
it. *tempo a cappella* → *tempus*
it. *vespro a cappella* → *vesper*
it. *cantore di cappella* → *cantor*
it. *maestro di cappella* → *magister*
it. *musici di cappella* → *musicus*
it. *suonatori di cappella* → *sonator*
Derivato: venez.a. **capelanti** m.pl. 'sonatori o cantori di cappella' (1547, Calmo, CortelazzoDiz).
It.gerg. *cappellante* m. 'galeotto' Baccetti 97[1].

1.b². altri significati
It. **cappella** f. 'cappellanìa' (ante 1555, Giambullari, Acc 1941; ante 1698, Redi, B; 1869, Carena, B), bol. *capéla* Coronedi, *capäla* Ungarelli.
It. *cappella* f. 'funzioni sacre alle quali assiste il Papa, il re o l'imperatore' (1554, Bandello, B).
Sign.second.: fior.a. *cappella* f. 'insieme dei paramenti liturgici e probabilmente anche degli arredi sacri comunemente usati per le funzioni' (1287, RegistroSMariaCafaggio, TLIO)[2], gen. *capela* (1532, InventarioManno,ASLigSP 10,749), sic. *cappella* VS.
It. *cappella* f. 'baule sui vascelli dove si custodiscono i paramenti sacri' (Saverien 1769; DizMar 1937).
Sintagmi: it. *cappella pontificia* f. 'pubblica messa in presenza del Papa' (dal 1826, Lichtenthal; B; "tecn.-spec." GRADIT 2005); it. ~ *papale* 'id.' (dal 1870, Giorgini-Broglio; Zing 2009), roman. ~ (1835, Belli, LIZ); it. ~ *pontificale* 'id.' Mistrorigo 1968.

---

[1] La divisa dei suonatori o cantari, cui è stata assimilata la divisa dei galeotti.

[2] Cfr. lat.mediev. *capella* f. 'arredi sacerdotali' (Curia 1390, Sella).

Cal.merid. (Cittanova) *kappélla sirótina* f. 'funzione quaresimale di ogni venerdí sera' (Longo,ID 11).

Loc.verb.: nap. *fare cappella* 'partecipare a funzioni solo quando le celebra il Papa, dunque molto di rado' Rocco.

Bol. *perder la capéla e al benefizi* 'perdere il profitto e la sua fonte' Coronedi, *pèrder la capäla e al benefezzi* Ungarelli.

It. *tenere cappella* 'detto del Papa quando assiste alla funzione' (1666, S. Pallavicino, B; dal 1865, TB; Zing 2009), nap. ~ (ante 1675, Fuidoro, Iovino).

Sign.fig.: piem. *tnì capela* 'monopolizzare la conversazione' (ante 1788, IslerGandolfo – Gavuzzi).

Loc.prov.: ancon. *quando fa capela el véscovo* 'di cosa che si fa raramente' Spotti.

It. *di buona badia siamo a debole cappella* 'detto di chi si riduce in stato disagiato' (1551, G.M. Cecchi, TB).

Prov.: fior. *se non hai giudizio perderai la cappella e 'l benefizio* 'perdere il profitto e la sua fonte' (1865, Fanfani, TB).

Composto: molis. (Bonefro) **lucecheppèlle** f. 'lucciola (Lampyris noctiluca)' Colabella, santacroc. *lucəkappéllə* Castelli, *nucəkappéllə* ib.

Derivati: it. **cappelluccia** f. 'rendita di misera cappellanìa' (TB 1865 – Petr 1887).

Nap. **cappellista** m. 'rettore di congregazioni serotine; iscritto a una confraternita' (Rocco; D'Ambra).

Agg.verb.: it. **scappellato** 'privato del beneficio di cappellanìa' (ante 1749, Saccenti, Petr).

Piem. **descaplà** agg. 'detto di prete privato di una cappellanìa' DiSant'Albino.

1.c. Significati secondari secolarizzati

Fior.a. **chapela** f. 'comunità, nucleo militarmente organizzato di cittadini a capo di un luogo di culto' (1395, LapoMazzeiGuasti 2,402), it. *cappella* (ante 1769, GenoveseSavarese)[1].

It. *cappella* f. 'adunanza dei cavalieri di un ordine' Garollo 1913.

It.reg.nap. *cappella* f. 'sinonimo di *corporazione di artigiani*' (dal 1955, DizEncIt; VLI; "tecn.-spec." GRADIT 2005).

Emil.occ. (moden.) *capèla* f. 'giurisdizione, dominio, sorveglianza' ("antiq." Neri).

---

[1] Cfr. lat.mediev.emil. (bol.) *capella* f. 'suddivisione in quartieri della città' (1254, SellaEmil).

Bol. *kapéla* f. 'gruppo di muratori dipendente dallo stesso capomastro' Menarini.

Sign.fig.: bol.gerg. *cappella* f. 'ora di pausa-pranzo dei muratori' Menarini, *capéla* Coronedi, *capæla* Ungarelli; *capéla!* 'grida dei muratori quando è ora di pranzo' ib.; bol. *ora ed cappella* 'ora di pausa per il pranzo' Menarini.

Sintagmi prep. e loc.verb.: it. *sotto la propria cappella* '(tenere) sotto la propria protezione' Corso, lomb.occ. (bust.) *sut'aa so capela* Azimonti, emil.occ. (moden.) (*êser*) *sátta la capèla d'un* ("antiq." Neri), bol.gerg. *sotto la cappèlla* Menarini, fior.gerg. (*essere*) *sotto la cappella di uno* (1962, LuratiDizModi s.v. *cappa*), ancon. (*sta*) *sotto la capela d'uno* Spotti.

Emil.occ. (moden) *êser sátta la capèla d'un* '(nel gioco delle carte) essere inferiore a q. per punteggio' ("antiq." Neri).

Venez. *far una capèla* 'fare uno sproposito' NinniGiunte-3.

1.d. costruzione a forma di cappella o a volta

It. **cappella** f. 'tempietto' (metà sec. XIV, DonatoAlbanzani, Crusca 1866).

Tic.alp.centr. (Giubiasco) *capèla* f. 'nicchia accanto alla stufa' (VSI 3,515b).

Sign.fig.: it. *cappella* f. 'parte del gran tempio dell'universo' (1614, Marino, LIZ).

Derivati: it. **cappelletta** f. 'stanzina in giardino per svagarsi' Gorgoni 1891.

Garf.-apuano (Gallicano) **kappelláre** m. 'cantina' (Giannini,ID 15).

2. ⌜*cappellano*⌝

2.a. 'ufficio sacrato'

Fior.a. **cappellano** m. 'guardiano, custode della cappa di San Martino di Tours' (seconda metà sec. XIV, Leggenda Aurea, TLIO), it. ~ (ante 1672, Magri, TB).

It. *cappellano* m. 'prelato, talora stipendiato, che presta servizio presso istituzioni, enti, alte cariche civili e religiose; titolare di cappellanìa' (dalla fine del sec. XIII, Malispini, B; Zing 2009), it.a. *capellano* (1385ca., SerGiovanni, PecoroneEsposito), it.sett.a. *capelano* (*de la giexa*) (1400ca., VitaBonacasaBeccaloeRatti 20), lig.a. *capellan* (fine sec. XIV, Cronaca, DEST), cremon.a. *capela(no)* (1428-1433, TestiSaccani), pav.a. *capellan* (1342, ParafrasiGrisostomo, TLIO), venez.a. ~ (1301, CronicaImperadori, ib.), pad.a. *chapelano* (*in Domo*) (1388, Stussi,ID 58,74), ver.a. *capellano* (seconda metà sec. XIV, HeiligenlegendenFriedmann), fior.a. *cappellano* (1306, GiordPisaDelcorno, TLIO – 1484, PiovArlotto, B), prat.a. *cha-pelano* (*delle monache*) (1407, DocMelis 69), pist.a. *capellano* (1301, LibroMinoTesor, TLIO), corso a. *capillano* (Spano 1491, Lettera, Migliori-ni-Folena 2,110,60), sen.a. *cappellano* (1295, CapitoliCompDisciplinati, TLIO), *capellano* (1427, SBernSiena, LIZ), perug.a. *capelano* (1342, StatutiElsheikh, TLIO), march.a. *capellano* (inizio sec. XV, GlossCristCamerinoBocchiMs), orv.a. *chap-pellanu* (1353, TestiBianconi, TLIO), roman.a. *cappellani* pl. (1358ca., BartJacValmontonePorta, ib.), casert.a. *cappellano* m. (prima metà sec. XIV, StatutiDiscMaddaloni, ib.), nap.a. *capellano* (ante 1475, Masuccio, LIZ), salent.a. (Galatina) *cappel-lano* (1473, QuaternoAprile,BStorOtr 4,58), cal.a. *cappillani* pl. (Feroleto 1466, MosinoGloss), sic.a. *cappillanu* m. (sec. XIV, TestiRinaldi), *capellanu* ib., *cappellanu* (sec. XIV, ib.; sec. XV, SVincFer-rer, MiracoliPagano,StPanvini 365,35), messin.a. *cappillanu* m (1477-78, QuadernuPerugini,Contr-FilItMediana 11,189), palerm.a. ~ (1343, Capitu-liCumpDisciplinati, TLIO), lig.occ. (Mònaco) *kapelắ* 'prete di palazzo' Arveiller 62, lig.centr. (pietr.) *capelàn* Accame-Petracco, lig.gen. (ta-barch.) *kapeláŋ* DEST, gen. *cappellan* (Casac-cia; Gismondi), lig.or. (Riomaggiore) *kapęláŋ* Vivaldi, spezz. *kapelán* (Conti-Ricco; Lena), piem. *caplàn* (1783, PipinoRacc-1 – Brero), b.piem. (viver.) *kapláŋ* (Nigra,MiscAscoli 258), tic. *kapeláŋ* (VSI 3,517), tic.alp. centr. (Lumino) *capelàn* Pronzini, lomb.occ. (borgom.) *kaplę́k* (PaganiG,RIL 51), vigev. *kaplő* (Ros-si,MIL 35,316), lomb.or. (berg.) *capelà* Tirabo-schi, crem. *capelá* Bombelli, lad.anaun. (ASol.) *capelàn* Quaresima, Tuenno *ćapeláŋ* ib., *ča-pláŋ* ib., vogher. *kapláŋ* Maragliano, *kaplá* ib., mant. *caplàn* Arrivabene, emil.occ. (parm.) ~ (Malaspina; Pariset), guastall. ~ Guastalla, emil. or. (bol.) *kaplàŋ* Ungarelli, romagn. *caplân* Ercolani, venez. *capelàn* (1555, Berengo, Corte-lazzoDiz), *chapelàn* (1556, ib.), *campilan* (sec. XVI, Cortelazzo,StParlangèli 2,274)[1], ven.merid. (vic.) *capelan* Pajello, Val Léogra *capelàn* Ci-viltàRurale, grad. *kapeláni* pl. (ASLEF 2195, p.213), bisiacco *capelan* m. Domini, ver. *capelàn* (Patuzzi-Bolognini; Beltramini-Donati), lad.ven. (agord.) *kapeláŋ* PallabazzerLingua, lad.ates. ~ ib., gard. *kapláŋ* (Gartner; Lardschneider), mar. *capolán* Videsott-Plangg, livinall. *capelân* Pelleg-riniA, lad.cador. (oltrechius.) *capelàn* Menegus, Candide *kaplán* DeLorenzo, fior. *cappellano* (Frizzi; Fissi,SLeI 5,73), corso cismont.occ. (Évi-

sa) *cappillanu* Ceccaldi, march.merid. (asc.) *kappəllá* Brandozzi, nap. *cappellano* (prima del 1570ca., FuscolilloCronCiampagliaMs), àpu-lo-bar. (andr.) *cappellàine* Cotugno, Monòpoli *kappəllę́nə* Reho, salent.centr. (Galatina) *cap-pellano* (prima del 1587, CronacaFoniatiVacca, UrbsGalatina 17), sic. *cappillanu* (Biundi; Traina; VS), sic.sud.-or. (Vittoria) *kkappillánu* Con-solino, niss-enn. (piazz.) *kapəlláŋ* Roccella[2].

Fior.a. *capellano* (*del detto priore*) m. 'aiutante del parroco senza cura d'anime' (prima metà sec. XIV, GiovVillani, LIZ), *cappellano* (1355ca., Pas-savanti, B), it. ~ (ante 1533, Ariosto, B; dal 1761, Gozzi, B; Zing 2009), lomb.or. (Gromo) *kapęlá* (p.237), ven.merid. (Teolo) *kapęáŋ* (p.365), ven.centro-sett. (Istrana) ~ (p.374), Ponte nelle Alpi *kapęláŋ* (p.336), ver. *capelàn* Beltramini-Donati, lad.ates. (gard.) *kapláŋ* Lardschneider, mar. *kapọláŋ* (p.305), fior. *cappellano* (Frizzi; Fissi,SLeI 5,173); AIS 796.

It.a. *cappellano* (*di galee*) m. 'prete che fa servi-zio sulle galee' (1482ca., Poliziano, LIZ).

It. *capellano* (*d'armata*) m. 'cappellano militare, con alcune funzioni vescovili' (1556, Oviedo, Ramusio, LIZ), *cappellano* (*d'armata/militare*) (dal 1665ca., Lippi, Crusca 1866; TB; Zing 2009), gen. *cappellan* (*de reggimento*) Casaccia, lad.cador. (oltrechius.) *capelàn* Menegus.

Abr.or.adriat. (chiet.) *kappelláno* m. 'parroco' DAM, cal.merid. (catanz.) *kappeḍḍánu* NDC.

Sintagmi: it. *cappellano curato* m. 'sacerdote incaricato di officiare in una cappella e titolare di una cura' (1815, Rossetti,FilMod 9; TB 1865).

It. *cappellano generale* m. 'vescovo, o cappellano con pari funzioni, capo di tutti i cappellani milita-ri' Guglielmotti 1889.

It. *cappellano maggiore* (*del regno*) m. 'a capo di tutti i cappellani di un ente' (1550, Alvarez, Ra-musio, LIZ – 1769, Genovesi, ib.; TB; B), *capel-lano* (1556, Oviedo, Ramusio, LIZ).

It.gerg. *cappellano rosso* m. 'cardinale' (Oudin 1640 – Veneroni 1681), mil.gerg. *cappellan rosso* Biondelli.

It. *cappellano segreto* (*del Papa/di sua Santità*) m. 'che dice Messa nella Cappella del Papa' (TB 1865 – VLI 1986; Mistrorigo 1968); *cappellano*

---

[1] Con influsso di *campo*.

[2] Cfr. lat.mediev. *capellanus* m. (ante 1288-89, Sa-limbeneScalia), lat.mediev.valsus. ~ (1265, GascaGloss-Vavassori), lat.mediev.venez. *capelan[um]* (1114, Mon-tecchio), *capellanus* (1198, ib.), lat.mediev.sic. *cappel-lano* (1098, Vàrvaro,CCM 23,209), sardo *capellanu* Atzori.

segreto d'onore 'carica istituita da Clemente XII che comporta il titolo di Monsignore' Mistrorigo 1968.

It. cappellano (del principe/di corte/del re/regio/ reale) m. 'che presta servizio a corte di re o prin- 5 cipi' (ante 1595, Tasso, LIZ; dal 1797, D'AlbVill; TB; GRADIT 2005).

Prov.: gen. *i dinä dō cappellan cantando vègnan cantando van* 'dalle cose malfatte si ha poco gua- dagno' Casaccia, corso *danari di cappellanu, per* 10 *una manu venenu, per l'altra vanu* Falcucci.

Derivati: it. **cappellanìa** f. 'ente ecclesiastico co- stituito per testamento o donazione da parte di un fedele per un fine di culto' (dal 1558, Caro, B; 15 Crusca 1866; "tecn.-spec." GRADIT; Zing 2008), *capellanìa* (Florio 1598 – Veneroni 1681)[1], nap. *cappellanie* pl. (ante 1675, Fuidoro, Iovino). Ossol.prealp. (Vanzone) *caplenareia* f. 'casa del cappellano' (VSI 3,518a); tic.prealp. (Rovio) *ca-* 20 *pelanìa* 'la casa del cappellano e i beni dello stes- so' (VSI 3,517), lomb.alp.or. (posch.) *kap ẹ - l a n ë α* (AIS 796, p.58). Fior.a. **cappellanerìa** f. 'ufficio di cappellanìa' (sec. XIV, Stat., TBGiunte), tic.alp.centr. (Giorni- 25 co) *k a p a l a n a r í a* (VSI 3,517a). It. **cappellanato** m. 'ufficio di cappellanìa' (fine sec. XIII, TestamentoLemmoBalduccio, B; dal 1865, TB; "raro" Zing 1970; "basso uso" GRADIT 2007). 30 It. **cappellanale** m. 'funzione sacra tenuta dal cap- pellano' (Giorgini-Broglio 1870; Garollo 1913). It. **arcicappellano** m. 'direttore di cappella del palazzo regio dei Carolingi' (1575, Ricordati, B; ante 1750, Muratori, B)[2]. 35

2.c. significati secondari secolarizzati Fior.a. **cappellani** (*del popolo*) m.pl. m. 'ufficiali laici preposti ai singoli popoli della città di Firen- ze con compiti d'ordine pubblico e di sorveglianza 40 sulla pulizia di piazze e strade' (1289, Quaderno- TutelaAmmannati, TLIO; 1289, BilancioSapo- ri,Bibliofilia 30,216), *cappellano* (*del popolo*) m. (1292, ib. 219,172 – Fiesole 1443-44, Garzelli, StM III.26,455; StatutiFornVinMorandini), *chap-* 45 *pellani* (*del popolo*) pl. (1294, LibriccioloBenci- venni, TLIO), *capellano* m. (Fiesole 1443-44,

Garzelli,StM III.26,456), *chapelano* (1395, La- poMazzeoGuasti 2,402). Lad.fiamm. (cembr.) *capelàn* m. 'di marito che va a vivere con i suoceri' Aneggi-Rizzolatti[3], ven.me- rid. (vic.) ~ Candiago, Val Léogra ~ CiviltàRurale 56. Niss.-enn. (piazz.) *k a p ə l l á ŋ* m. 'ubriaco' Roc- cella. Derivati: fior.a. **cappellaneria** f. 'ufficio di cap- pellano del popolo' (1353, OrdinamentiFior, B). It. **cappellania** *laicale* f. 'antico beneficio eccle- siastico retto da laici' (dal 1865, TB; B; VLI 1986).

2.e. vegetali Lig.occ. (Mentone) **k a p i r á** m. 'tarassaco (Ta- raxacum officinalis L.)' (Canobbio-Telmon,Misc- Gasca 1,123).

2.f. pesci It. **cappellano** m. 'tipo di pesce' (Gadus minutus L.)' (Lessona-A-Valle 1875 – Garollo 1913), lig. occ. (Mònaco) *k a p e l ǎ* Arveiller 101; *capelan* 'merlano (Merlangus minutus)' Frolla. Lig.occ. (ventim.) **capelàna** f. 'seppietta grossa' (Rossi macrosoma) AzarettiFaunaMarina 89.

Il lat. merovingio *CAPPELLA costituisce una 30 formazione latino medievale ed è attestato in un giuramento dell'anno 679: "in oraturio nostro, super *capella domni Martine*, ubi reliqua sacra- menta precurribant" e designa la cappa di San Martino. All'inizio dell'ottavo secolo *cappella* è l'edificio che conserva questa reliquia: "in oraturio suo, seu *cappella sancti Marcthyni*" (710, Aebi- scher 6). Nel significato 'edificio consacrato, oratorio' fu poi irradiato sotto l'amministrazione carolingia in Italia settentrionale e in Catalogna. Basandosi sulle attestazioni del lat.mediev. Aebi- scher ha mostrato questa irradiazione in Italia, dovuta soprattutto a documenti della cancelleria imperiale o reale: *capella* (Milano 835; Padova 839; Piemonte 896; Bobbio sec. X; Toscana 941; Salerno 966)[4]. Dopo che il termine è stato accolto dalla cancelleria pontificia (986), anche le attesta- zioni in Italia meridionale diventano più frequenti,

---

[1] Cfr. lat.mediev.lig. *capellania* f. (Luni 1149, Apro- 50 sio-1), lat.mediev.dalm. ~ (ante 1318, Kostrenčić), *cappellanariae* pl. (1428, ib.), friul. *capelanie* DESF.

[2] Cfr. lat.mediev. *summus cappellanus* m. 'cappellano capo dell'Imperatore' (ante 836, Horn-Born 3).

[3] Soggetto ad altri come, in una canonica, il cappella- no dipende dal parroco.

[4] Le due prime attestazioni nell'Italoromania, Toscana 780 e Padova 819, rifiutate da Aebischer, meritano però credito anche se precedono la cancelleria imperiale, cfr. Chambon,MélThomasset 147.

soprattutto sotto il regno normanno dove un influs-
so galloromanzo può aver rafforzato la propagazio-
ne di questo termine ecclesiastico; cfr. fr.a. *chapele*
f. 'santuario del palazzo di Carlo Magno ad Aqui-
sgrana' (1148ca., Roland 2917), fr. *chapelle* (dal
1369, DMF[2]), occit.a. *chapela* (Clermont-Ferrand
1195, Brunel 282,20), cat. *capella* (fine sec. XIII,
Llull, DELCat 1,528), spagn.a. *capiella* (sec. XII,
Cid, DCECH 1,833a), spagn. *capilla*, astur.a. *capie-
la* (1493, García,ACPatRom 9), port. *capela* (sec.
XIII, DELP 2,61a) e le forme it. (I.1)[1].
La formazione *CAPELLANUS è di poco poste-
riore a *CAPELLA (741, Niermeyer) e continua
nelle lingue romanze ad eccezione del rumeno: fr.a.
chapelein (1155, Wace, TLF 4,523b), fr. *chapelain*
(dal 1170ca., Chrestien, ib.), occit.a. *capella*
(Rouergue 1156, Brunel 77,5; 1157, ib. 82,6), *capla*
(1170, ib. 124,8), lat.mediev.cat. *capellanus* (1057,
DELCat 1,528), cat. *capellà* (dal sec. XIII, ib.),
spagn. *capellan* (dal 1127, DCECH 1,833a), port.
capelão e le forme it. (2.)[2]. Si distinguono le e-
spressioni che si riferiscono all'edificio consacrato
ed alla carica ecclesiastica (a.) dai significati secon-
dari con connessione alla sfera religiosa (b.), signi-
ficati secondari secolarizzati (c.), il significato
architettonico 'costruzione a forma di cappella o a
volta' (d.). Sotto *cappellano* si trovano anche alcuni
fitonimi (2.e.) ed ittionimi (2.f.). La denominazione
del pesce 'Gadus minutus' è anche conosciuta nel
pr.a. *cappellan* (Alpes M. 1433, MeyerDoc, FEW
2,286b), fr. *capelan* (1558, TLF 5,136a). Il signifi-
cato di 'edificio sacro' è suddiviso in 'tabernacolo'
(1.a[1].) e 'conforteria' (1.a[2].), mentre i significati
sotto 1.b. sono suddivisi in 'canto, musica' (1.b[1].) e
'altri significati' (1.b[2].).

REW 1644, Faré; DEI 741seg.; VEI 223; DELIN
293; VSI 3,514-518 (Petrini); EWD 2,47seg.;
DRG 3,320seg. (Schorta); FEW 2,285seg.; Aebi-
scher,ALMA 5,5-44; Bezzola 65; Castellani,SLI
13,14; Chambon,MélThomassen 145-149; Rhein-
felderKultsprache 89segg.; TagliaviniStoria 310.–
Marrapodi; Pfister[3].

→ **cappa**

---

[1] Toponimi corrispondenti si trovano anche nella
Romania sommersa, cfr. Vorarlberg *Gampell* (1423,
Eichenhofer,RLiR 71,133), *Gampellen* (1423, ib.).

[2] Cfr. lat.mediev. *cappellanus* (1123, CaracausiGre-
co).

[3] Con osservazioni di Bork, Cornagliotti, Fanciullo e
Lurati.

cappellus 'cappello'

Sommario

Pariset), venez. *capèlo tondo* Boerio[1], nap. *cappiello tunno* Rocco.

Bol. *capel verde* m. 'copricapo che dovevano portare i commercianti e gli artigiani falliti in segno di disprezzo' (ante 1609, CroceRouch).

It. *cappello alla calabrese* m. 'cappello a punta originario della Calabria' (dal 1865, TB; LIZ; "tecn.-spec.abbigl." GRADIT 2005); luc.centr. (Castelmezzano) *kappíddə pəttsū́tə* 'id.' (p.733), cal.sett. (Saracena) *kappíddə pəttsū́tə* (p.752), *kappíddə pittsútə* NDC, cal.centr. (Mangone) *kappéllu* ~ (p.761), Melissa *kappéddu pittsū́tu* (p.765); luc. nord.occ. (Ripacàndida) *kappiéggə tésə* 'id.' (p.726); cal.sett. (Acquaformosa) *kappiéddə alla círvűnə* (p.750), cal.centr. *cappiellu a cerbuni* NDC, Acri *kappiéllu a ććerbűni* (p.762), apriglian. *cappiellu a cervuni* NDC, cal.merid. (Cèntrache) *kappyéḍu a ććarvűna* (p. 772), it. *cappello a pizzo* m. 'id.' (ante 1866, D'Azeglio, B); AIS 1561.

It. *cappello a càntero* m. 'cappello elegante di forma cilindrica' Petr 1887; ~ *a cilindro* 'id.' (dal 1870, Giorgini-Broglio; B; LIZ; GRADIT 2005), lomb.or. (berg.) *capèl a cilinder* Tiraboschi, mant. ~ *a cilindar* Arrivabene, emil.occ. (parm.) *capell a zilinder* Pariset, guastall. *capèl a cilindar* Guastalla; it. *cappello a tuba* 'id.' (dal 1865, TB; LIZ; B; VLI 1986), nap. *cappiello a tubo* Rocco.

It. *cappello a cappotta* m. 'cappello leggero con tesa e guaina sostenute da stecche' Petr 1887, sic. *kappéḍḍu a-kkappótta* VS.

It. *cappello a cencio* m. 'cappello floscio' (dal 1865, TB; B; GRADIT 2005), fior. *kappéllọ di šénco, khappéll a ććéncọ* (p.523), Montespèrtoli *kappéllọ di šénćọ* (p.532), Barberino del Mugello *kapélọ di šénćo* (p.515), pist. (Prunetta) *kapéllọ di šénćọ* (p.513), lucch.-vers. (Camaiore) ~ *di šénćh* (p.520), ALaz.sett. (Porto Santo Stefano) *kappéllọ di šénćo* (p.590), sen. ~ (p.552); vic.merid. (vic.) *capelo strassà* 'id.' Pajello, trent. or. (rover.) *cappel straz* Azzolini; AIS 1561.

Tic.alp.or. (ALeventina) *capéll d'acqua* 'cappello adatto ai giorni di pioggia' LuratiDial; mil. *capèll a la poff* 'id.' Angiolini, lomb.or. (berg.) *capèl a la puf* Tiraboschi.

Lomb.or. (bresc.) *capel ala coréra* m. 'montiera; cappellino con una mezza piega' Melchiori, venez. *capèlo a la corera* Boerio; emil.occ. (parm) *capèll da corrèr* 'id.' (PeschieriApp; Malaspina).

It. *cappello a lobbia* m. '(raro) copricapo da uomo di feltro morbido con infossatura nella calotta e tesa larga; motivato dal nome del deputato C. Lobbia' (Petr 1887 – 1923, Cicognani, B; 1923-39, Ojetti, B), ~ *alla Lobbia* (1875, Faldella, LIZ; 1922, Pirandello, ib), ~ *alla lobbia* ("tecn.-spec.abbigl." GRADIT 1999; ib. 2005).

It. *cappello a molla* m. 'variante per gibus, motivata dalla presenza in tale cappello di molle tali che il cappello si potesse appiattire per essere meglio trasportato' (dal 1865, TB; "tecn.-spec.abbigl." GRADIT 2005); it. ~ *da società* 'id.' (TB 1865 – Petr 1887).

It. *cappello alla messicana* m. 'sombrero' (1970, ZolliParoleIt).

It. *cappello alla moschettiera* m. 'copricapo con piuma vistosa' (dal 1933, Pirandello, LIZ; B s.v. *moschettiere*; GRADIT 2005).

pis. *cappello a Nanni* → it. *cappello sulle 23*

It. *cappello a pan di zucchero* m. 'copricapo di forma conica con punta arrotondata' (TB 1865 – Petr 1887).

It. *cappello a pioppino* m. 'copricapo dalla forma del fungo omonimo' (TB 1865 – 1921, Pratesi, B s.v. *pioppino*).

It. *cappello a rocchetto* m. 'copricapo di forma cilindrica' (TB 1865 – Petr 1887).

It. *cappello a staio* m. 'cappello con tesa molto larga' (dal 1887, Petr; B; VLI 1986)[2].

It. *cappello alla tirolese* m. 'cappello con piuma tipico del Tirolo' (dal 1970, ZolliParoleIt; GRADIT 2005).

emil.occ. *cappèl da corrèr* → lomb.or. *capel ala coréra*

It. *cappello da livrea* m. 'copricapo che accompagna una divisa da servitori' TB 1865.

it. *cappello da società* → *cappello a molla*

Lad.fiamm. (cembr.) *capèl da ùa* m. 'cappello sporco, logoro e buffo da contadino' Aneggi-Rizzolati, ven.merid. (Val d'Alpone) ~ *da ua* Burati.

It. (*portare/tenere il*) *cappello sulle 23* (*sulle 24*) m. 'detto di cappello posto obliquamente sul capo, quasi a cadere: dall'antico sistema contadino di conteggio delle ore, secondo il quale alle 23 (o 24) corrispondeva il tramonto, cioè la caduta del sole' (dal 1865, TB; GRADIT; Zing 2009), tosc. (*portare il*) *cappello sulle 23* BianchiniProv, fior. (*tenere*) ~ Giacchi; pis. *cappello a Nanni* m. 'id.' Malagoli.

Venez. *ballo di capello* 'ballo in uso nel Cinquecento' (1512, Sanudo, CortelazzoDiz), ~ *dil cape-*

(p.707), fogg. *kappillə* Romano, *cappìelle* Villani, Sant'Agata di Puglia *cappiérre* Marchitelli, Àscoli Satriano *kappiẹllə* (p.716), Trinitàpoli *capidde* Orlando, Margherita di Savoia *cappidde* Amoroso[1], garg. ⌜*kwappẹddə*⌝, ⌜*kappéddə*⌝, ⌜*kapíddə*⌝, *cappidd* (Piemontese, LSPuglia 22 s.v. *kappéllə*), Vieste *kappyẹddə* (Melillo-2,91), àpulo-bar. *kappíddə*, *kapíddə*, ⌜*kappyẹddə*⌝, ⌜*kappíiddə*⌝, ⌜*kappieddə*⌝, ⌜*kwappíddə*⌝, Canosa *kappítt* (p.717), tran. *capiedde* Ferrara, biscegl. *cappèidde* Còcola, molf. *kappéllə* (Merlo,StR 13/14,102), Corato *cappìelle* Bucci, altamur. *kappérrə* Cirottola 250, Palagiano *kappiẹtt* (p.737), luc. *kappídd*, luc.nord.-occ. (Ripacàndida) *kappiẹğğə* (p.726), Muro Lucano *kappiəğğə* Mennonna, Avigliano *kappiədd* Bigalke, Potenza *cappiedde* (Merlo,StR 13/14,108), Picerno *kapiẹdə* (p.732), *kapídə* ib., luc.nord-or. *kwappíddə*, Tolve *kwappiədd* Bigalke, *kappírə* ib., Pisticci *kappyẹddə* (p.735), luc.-cal. (Acquafredda) *kappéddu* (p.742), *kappẹddu* ib., trecchin. *cappieddro* Orrico, San Chìrico Raparo *kappyéllu* (p.744), Montegiordano *kappíllə* RohlfsSuppl, Oriolo ~ (p.745), cal.sett. *cappiellu* Rensch, Saracena *kappíddu* (p.752), *kappíddə* NDC, Verbicaro *kappiẹddu* (p.750), salent. *kappyéddu*, salent.sett. (Carovigno) *kappyéddu* (p.729), salent.merid. *cappèddu*, Salve *kappéddu* (p.749), cal.centr. *cappiellu*, Acri *kapiẹllu* (p.762), Mangone *kappéllu* (p.761), Mèlissa *kappéddu* (p.765), cal.merid. (Serrastretta) *kappiẹllu* (p.771), Cèntrache *kappýddu* (p.772), *kappyéddu* ib., Conìdoni *kappẹyu* (p.780), Nicòtera *cappeju* NDC, Polìstena *kappéru* (p.783), Benestare *kappéllu* (p.794), San Pantaleone *kapéddu* (p.791), regg.cal. *kappéddu* NDC, sic. ⌜*kappyéddu*⌝, ⌜*kappéddu*⌝, messin.or. (Fantina) *kappéllu* (p.818), messin.occ. (sanfrat.) *kapiẹw* (p.817), *kapiẹddu* ib., catan.-sirac. (Bronte) *kappéllu* (p.838), Mascalucìa *kapéddu* (p.859), Calascibetta *kappiəddu* (p.845), Aidone *kapẹw* (p.865), *kappẹw* (Tropea,MIL 33,512), piazz. *capéu* Roccella, Villalba *kappiəddu* (p.844), agrig.occ. (San Biagio Plàtani) *kapéddu* (p.851), pant. *kappéddru* TropeaLess; AIS 1561, 1585; ALEIC 1744, 1746; VPL; DAM; VDS; NDC; VS.

It. *cappello* m. 'petaso; copricapo che era uno degli attributi di Mercurio' (ante 1375, Boccaccio,

B), pis.a. ~ (prima metà sec. XIV, GuidoPisa, TLIO).

Sign.metaf.: it.a. *cappello* m. 'chi copre un altro come un cappello (detto del conte Ugolino che mangia il capo dell'arcivescovo Ruggieri nel canto XXXIII dell'Inferno)' (1313ca., Dante, B).

It.sett.a. *cappello* (*agli occhi*) m. 'atto del ripararsi gli occhi da troppa luce' (ante 1503, FilGalloGrignani).

Sintagmi e loc.verb.: fior.a. *cappello arricciato* m. 'tipo di cappello con tesa rialzata' (seconda metà sec. XIV, Sacchetti, TB), nap. *cappiello* ~ Rocco; venez. *capello bordà* 'id.' (1755, GoldoniVocFolena), nap. *cappiello abburdato* Volpe, ~ *abbordato* Rocco, sic. *kappéddu abburdátu* VS; gen. *cappello montôu* 'id.' Casaccia, *capello* ~ Paganini, lomb.occ. (mil.) *capell montaa* Cherubini[2], aless. *capè montà* Prelli, emil.occ. (piac.) *cappell môntà* ForestiApp.

It. *cappello duro* m. 'bombetta' (dal 1892, DeMarchi, LIZ; B; GRADIT 2005), lig.gen. (tabarch.) *capè düu* DEST, novar. (galliat.) *kapidǘru* (AIS 1561, p.139), emil.occ. (guastall.) *capèl dur* Guastalla, emil.or. (bol.) *capäl dûr* Ungarelli, triest. *capel duro* Rosamani[3], ver. ~ Patuzzi-Bolognini; nap. *cappiéllo tuósto* m. 'id.' Altamura, àpulo-bar. (andr.) *cappìidde tuuste* Cotugno, rubast. *quappidde tuste* DiTerlizzi, bitont. *cappìidde tìuuste* Saracino.

It. *cappello goliardico* m. 'copricapo tipico delle associazioni goliardiche' (dal 1908, Panzini; GRADIT 2005).

Roman. *cappello moscio* m. 'berretto di panno morbido' Chiappini, nap. *cappiéllo muscio* Altamura, àpulo-bar. (andr.) *cappìidde musce* Cotugno, rubast. *quappidde musce* DiTerlizzi, bitont. *cappìidde mùsce* Saracino.

luc.centr. *kappíddə pəttsútə* → it. *cappello alla calabrese*

ven.merid. *capelo strassà* → it. *cappello a cencio* luc.nord.occ. *kappiẹğğə tísə* → it. *cappello alla calabrese*

It. *cappello tondo* m. 'copricapo di tipo non specificato; probabilmente è sinonimo di bombetta' (1816, Borsieri, LIZ – 1890, DeMarchi, ib.), mil. *capell tond* Cherubini, mant. *capèl tond* Arrivabene, emil.occ. (parm.) *capell tond* (Malaspina;

---

[1] Cfr. fr.-pr. (Faeto) *ćappẹy* (AIS 1561, p.715).

[2] Cherubini specifica che si tratta di un modo per definire il cappello a tre punte dei sacerdoti.

[3] Cfr. friul. *ciapièl dur* PironaN.

k a p ę́ α l (p.478), march.sett. (Sant'Àgata Féltria)
k a p á l (p.528), cagl. *k a p ę́ l l* Soravia, Frontone
k a p ę́ l l o (p.547), ven. ⌐*k a p é l o*⌐, venez.
capelo (1547, Calmo, CortelazzoDiz – 1735, Gol-
doniVocFolena), *capèllo* (1762, ib.), ven.merid.
⌐*k a p ę́ y o*⌐, vic. *capelo*, Crespadoro *k a p ę́ l ǫ*
(p.362), Cerea *k a p ę́ l* (p.381), pad. *capello*
(1547ca., CornaroMilani), Gambarare *k a p ę́ ǫ*
(p.375), ven.centro-sett. (Istrana) *k a p ę́ y o*
(p.365), Summaga *ciapièl* GruppoRicerca[1], istr.
(rovign.) *k a p y ę́ l* (p.397), *capiel* DET, ver. (Ral-
dòn) *k a p ę́ l* (p.372), trent.or. (valsug.) *capèlo*
Prati, Roncegno *k a p ę́ ǫ* (p.344), lad.ven. (Selva
di Cadore) *č a p ę́ l* PallabazzerLingua, lad.ates.
⌐*ć a p ę́ l*⌐, ⌐*č a p ę́ l*⌐, bad.sup. *ciapel* (*de stram*)
(1763, Bartolomei, Kramer)[2], lad.cador. ⌐*ć a -
p ę́ l*⌐, comel. *č a p ę́ l* DeLorenzo, comel.sup.
č a p ɔ́ l (Tagliavini,AR 10), it.mediano ⌐*k a p -
p é l l o* (*di p á l l a*)⌐, ⌐*k a p é l l o*⌐, fior. (Fi-
renze) *k a p p ę́ l l* (p.523), garf.-apuan. (Gragna-
na) *k a p ę́ d* (Luciani,ID 45), *k a p ę́ l* ib., carr. ~
ib., *k a p ę́ d* ib., *k a p p ę́ d ə* ib., Montignoso
k a p ę́ ḍ o (Rohlfs,SLeI 1), lucch.-vers. (lucch.)
cappello (*di paglia*) (1554, BonvisiMarcucci 511),
corso ⌐*k a p p é l l u*⌐, *g a p p é l l u* (*di b á -
l a* / *di p á l a*), cismont.or., ⌐*g a p p ę́ l l*⌐ ib.,
Vènaco *k a p p é l l* (ALEIC, p.24), Vezzani
g a p p ę́ ǧ u (ib., p.26), Ghisoni *k a p p ę́ d u* (ib.,
p.30), corso centr. *k a p p ę́ d u*, Ajaccio *k a p -
p ę́ l l* (ALEIC, p.36), L'Isolaccio *g a p p ę́ ǧ u* (ib.,
p.35), oltramont.sett. *g a p p ę́ ḍ ḍ u*, Coti-Chiàvari
g a p p ę́ ḍ u (ALEIC, p.41), oltramont.merid.
k a p p ę́ ḍ u, *g a p p ę́ ḍ ḍ u*, Livia *k a p p ę́ ḍ ḍ u*
(ALEIC, p.43)[3], gallur. (Tempio Pausania) ~ (ib.,
p.51), grosset. *k a p p ę́ l l*, it.mediano or.-merid.
⌐*k a p p é l l o*⌐, ⌐*k a p p é l l u*⌐, ancon. (Ancona)
k a p é l ǫ (p.539), Montecarotto *k a p é l l ǫ*
(p.548), Montemarciano *k a p é l l* (p.538), macer.
(Treia) *k a p ę́ l l ǫ* (p.558), Sant'Elpìdio a Mare
k a p ę́ l l u (p.559), Servigliano *cappé* (Camil-
li,AR 13), umbro merid.-or. (Nocera Umbra)
k a p y ę́ l l (p.566), Trevi *g a p é l l o* (p.575),
nurs. *g a p y ę́ y y u* (p.576), orv. *k a p p ę́ a l l o*
(p.583), *k a p é l l o* ib., ALaz. merid. *k a p é l l o*,
laz.centro-sett. (Sant'Oreste) *k a p y ę́ l l u* (p.633),
Cervèteri *k a p é l l o* (p.640), Nemi *k a p p y ę́ l l u*
(p.662), *g a p p y ę́ l l u* ib., Palombara Sabina
g a p ę́ l l u (p. 643), *k a p ę́ l l u* ib., Subiaco

k a p p é l u (Lindström,StR 5), Serrone
k a p p é l l o (p.654), Vico nel Lazio *k a p p ę́ y y ə*
Jacobelli, roman. *k a p é l l o* (p.652), cicolano
(Santo Stéfano di Sante Marie) *k a p p ę́ l l o*
DAM, Tagliacozzo *k a p p é l o* (p.645), Borgorose
k a p p ę́ l l o DAM, reat. *g a p é l l u* (p.624),
Cittaducale *k a p é l l o* Schlack 117, Leonessa
k a p é l l o (p.615), Amatrice *k a p ę́ l l u* (p.616),
aquil. *k a p p ę́ y y ə* DAM, *k a p p ę́ l l u* ib.,
k a p p ę́ y y u ib., Poggio Picenze *k a p p y ę́ l l ə*
ib., Pìzzoli *k a p p ę́ y ə* ib., Sassa ~ (p.625),
march.merid. (Montalto delle Marche) *k a p p i l -
l ə* Egidi, asc. *k a p p y é l l ə* ib., abr. ⌐*k a p -
p y é l l ə*⌐, teram. *k a p p é l l ə* DAM, *k a p p i l l ə*
ib., Bellante *k a p ę́ l l ə* (p.608), Castelli *k a p -
p ę́ l l* (p.618), *k a p ę́ a l l* ib., abr.or.adriat.
⌐*k a p p é l l ə*⌐, *k a p p y ę́ y y ə*, *k a p p ę́ ḍ ḍ ə*,
k a p p á l l a, Castiglione a Casàuria *k a p p í ə y -
y ə* DAM, Roccamòrice *k a p p y á l l ə* ib., Palena
k a p p y ę́ y ə ib., *k w a p p y ę́ y ə* ib., gess. *cappèl-
le* Finamore-1, Civitaluparella *k w a p p ę́ l l ə*
DAM, Alfedena *k a p p ę́ l l ə* ib., Pàlmoli *k w a p -
p ę́ l l ə* (p.658), abr.occ. *k a p p y ę́ l l ə*, *k a p -
p á l l ə*, *k a p p ę́ y y o*, *k a p p ę́ y y ə*, *k a p -
p ę́ l l ə*, *k a p p y ę́ y ə*, Castel del Monte *k w a p -
p í l l ə* DAM, *k a p p í l l ə* ib., Capestrano *k a p -
p ę́ y y e* (p.637), Pòpoli *k a p p y ǫ́ y ə* DAM,
k a p p y ę́ y y ə ib., Pacentro *k a p p ę́ y y ə* ib.,
Pettorano sul Gizio *k a p p i y ə* ib., Gioia dei
Marsi *k ę p p ę́ l l ə* ib., Scanno *k o p y ę́ d d r ə*
(p.656), *k o p i ę́ l l ə* Schlack 220, Trasacco
k a p p ę́ y ə (p.646), Celano *k a p p ę́ l l ə* DAM,
k a p p ę́ y ə ib., Bussi sul Tirino *k a p p á y y ə* ib.,
Magliano de' Marsi *k a p p ę́ y o* ib., molis. *k a p -
p ę́ l l ə*, *k a p p í l l ə*, *k ę p p y ę́ l l ə*, Roccasicura
k a p p i ę́ l ə (p.666), Ripalimosani *k ę p p ę́ l l ə*
Minadeo, Monacilioni *k a p p ę́ l l ə* DAM, Mor-
rone del Sannio ~ (p.668), *k ę p ę́ l l ə* ib., Bonefro
cheppéle Colabella, laz.merid. (San Donato Val di
Comino) *k a p p y ę́ l ə* (p.701), Amaseno *k a p -
p ę́ l ə* Vignoli, camp.sett. (Formìcola) *k a p -
p y ę́ l ə* (p.713), *k a p p y ę́ l o* ib., Gallo *k w a p -
p i ę́ l ə* (p.712), Colle Sannita *k a p p é l ə* (p.714),
k a p p é l o ib., nap. *capello* (prima del 1570ca.,
FuscolilloCronCiampagliMs), *cappiello* (*de pa-
glia*) (ante 1627, CorteseMalato; Volpe – Altamu-
ra), *k a p p y ę́ l l ə* (p.721), Monte di Pròcida
k a p p y ę́ d d ə (p.720), irp. (Trevico) *k a p -
p y ę́ d ḍ* (p.725), Calitri *cappiegghio* Acocella,
Montefusco *k a p p y ę́ l l o* (p.723), Avellino *cap-
piello* DeMaria, Acerno *k a p p y ę́ ḍ ḍ u* (p.724),
cilent. *k a p p y ę́ ḍ ḍ u*, dauno-appenn. *k a p -
p ę́ l l ə* (Piemontese,LSPuglia 22), Serracapriola
k a p p é l l ə (p.706), Lucera *k a p p í ə l l ə*

---

[1] Cfr. friul. *ciapièl* m. (PironaN; DESF), mugl. *ciapel*
Rosamani.

[2] Cfr. friul. *ciapièl di stran* PironaN.

[3] Cfr. anche sardo *γ a p p y ę́ ḍ ḍ* e *β á l l a* AIS
1561.

I.1. cappello; a forma di cappello
1.a. copricapo per persone
1.a.α. cappello per uomini

It. **cappello** m. 'copricapo di varia foggia e materiale' (dal 1313ca., Dante, EncDant; TB; B; LIZ; Zing 2009), *capello* (1795, Nemnich 4,966), it.sett.a. *cappel* (sec. XIV, PetrusAstoreLupis)[1], *capello* Barzizza 1509, gen.a. ~ (ante 1311, AnonimoNicolas 63,9), mil.a. *capello* (prima metà sec. XV, SachellaPolezzo)[2], *capè* (1500ca., Curti, Marri,ACIMilanoLudMoro 269), berg.a. *capel* (1429, GlossLorck 102), pav.a. *capeli* pl. (1342, ParafrasiGrisostomo, TLIO), mant.a. *capello* m. (1283ca., LettereBoriSchizzerotto, ib.), ferrar.a. *capeli* pl. (1436, CameraNiccolò III, Pardi,AMSPFerrar 19,131), ven.a. *capelo* m. (ultimo quarto sec. XII, ProverbiaNatFem, PoetiDuecentoContini 1,531seg.; Chioggia 1387, MariegolaSCroceLeviU 40)[3], *capello* (de choro/de paia) (1450ca., GlossLatVolgArcangeli num. 3011 e 5212; 1477, VocAdamoRodvilaGiustiniani), venez.a. *capello* (prima del 1335, CapitolariArtiMonticolo 2.2,621), *chapello* (de biuaro/de paia/de chouro) (1424, SprachbuchPausch), *capel* (turco) (1500, Strazzola, CortelazzoDiz), *chapelo* (1511, Merlini, ib.), tosc.a. *capello* (1345ca., NicPoggibonsi, TLIO), fior.a. ~ (1274ca., FioriFilosafiD'Agostino 176 – 1311, CompFrescobaldiSapori 95; ProsaDuecentoSegre-Marti 84), *cappello* (seconda metà sec. XIII, GarzoProverbi, TLIOMat – 1347ca., PegolottiEvans), pist.a. *chapelo* (1300-01, LibriMinoTesor, TLIOMat), sangim.a. ~ (1235, ElencoCittadini, ProsaOriginiCastellani 79), sen.a. ~ (1240ca., MattasalàSpinello, TLIO; 1277-82, LibroCompMerc, ib.), *cappelli* (di paglia) pl. (1301-03, StatutiGabellaSiena, B s.v. *paglia*), umbro a. *cappello* m. (1384, StatArteSalinari, StatutiMattesini,IncontriGubbio 194), perug.a. ~ (1342, StatutiElsheikh, TLIO)[4], *capelgle* pl. ib., aret.a. *capello* m. (secondo quarto sec. XIV, GoroArezzoPignatelli, ib.), march.a. ~ (inizio sec. XIV, GlossCristCamerinoBocchiMs), eugub.a.

capello m. (seconda metà sec. XIV, GlossNavarroSLeI 7,150), roman.a. *capiello* (1252-58, StorieTroiaRomaVolg, TLIOMat – 1358ca., BartJacValmontonePorta)[5], aquil.a. *cappello* (1362ca., BuccioRanalloDeBartholomaeis), cal.a. *cappelli* (*pilusi*) pl. (1466, TestiMosino)[6], sic.a. *chapelu* m. (1380ca., TestamentoLombardo,BCSic 10,65), *capelu* ib. 59, *capelli* pl. (1380, LibruVitiiVirtutiBruni), *cappellu* m. (seconda metà del sec. XIV, QuaedamProfetia, Monaci 173,77; 1519, ScobarLeone), messin.a. *capellu* (1337ca., ValMaximuVolgMattesini), palerm.a. ~ (1432, InventariBresc,BCSic 18,132), *cappelli* (*de pagla*) pl. (1456, ib. 171,99), it.sett. ⌐*kapél*⌐ m., lig. ⌐*kapélu*⌐, ⌐*kapé*⌐, lig.occ. (Pigna) *kapér* (Merlo,ID 19), *kapér* VPL, lig.centr. (Ormea) *kapéa* Schädel 128, Giusténice *kapyé* VPL, lig.gen. (bonif.) *kapíl* (ALEIC, p.49), gen. *cappelli* (*de paggia*) pl. (1731, Toso,BALI III.22,107), lig.or. (spezz.) *kapéo* m. (Conti-Ricco; Lena), Tellaro *kapélo* Callegari-Varese, piem. ⌐*kapél*⌐, APiem. (Sanfré) *capelli* pl. (1586, InventarioSobrero,BSPCuneo 93,89), Cortemilia *kapé* (p.176), Giaveno *ćapél* (p.153), b.piem. ⌐*kapé*⌐, Castelnuovo Don Bosco *kapél* (p. 156), gallo-it. (nicos.) *capéu* (LaVia,StGl 2,128), novar. ⌐*kapé*⌐, ossol.prealp. ⌐*čapél*⌐, Ceppo Morelli *kapíl* (p.114), Trasquera *ćapél* (p. 107)[7], ossol.alp. *čapél* Nicolet, Antronapiana *kyapél* ib., Locasca *kapíl* ib., vallantr. *kapéy* ib., lomb.alp.occ. (Malesco) *kapé* (p.118), tic.alp.centr. *capelo* (1750, Stat, VSI 3,526), Chirònico *ćipél* (p.32), blen. *capill* (Vicari 2,190), Olivone *kapíl* (p.22), lomb.alp. or. ⌐*kepél*⌐, lomb.occ. ⌐*kapé*⌐, lomell. *kəpé* MoroProverbi 72, lodig. *capel* (ante 1704, FrLemeneIsella), lomb.or. (valvest.) *kapélo* (Battisti,SbAWien 174.1), trent.occ. (bagol.) *cäpél* Bazzani-Melzani, lad.anaun. (Piazzola) *χyapél* (p.310), Castelfondo *čapél* (p.311), Tuenno *ćapél* (p.322; Quaresima), *čapél* Quaresima, vogher. ⌐*kapé*⌐, mant. ⌐*kapélo*⌐, emil.occ. (Sologno) *kapál* (p.453), lunig. *kapélo* Masetti, sarz. *kapélu* Masetti, Vezzano Lìgure *kapélo* VPL, emil.or. ⌐*kapål*⌐, bol. *capel* (ante 1609, CroceForestiF-Damiani 107), Bozza *kapéal* (p.467), romagn. ⌐*kapál*⌐, Mèldola

---

[1] Cfr. lat.mediev.piem. *capellus* (Fossano 1292, GascaGlossBellero; Benevagienna 1293, ib.; Cherasco 1294, ib.; Barge 1374, ib.; Omegna 1384, GascaGlossZanetta), lat.mediev.mil. *capelum* (1396, LeggiVerga,ASLomb III.9,33), lat.mediev.emil. *capellus* (Bologna 1255, SellaEmil; Bobbio 1388, ib.),

[2] Cfr. l'antroponimo lat.mediev.tic. *Johannes Capellus* (Claro 1213, VSI 3,530b).

[3] Cfr. lat.mediev.dalm. *capellus* m. (1312-80, Kostrenčić).

[4] Cfr. lat.mediev.orv. *cappellus* m. (1334, Sella).

[5] Cfr. lat.mediev. *capel* m. (Curia 1318, Sella), *capellus* (1326, ib.; 1344, ib.), *cappellus* (1356, ib.) e *capelli de filtro* (Curia 1356, ib.).

[6] Cfr. lat.mediev.nap. *cappellus* m. (1325, Sella; 1351, ib.).

[7] Cfr. grigion. *chapè* m. (DRG 3,320).

lo (1521, id., ib.), *balo del capelo* (1548, Calmo, ib.; 1552, ib.), *balo dal capelo* (1565, Naspo, ib.; 1573, Caravana, ib.).
It. *levata di cappello* f. 'saluto' (1825, Pananti, B – Palazzi 1943; Crusca 1866; LIZ).
it. *onor di cappello* → *honor*

Sintagmi prep.e loc.verb.: venez.a. *andar a capello* m. 'andata alle urne nel Maggior Consiglio per le elezioni delle cariche statali' (1497, Sanudo, CortelazzoDiz); ~ *a capelo* v.assol. (1532, id., ib.).
It. *servire a cappello* 'soddisfare pienamente un ordine ricevuto' (Oudin 1640 – Baretti 1795).
It. *(stare) col cappello in mano* '(stare) a capo scoperto in segno di rispetto' (1748-61, Goldoni, LIZ – 1936, Croce, B).
It. *andare col cappello in giro* 'fare la questua' (1825, Pananti, B – 1883, Oriani, LIZ), *andare col cappello in mano* 'id.' Crusca 1866; *fare il giro col cappello* 'id.' (1886, DeAmicis, LIZ; 1947, Pavese, B).
Emil.occ. (piac.) *col capell fôra da j'occ'* 'con la fronte scoperta' Foresti.– Mil. *(podé andá) cont el capell fœura di œucc* '(essere) rispettabile, con coscienza pulita' Cherubini, lomb.or. (berg.) *(pòdi 'ndá aturen) col capèl fòra di öà* Tiraboschi, cremon. *(andắ) ku l kapél fốra d i ọ́ć* Oneda, emil.occ. (parm.) *(andar) con el capell foeura da j'occ'* Malaspina, trent.or. (rover.) *(nar) col so cappel for dei occhi* Azzolini.
it. *fare di cappello* → *cavarsi il cappello*
it. *levarsi tanto di cappello* → *cavarsi il cappello*
Dauno-appenn. (Margherita di Savoia) *l'òume stè sotte o' cappidde* 'il vero uomo si vede da quello che c'è sotto il cappello, ovvero dal cervello' (⌐*sotto il cappello sta l'uomo*⌐, Amoroso), àpulo-bar. (rubast.) *sọ́tt-u kappíddə stẹ́ l-úomənə* Jurilli-Tedone, Corato *sott'o cappiedde stè l'òmene* BucciAgg.

Loc.verb.: nap. *auzare cappiello* 'farsi fama di q.' (ante 1632, BasilePetrini).
It. *appendere il cappello (al chiodo)* 'sposarsi con una donna ricca' Petr 1887, lig.occ. (Mònaco) *apẹ́[ndε] u kapélu* Arveiller 31, sanrem. *apende u capélu (a l'agüu)* Carli, lig.gen. (savon.) *pende u capëlu (a u ciöu)* Besio, gen. *appende o cappello* (Casaccia – Ferrando); aquil. (Pìzzoli) *yu špọ́su ṛ appikkáto yu kappẹ́yu* 'id.' DAM; it. *attaccare il cappello (al chiodo)* 'id.' (dal 1969ca., Montale, Ferrando s.v. *appende o cappello*; GRADIT 2005), lig.gen. (savon.) *tacâ u capëlu (a u ciöu)* Besio, Val Graveglia *atac[â] u capélu* PlomteuxCultCont 183, lig.Oltregiogo

centr. (nov.) *takọ́ kapẹ́* Magenta, piem. *tachè 'l capel (al ciò)* (Capello – Gavuzzi), *tachè el capel (al ciò)* DiSant'Albino, lomb.or. (cremon.) *takắ l kapél (al ćọ̆t)* Oneda, vogher. *taká ar kapẹ́ (ar ćọ̆d)* Maragliano, roman. *attaccare il cappello (al chiodo)* Chiappini; b.piem. (valses.) *tacchêe su 'l cappell* 'id.' Tonetti, tic.alp.centr. (Lumino) *(naa a) tacaa su l capell* Pronzini, moes. (Roveredo) *(naa a) tacaa su 'l capéll* Raveglia, lomb.alp.or. (Tirano) *tacà sü 'l capèl* Fiori, lomb.occ. (mil.) *taccá-sú el capell* Cherubini, *tacá sü el capèll* Angiolini, vigev. *(andắ) takắ sü l kapẹ́* Vidari, lad.anaun. (Tuenno) *taćár su l ćapél* Quaresima, lad.ven. *takẹ́ su l ćapél* PallabazzerLingua, *taká su l ćapél* ib., lad.ates. ~ ib., *takẹ́ su l ćapél* ib.; lomb.occ. (lodig.) *taca' via el capèl* 'id.' Caretta, lomb.or. (berg.) *tacá via 'l capèl* Tiraboschi, cremon. *takắ yá l kapél* Oneda, mant. *tacàr via al capèl* Arrivabene, ver. *tacàr via el capèl* Beltramini-Donati; it. *posare il cappello* 'id.' (Giorgini-Broglio 1870 – Garollo 1913).
It. *attaccare il cappello* 'sistemarsi; trovare un buon impiego' (Giorgini-Broglio 1870; Petr 1887).
Lomb.or. (berg.) *bötá in aria 'l capèl* 'mettersi alla ventura' Tiraboschi; bol. *trar al capêl all'aria* 'tentare la fortuna' Coronedi; trent.or. (rover.) *trar su 'l cappel* 'id.' Azzolini.
It. *cavarsi il cappello a q.* 'scoprirsi il capo per salutare, specie in modo rispettoso e ossequioso' (1608, G.C. Croce, B – 1906, Verga, LIZ), lomb.occ. (mil.) *cavá el capell* Cherubini, lomb.or. (berg.) *caà zo 'l capèl* Tiraboschi, bresc. *caàs el capel* Melchiori, mant. *cavárs al capèl* Arrivabene, emil.occ. (parm.) *cavars el capell* (Malaspina; Pariset), emil.or. (bol.) *cavars al capêl* Coronedi, venez. *cavarse el capelo* (1758, GoldoniVocFolena; Boerio), ven.merid. (vic.) *cavarse el capelo* Pajello[1], trent.or. (rover.) *cavarse 'l cappel* Azzolini; it. *fare di cappello* 'id.' (dal 1762, Chiari, Antonelli; B; LIZ; Zing 2009), mil. *fá de capell* Cherubini, lomb.or. (bresc.) *fà de capel* Melchiori, mant. *far da capell* Cherubini 1827, *far da capèl* Arrivabene, emil.occ. (parm.) *far d' capell* Pariset, venez. *far de capèlo a q.* Boerio; it. *fare il cappello* 'id.' (1757, Parini, B), lad.ates. (gard.) *fè l ciapél (a un)* (Martini,AAA 46).
It. *cavarsi il cappello (ad uno)* 'detto di chi, o cosa, della quale si riconosce il merito o la superiore qualità' (dal 1742, Muratori, B; GRADIT;

---

[1] Cfr. friul. *giavâsi il ciapiel* PironaN.

Zing 2009), lomb.occ. (vigev.) *k a v ắ l k a p ę́* Vidari, lomb.or. (cremon.) *k a v ắ l k a p ę́ l* Oneda, vogher. *k a v á s a r k a p ę́* Maragliano, emil.occ. (piac.) *cavà al cappell* ForestiSuppl, parm. *cavars el capèll* Malaspina, guastall. *cavà- ras al capèl* Guastalla, regg. *cavèrs al capèll* Ferrari, emil.or. (bol.) (*roba da*) *cavarsi al capêl* Coronedi, ven.merid. (vic.) *cavarse el capelo* Pajello; it. *fare* (*tanto*) *di cappello* 'id.' (dal 1764, Baretti, LIZ; CardanoMs; Zing 2009), mil. *fà de capell* Cherubini, *fagh de capèll* Angiolini, vigev. (*r ọ́ b a d a*) *f i t ắ n t a d k a p ę́* Vidari, lomb.or. (berg.) *fa tat de capèl a ergù* Tiraboschi, bresc. (*coza da*) *fagg de capel* Melchiori, vogher. *f á t á n t a d k a p ę́* Maragliano, emil.occ. (parm.) *far d' capell* Pariset, romagn. (faent.) *fè d capèll* Morri, venez. *farghe de capelo* (1660, BoschiniPallucchini 543,29), *~ capello* (1764, GoldoniVocFolena), bisiacco *far de capel* Domini, istr. (Albona) *~ Rosamani*, ver. *fàr de capèl* Bel- tramini-Donati, trent.or. (rover.) *far de cappel* Azzolini, sic. *fari tantu di ccappeddu* (Sgroi, TeatralitàSciascia 39).

Pis.a. *levarsi lo chappello di chapo* 'rivolgere ossequio in segno di rispettoso saluto' (1354-99, RanieriSardo, TLIO); it. *levarsi il cappello a q.* (dal 1812-13, Foscolo, LIZ; B; GRADIT 2005), gen. *levâse o cappello* Casaccia, piem. *levesse 'l capèl* Zalli 1815, nap. *levarse u cappiello* Andreo- li; it. *levare il cappello ad uno* Baretti 1795, mil. *levâ el capèll* Angiolini, trent.or. (rover.) *levar el cappel* Azzolini; it. *porre mano al cappello* 'id.' (1585ca., Bruno, LIZ); it. *portare la mano al cappello* 'id.' (1881, Verga, ib.); bisiacco *tirarghe zó 'l capel* 'id.' Domini; it. *toccarsi il cappello* 'id.' (1891, DeRoberto, LIZ; 1920, Tozzi, ib.); mil. *tö-gió el capell* 'id.' Cherubini, lomb.or. (berg.) *to zo 'l capèl* Tiraboschi, bresc. *~ Melchio- ri*, lad.anaun. (Tuenno) *törse gió l ciapèl* Quare- sima, mant. *tör zò al capell* Cherubini 1827, lad.ates. (livinall.) *t ọ́ y ú l č a p é l* PellegriniA; fior.a. *tra[rsi] il cappello* 'id.' (1310-50, Paolino- Pieri, TLIO), it. *~* (1827, Manzoni, LIZ).

It. *levarsi il cappello* 'detto di chi, o cosa, della quale si riconosce il merito o la superiore qualità' (dal 1857-58, Nievo, B; GRADIT 2005), lig.gen. (tabarch.) *alevèse tantu de capéllu* DEST, piem. *lvesse el capel* DiSant'Albino, b.piem. (valses.) *leveê 'l cappell* Tonetti, trent.or. (rover.) *leva el cappel* Azzolini, lucch.-vers. (viaregg.) (*c'è*) *da levaccisi tanto di' 'appello* DelCarlo, nap. *levare lo cappiello* (*a qc.*) Rocco, *levarse u cappiello* Andreoli, *levarse 'o cappièllo* Altamura, àpulo- bar. (Giovinazzo) *levasse cappìedde* Maldarelli,

sic. *l i v á r i s i u k a p p é ḍ ḍ u* VS, sic.sud-or. (Vittoria) *l u v á r i s i u k k a p p y ę́ ḍ ḍ u* Conso- lino.

Àpulo-bar. (Giovinazzo) *levasse cappìedde* 'chie- dere umilmente' Maldarelli.

Fior.a. *orlare il cappello a q.* 'tramare ai danni di qc.' (prima del 1274, Latini, TLIO; ante 1388, Pucci, ib.), sen.a. *~* (1321, Poesie, ib.); it. *correre il cappello a q.* 'id.' (1619ca., BuonarrotiGiovane, B). It. *pigliare il cappello* 'andarsene in segno di commiato' (1857-58, Nievo, LIZ); *prendere ~* 'id.' (1812, Monti, B; 1876, Imbriani, B).

Emil.occ. (parm.) *portar el capell a la brusca* 'tenere il cappello di traverso sul capo' Pariset; mil. *portá el capell a la bulla* 'id.' Cherubini, emil.occ. (parm.) *portar ~* (Malaspina; Pariset); pist. *portare il cappello alla picchiona* 'id.' Petr 1887; *portare il cappello alla squarciona* 'id.' ib.; corso cismont.occ. (Èvisa) *purtá u cappéllu in chjàchjara* 'id.' Ceccaldi.

Venez. *poder portar el capelo alto* 'essere rispet- tabile' (Boerio; Piccio), àpulo-bar. (tran.) *pertè u cappiedde alzate* 'id.' Ferrara; sic. *p u r t á r i u k a p p ę́ ḍ ḍ u a l l á r y a* VS; vogher. *p u d ę́ p u r t á a r k a p ę́ i ŋ s a r k u p ę́ ŋ* Maraglia- no.

Mil. *portâ el capèll fœura di œucc* 'essere rispet- tabile, avere la coscienza pulita' (Cherubini; An- giolini), vogher. *p u r t á r k a p ę́ f ǽ r a d y ę́ č* Maragliano, emil.occ. (regg.) *portèr al capèll fóra èd j'occ* Ferrari; mil. *tegnì el capell fœura di œucc* 'id.' Cherubini, lomb.or. (bresc.) (*podì*) *tignì 'l capel fœra di œgg* Melchiori, mant. (*podêr*) *tègnar al capèl fœra d' i oc* Arrivabene.

it. *posare il cappello* → *appendere il cappello* Cast.a. *reversare il cappello* 'stravolgere l'identità di q.' (prima metà sec. XIII, NeriMoscoli, TLIO). fior.a. *tra[rsi] il cappello* → pis.a. *levarsi lo chappello di chapo* Venez.a. *planta[r] le corne al re soto 'l capelo* 'render cornuto, tradire il coniuge' (ultimo quarto sec. XII, ProverbiaNatFem, TLIO).

Sign.metaf.: it.a. *essere cappello* 'stare sopra a q., sovrastare' (1319ca., Dante, TLIO).

Mant. *far on capèl a un* '(caccia) colpire una preda mancata da un altro cacciatore' Arrivabene, emil.or. *far capêl* FerriAgg; emil.occ. (moden.) *métter un capel da pret a on* 'id.' Neri.

Loc.prov.: fior.a. *aver maggior bisogno più che non ha il tignoso del cappello* 'detto di chi ha grandissimo bisogno di qc.' (prima metà sec. XIV, Tedaldi, TLIOMat), it. *aver più bisogno di che che sia che non ha il tignoso del cappello* (ante 1565, Varchi, Consolo).

It. *se mi mettessi a far cappelli nascerebbero gli uomini senza testa* 'lo dice ironicamente chi si crede molto sfortunato' (TB 1865 – Petr 1887), vogher. *s u s m á t a α f á i k a p ḗ α n á - s α y ǫ̃ m s ḗ η s α t ḗ s t α* Maragliano, abr.or. adriat. (Corvara) *m ó k ə s s ó f f á t t ə i k a p - p y ḗ l l ə y ḗ y ə á n n ə n a t ə l i w ǫ́ m m ə n ə s ḗ n d z a k ǫ́ ć ć ə* DAM, sic. *si facissi cappeddi e birritti l'omini nascirrianu senza testa* Traina.

Mant. *al capèl n' al s' fa miga par n' aqua sola* 'è meglio non rovinare amicizie o chiudersi possibilità pensando di non doverne più aver bisogno' (⌜*un cappello non si fa per una pioggia soltanto*⌝, Arrivabene), venez. *no se fa un capélo per una sola piova* Boerio, ven.merid. (vic.) *un capelo no se fa ~* Pajello, istr. (rovign.) *oun capiel nu se fa per ouna piova sula* (Deanović,StSchiaffini 413), ver. *far un capèl par un'aqua sola* Patuzzi-Bolognini, lad.cador. (amp.) *n o s e f ḗ š e l ć a p ḗ l p a r n a p y ǫ́ a s ǫ́ l a* Croatto.

Prov.: fior.a. *tignoso fa cappello poi che perde il vello* 'quando il male è troppo avanzato, si adottano rimedi di fortuna che però non possono eliminare il problema' (seconda metà sec. XIII, Garzo, TLIO).

It. *a chi ha testa non ge manca capelo* 'detto di chi si sa arrangiare nei momenti di difficoltà' (1555, Nuñez, TPMA 6,320), *a chi ha testa non manca cappello* (prima del 1602, Serdonati, Consolo), gen. *a chi ha testa no ghe manca cappello* Casaccia, mant. *chi gh' ha testa n' agh manca capèl* Arrivabene, venez. *chi ha cao no manca capelo* (1566, Calmo, CortelazzoDiz), *a chi ga testa no manca capèlo* Boerio, *a chi ga testa no ghe manca capelo* Piccio, istr. (rovign.) *chi uo capo nu ghe manca capielo* (Deanović,StSchiaffini 411).

Venez. *baldanza e patron, capel de matto* 'l'arroganza di chi si crede superiore rende visibile la stoltezza di questi, come un cappello di buffone' (1535, X Tav, CortelazzoDiz), trent.or. (rover.) *baldanza de sior, cappel di matti* Azzolini, tosc. *baldezza di signore, cappello di matto* (1853, ProvTosc, TB); ver. *protezion di siori, capèl da màto* 'id.' Beltramini-Donati; it. *cappello di villano, ombra di mosche* 'id.' Consolo 1858; mant. *capèl di gran, ombra da mat* 'id.' Arrivabene; it. *qual cervello, tal cappello* 'id.' (1853, ProvTosc, TB), sic. *tali cappeddu tali ciriveddu* Traina; it. *spesso sotto un bel cappello alloggia poco cervello* 'id.' (prima del 1751, Nelli, TB).

Mant. *capèl 'd padron, capèl 'd cojon* 'detto riferito alla stoltezza ed ingenuità dei potenti, che spesso si fanno raggirare dai più deboli' Arrivabene. Paragone: novar. (galliat.) *négru 'mè 'n capê* 'umore tetro' BellettiGrammatica 92, lunig. *n ḗ r o k ǫ́ m e η k a p é l o* Masetti.

It.a. **cappella** f. 'berretta, copricapo di stoffa' (prima del 1480, Poliziano, TB)[1], perug.a. *capella* (1342, StatutoElsheikh, TLIO), (*ciascuna*) *capelglie* (*gentile*) (1379, Gabella, Migliorini-Folena 1,49, 63), march.a. *capella* (inizio sec. XV, GlossCristCamerinoBocchiMs), *cappella* ib., eugub.a. *capella* (seconda metà sec. XIV, GlossNavarro,SLeI 7,107,545), roman.a. *cappella* (1252/58, StorieTroiaRomaVolg, TLIOMat), *capella* (*della seta*) (1358ca., BartJacValmontonePorta), aquil.a. *cappella* (1452, StatutiSarti, Migliorini-Folena 2,51, 23).

Lomb.alp.or. (Tàrtano) *capiàla* f. 'cappello a tesa larga' Bianchini-Bracchi, lomb.occ. (vigev.) *capèla* Vidari, vogher. *k a p ḗ l a* Maragliano, emil. occ. (parm.) *capèla* Malaspina, guastall. ~ Guastalla, march.merid. (Montefiore dell'Aso) *cappella* Egidi.

Novar. (galliat.) *capèla* f. 'cappello di paglia' BellettiParoleFatti, lomb.or. (cremon) *capéla* Oneda, mant. (Bòzzolo) *k a p ḗ l a* (p.286), romagn. *k a p ḗ a l a* Ercolani, Mèldola ~ (p.478), ven.merid. (poles.) *capela* Mazzucchi, ven.centro-sett. (trevig.) *capèla* Ninni[2]; AIS 1561.

Ven.merid. (Val d'Alpone) *capèla* f. 'buffo cappello' Burati.

Abr.or.adriat. *k a p p ḗ l l ə* f. 'berretta a maglia' DAM.

Derivati: it. **cappelletto** m. 'piccolo cappello' (dal 1344ca., BoccaccioFiammetta, TLIO; B; LIZ; Zing 2009)[3], *capelletto* (ante 1438, Prudenzani, B), *capelléto* Veneroni 1681, ferrar.a. *chapeleto* 'calotta' (1448, LessEste, Marri,SLeI 12), tosc.a. *chappelletto* (1362-65, InventarioBonaccorso,

---

[1] Cfr. lat.mediev. *capellam* (*Armenicam*) f. 'copricapo' (ante 1288-89, Salimbene, GAVI), lat.mediev.dalm. *capela* (1334-35, Kostrenčič). Il fr. medio *capelle* (Du Bellay, FEW 2,293a) è prestito dell'it.

[2] Cfr. friul. *ciapièle* f. DESF, Sant'Odorico *č a p y ḗ l e* (AIS 1561, p.348).

[3] Cfr. lat.maccher. *capelletus* m. (1521, FolengoMaccaroneeZaggia), lat.mediev.piac. *capelletum* (sec. XIII, SellaEmil), lat.mediev.ravenn. *capellectum* (*corii*) (1209, ib.), *capelletum* (sec. XIII, ib.), fr. medio *chapelet* (sec. XVI, FEW 2,288a).

TLIO), roman.a. *capelletto* (*tutto de penne*) (1358ca., BartJacValmontonePorta), lig.occ. (Mònaco) *capelëtu* Frolla, sanrem. *capeletu* Carli, gen. *cappelletto* Casaccia, piem. *k a p l ḗ t* (PipinoAgg 1783 – Gavuzzi), b.piem. (valses.) ~ Tonetti, tic. *capelett* (VSI 3,520b), lomb.or. (crem.) *capelèt* Bombelli, bresc. ~ (Melchiori; Rosa), lad.anaun. (Tuenno) *ć a p l ḗ t* Quarésima, *č a p l ḗ t* ib., vogher. *k a p l á t* Maragliano, emil.occ. (parm.) *caplett* (Malaspina; Pariset), emil.or. (bol.) *caplêt* Coronedi, *caplàtt* Ungarelli, romagn. *k a p l ḗ t* Ercolani, faent. *caplett* Morri, venez. *capelèto* Boerio, *capelàto* ib., ven.centro-sett. (conegl.) *capellet* (fine sec. XVI, MorelPellegrini-Molinari), bisiacco *capelet* Domini[1], trent.or. (rover.) *cappellet* Azzolini, fior. *cappelletto* (sec. XVI, Cantini), corso cismont.occ. (Èvisa) *cappillèttu* Ceccaldi, laz.centro-sett. (Subiaco) *k a p p i l l í t - t u* (Lindström,StR 5), abr.occ. (Scanno) *cappillitto* (sec. XVIII, DAM), *k a p p ə l l í t t ə* DAM, nap. *cappelletto* (Volpe; Andreoli), *k a p p ə l - l ḗ t t o* Altamura, àpulo-bar. (minerv.) *ciappellètte* Campanile, biscegl. *cappillette* Còcola, altamur. *k w a p p ə l l ḗ t t ə* Cirrottola, Monòpoli *k a p - p ə l l ḗ t t ə* Reho, sic. *cappillettu* (Biundi; VS), *k a p p i ḍ ḍ í t t u* VS, niss.-enn. (Airone) *cappdditt* (Tropea,MIL 33,512, v. 52), piazz. *cap'ddètt* Roccella.

It. *cappelletto* m. 'petaso alato di Mercurio' (ante 1566, Caro, TB; 1585, BastDeRossi, Crusca 1866).

Sintagmi: it. *cappelletto a la francese* m. 'tipo di copricapo non specificato' (ante 1601, Caporali, B).

It. *cappelletto alla greca* m. 'tipo di copricapo non specificato' (ante 1498, Bisticci, B; ante 1584, Grazzini, B).

It.a. *capeleti de palma* m.pl. 'copricapi di foglie di palma' (ante 1525, Pigafetta, LIZ).

Roman. **cappellétta** f. 'cappello basso' Chiappini.

Sic. **cappillittara** f. 'modista' (SalvioniREW,RDR 4).

Venez.a. **capelline** (*de agnelline*) f.pl. 'berretti' (1334ca., CapitolareVaiaiMonticolo, TLIO)[2], *cappelline* (1336-50, ZucchelloMorozzoDellaRocca),

___

[1] Cfr. friul. *ciapelàt* PironaN, *ciapielàt* ib.

[2] Cfr. lat.mediev. *capellina* (*de variis*) f. (ante 1288-89, SalimbeneScalia), lat.mediev.piem. *capellina* (1363, GascaGlossD'Auria), lat.mediev.parm. ~ 'berretto' (sec. XIV, SellaEmil), lat.mediev.emil. ~ (1327, ib.), lat.mediev.bol. ~ (*de panno novo*) (1304, ib.); fr. mediano *capeline* 'coiffure en étoffe richement ornée d'or et de pierreries' (secc. XIV-XV, Gay, FEW 2,272a).

fior.a. ~ (ante 1300, CavalcantiG, TLIO; ante 1388, Pucci, RimatoriCorsi 876), *chapelline* (sec. XIV, Doren 496), *cappellina* f. (1356, OrdinamentiLancia, TLIOMat – 1494, MatteoFrancoFrosini), prat.a. ~ (1337-44, InventarioCorrediSpose, TLIO), lucch.a. ~ (1376, StatutoMercantiManciniADorini-Lazzareschi), *capelline* (*di lana*) pl. (prima metà sec. XIV, RegolaSJacAltopascio, TLIO; ante 1424, SercambiRossi 3,24), *cappellina* f. (ante 1424, SercambiRossi 2,215), sen.a. ~ (1320ca., StatutoSpedaleSMaria, TLIO; 1406-32, StatutiSestito), perug.a. *capelline* pl. (1367, InventariConfraternitaDiscSDomenico, ib.), aret.a. *capelina* f. (metà sec. XIV, GoroArezzoPignatelli, TLIO), march.a. *capellina* (inizio sec. XV, GlossCristCamerinoBocchiMs), it. *cappellina* (sec. XVI, M. Franzesi, B; 1623, Marino, B).

It. *cappellina* f. 'berretto da notte' (1354-55, BoccaccioCorbaccio, TLIOMat – 1492, LorenzoMedici, B), *capellina* (*di notte*) (ante 1446, GiovGherardiLanza 229), fior.a. *cappelline* pl. (seconda metà sec. XIV, Sacchetti, TLIO).

It.sett. *capeline* f. pl. 'cappelli di paglia con larga tesa, specie da donna o da contadino' Vopisco 1564[3], it. *cappellina* f. (dal 1866, Crusca; B; LIZ; Zing 2009), lig.occ. (sanrem.) *capelina* Carli, lig.centr. (onegl.) ~ VPL, gen. *cappellinn-a* Casaccia, lig. Oltregiogo centr. (nov.) *k a p l ḗ ŋ a* Magenta, piem. ⌐*k a p l í ŋ a*⌐, APiem. (Vicoforte) *k a p l í ŋ n a* (p.175), Còrio *k a p l í n a* (p.144), canav. *capellina* (sec. XVII, RossebastianoCorredo), Vico Canavese *k a p l í n a* (p.133), b.piem. (Mombaruzzo) *k a p l ḗ ŋ a* (p.167), Ottiglio *k a p l í n y a* (p.158), ossol.prealp. ⌐*k a p l í n a*⌐, ossol.alp. ~ , Bognanco *č a p l í n a* Nicolet, tic.alp.occ. (Aurìgeno) *k a p l í n a* (p.52), lomb. occ. ⌐*k a p l í n a*⌐, vigev. *k a p l ḗ n a* (p.271), Sant'Àngelo Lodigiano *k χ a p l í n a* (p.274), lomb.or. (berg.) *capelina* Tiraboschi, Rivolta d'Adda *k a p ẹ l í n a* (p.263), pav. *caplina* Annovazzi, vogher. *k a p l ḗ n a* Maragliano, *k a p l ḗ y n ẹ* (p.290), Montù Beccarìa *k a p l ḗ n a* (p.282), emil.occ. (Coli) *k a p l ḗ̃ n a* (p.420), parm. *caplén'na* Malaspina, romagn. *caplēna* Mattioli, *k a p l ḗ n a* Ercolani, *caplēna* Quondamatteo-Bellosi 2 s.v. *cappello*, Fusignano *k a p l ḗ y n a* (p.458), trent.or. (rover.) *cappellina* Azzolini[4]; AIS 1561.

Mil. *cappellìnna* f. 'cappello tondo a gronda' Cherubini, mant. *capellina* Cherubini 1827, *caplì-*

___

[3] Cfr. lat.mediev.piem. *capelinas* (Ogliànico 1558, Ahokas).

[4] Cfr. grigion. *chaplina* (DRG 3,326).

na Arrivabene, emil.occ. (parm.) *caplen-na* Pariset, *capellina* (1535, X Tavole, CortelazzoDiz), venez. *capelìna* Boerio.

Bol. *k a p l ę́ ŋ α* f. 'cappello di feltro' (AIS 1561, p.456).

Piem. *k a p l í ŋ a* f. 'cappelliera' (ante 1796, Brovardi, CornagliottiMat).

Ven. centro-sett. (trevig.) *capelina* f. 'cocuzzolo del cappello' Ninni 1.

Sintagmi prep.e loc.verb.: fior.a. *andare in cappellina* 'portare il berretto' (seconda metà sec. XIV, Sacchetti, TLIOMat).

It. (*portare*) *cappellina sulle ventitré* f. 'posta in capo di sbieco' (1925, Panzini, B).

Fior.a. *[avere] la cappellina in su l'occhio manco* 'essere molto contrariati' (seconda metà sec. XIV, Sacchetti, TLIOMat).

It. *racconciare la cappellina in capo* 'far cambiare idea' (fine sec. XV, NovellaGrassoLegnaiuolo, LIZ; 1525, MachiavelliTeatroGaeta; 1555, A.F. Doni, LIZ), ~ *la capellina in capo* (Oudin 1640 – Veneroni 1681).

Fior.a. *rimanere in cazzencappellina* 'rimanere in calze e berretto di notte' (1390ca., Pataffio, DellaCorte,SLeI 22,99).

Fior.a. *chappellina* (*da ghuardaroba*) f. 'attaccacappelli' (1402, Schiaparelli 88).

Lig.gen. (tabarch.) **k a p e l í ŋ** m. 'cappello di paglia a piccola tesa' DEST, APiem. *k a p l í ŋ*[1], lomb.or. (berg.) *capelí* Tiraboschi; APiem. (Montanaro) *k a p l í ŋ t p ǻ y α* 'id.' (p.146); AIS 1561.

Piem. *k a p l í ŋ* m. 'cappellino' (Pipino 1783 – Brero), tic. *k a p e l í ŋ* (VSI 3,521a).

It. *cappellinaccia* f. 'cappellaccio di paglia da contadino' (1941, Pavese, B).

Fior.a. *cappellinaro* (*lavorato*) m. 'attaccapanni' (1419, Schiaparelli 247).

It. *cappellinaio* m. 'attaccapanni' (ante 1498, Bisticci, B; 1776, TargioniTozzetti, B – Petr 1887), fior.a. *capellinaio* (1414-18, InventarioCastellani,FestsPfister 1997, 1,229), *chapilinaio* (*picholo*) (1425, ib.), *chappellinaio* (1492, Schiaparelli 265), *cappellinaio* (ante 1494, MatteoFranco, B), prat.a. *chapelinaio* (1399, Datini/Guido Sandro, Fabellini,SLI 27), tosc. *cappellinaio* FanfaniUso, fior. *capelinaio* (*d'albero*) (1546, Inventari, Cantini 119), *cappellinaio* (*di albero di noce*) (1602, ib. 131; 1638, ib. 159); bol. *caplinar* 'id.' Ungarelli; pist. (montal.) *cappellinaja* f. 'id.' Nerucci.

It. *cappellinaio* m. 'detto di donna alta e ossuta' Petr 1887.

Sic. *cappillinara* f. 'modista' VS.

Fior.a. **cappelluccio** m. 'piccolo e modesto cappello' (ante 1363, MatteoVillani, TLIO), it. ~ (dal 1472-73ca., LorenzoMedici, LIZ; B; Zing 2009), gen. *cappellûsso* Casaccia, piem. *k a p l ǔ́ ć* (ante 1796, Brovardi, CornagliottiMat), *k a p l ǔ́ š* (Ponza 1830 – Gavuzzi), APiem. (castell.) *k a p l ǔ́ t s* Toppino, tic.alp.centr. (Biasca) *č a p l ú š* Magginetti-Lurati, Gudo *capelüsc* (VSI 3,536), emil.occ. (parm.) *capluzz* (Malaspina; Pariset), triest. *capeluz* DET[2], fior. *cappelluccio* (1614, Politi, Bianchi,AFLPerugia 7,310), corso cismont.occ. (Èvisa) *cappillucciu* Ceccaldi, sen. *cappelluccio* (1614, Politi, Bianchi,AFLPerugia 7,310), abr.or. adriat. *k a p p ə l l ú ć ć ə* DAM, Casalbordino *k a p p i l l ú ć ć ə* ib., abr.occ. (Introdacqua) *k a p p ə l l ǫ́ ć ć ə* ib., molis. (Ripalimosani) *k e p p ə l l ú ć ć ə* Minadeo, camp. sett. (Castelvetere in Val Fortore) *k a p p ə d d ú ć ć ə* Tambascia, nap. *cappelluzzo* Volpe, dauno-appenn. (Sant'Àgata di Puglia) *capperruzze* Marchitelli, Margherita di Savoia *cappeddüzze* Amoroso, *cappeddücce* ib., garg. (manf.) *cappellózze* Caratù-RinaldiVoc, àpulo-bar. *cappedduzze*, biscegl. *cappidduzze* Còcola, Mola *cappeddozze* Calabrese 8, Monòpoli ~ Reho, luc.-cal. (trecchin.) *cappeddruzzo* Orrico-Agg, sic. *cappidduzzu* (Biundi; Traina), sic.sud-or. (Vittoria) *k k a p p i ḍ ḍ ú t t s u* Consolino.

Tic.alp.centr. (Lumino) *caplùsc* m. 'brutto copricapo' Pronzini.

It. *cappelluccio a pan di zucchero* m. 'tipo di cappello a forma conica' (1907, Pirandello, LIZ).

Roman.a. **capelluzza** (*de panno*) f. 'berretto' (1358ca., BartJacValmontonePorta).

Umbro sett. (cast.) *capeluccia* f. 'cappellino' (MattesiniGloss).

It. *cappellucciaccio* m. 'cappelluccio vecchio e lógoro' (TB 1865 – Petr 1887).

Sic. *cappiddicchiu* m. 'cappelletto di poco valore' (Biundi; Traina).

Lig.Oltregiogo centr. (nov.) **k a p l ǫ́ t u** m. 'piccolo e grazioso cappello' Magenta, piem. *k a p l ǫ́ t* (ante 1796, Brovardi, CornagliottiMat), b.piem. (gattinar.) *caplòt* Gibellino, lad.cador. (Candide) *ć a p l ú t u* DeLorenzo[3].

Moes. (Val Calanca) *capelő* m. 'cappellino' (VSI 3,535a).

---

[1] Cfr. fr.-pr. (Bruzolo) *k a p l í ŋ* m. (AIS 1561, p.142).

[2] Cfr. friul. *ciapelùt* m. 'piccolo e modesto cappello' DESF, mugl. *ć a p y e l ú s* Zudini-Dorsi.

[3] Cfr. grigion. *chaplü* m. 'piccolo cappello' (DRG 3,326).

Bisiacco **capelat** m. 'cappello logoro e brutto' Domini, lad.cador. (Candide) *čaplátu* DeLorenzo, Campolongo *čapláto* DeZolt.

Breg.Sopraporta (Borgonovo) *caplòtt* (*da om*) m. 'berretto da uomo' (VSI 3,536).

It. **cappellone** m. 'grosso cappello' (ante 1584, Grazzini, LIZ; dal 1704ca., Menzini, B; Zing 2009), gen. *cappellon* Casaccia, lig.or. (Pignone) *kapẹlúŋ* Bellani, piem. *kaplúŋ* (PipinoAgg 1783; Brero), b.piem. (valses.) ~ Tonetti, tic. *capelón*, tic.alp.occ. (valverz.) *kapalọ́m* Keller-2, lomb.occ. (borgom.) *kaplọ́k* (PaganiG,RIL 51), mil. *cappellòn* Cherubini, *capelòn* Angiolini, vigev. *caplô* Vidari, lodig. *kapelọ́ŋ* Caretta, lomb.or. (berg.) *capelù* Tiraboschi, cremon. *kapelọ̈́ŋ* Taglietti, lad.anaun. (Tuenno) *ćaplóŋ* Quaresima, *ćapelóŋ* ib., *čapelóŋ* ib., vogher. *kaplóŋ* Maragliano, *kaplọ́* ib., mant. *caplon* Arrivabene, emil.occ. (parm.) ~ (Malaspina; Pariset), emil.or. (bol.) *caplôn* Coronedi, romagn. *caplon* Mattioli, venez. *capelon* Boerio, ven.merid. (Val d'Alpone) ~ Burati, Ospedaletto Eugàneo ~ Peraro, bisiacco ~ Domini, triest. ~ (Pinguentini; DET)[1], trent.or. (rover.) *cappellom* Azzolini, corso cismont.occ. (Èvisa) *cappillone* Ceccaldi, sen. *cappellone* (1567, BargagliSRiccò, LIZ), macer. *cappellọ́* Ginobili, dauno-appenn. (Margherita di Savoia) *cappeddòune* Amoroso, àpulo-bar. (altamur.) *kwappạllọ́nạ* Cirrottola 250, Monòpoli *kappiddónạ* Reho, *cappiddùne* ib., sic. *cappidduni* Traina, *cappilluni* VS; VSI 3,535.

APiem. (castell.) *kaplúŋ* m. 'cappello brutto' (Toppino,ID 2).

Àpulo-bar. (bitont.) *capelòine* m. 'berretto da notte' Saracino.

Sintagma: it. *cappellone* (*grande*) *alla spagnola* m. 'grosso cappello con vistosa piuma' (prima del 1566, Grazzini, B).

It. **cappellessa** f. 'grande cappello' (1952, Prati-Prontuario).

It. **cappellaccio** m. 'cappello logoro e brutto' (dal sec. XIV, Pataffio, TB; B; Zing 2009), it.sett.a. *capellaccio* (ante 1494, Boiardo, LIZ), mil.a. *capelazo* (prima metà sec. XV, SachellaPolezzo), *capellazo* ib., corso a. *capillaczo* (*corsso*) (Spano 1491, Migliorini-Folena 2,110,46), lig.occ. (Mònaco) *capelassu* Frolla, lig.gen. (savon.) ~ Besio, gen. *cappellasso* Casaccia, piem. *kaplás* (PipinoAgg 1783 – Brero), b.piem. (valses.) *caplacc* Tonetti, gattinar. *caplásc* Gibellino, tic. *kape-*

láš (VSI 3,518a), lomb.occ. (mil.) *capellàsc* Cherubini, lodig. *capela'ss* Caretta, lomb.or. (crem.) *capelàs* Bombelli, bresc. ~ Melchiori, lad.anaun. (sol.) *kapeláć* Quaresima, Tuenno *ćapláć* ib., *ćapláts* ib., *čapláć* ib., mant. *caplazz* Cherubini 1827, *caplàs* Arrivabene, emil. occ. (piac.) *caplazz* Foresti, parm. ~ (Malaspina; Pariset), mirand. ~ Meschieri, emil.or. (bol.) *caplaz* Coronedi, venez. *capelazzo* Boerio, bisiacco *capelaz* Domini , triest. ~ DET[2], trent.or. (rover.) *cappellaz* Azzolini, corso cismont.occ. (Èvisa) *cappillacciu* Ceccaldi, grosset. *kappelláććo* Alberti, sen. *cappellaccio* (1614, Politi, Bianchi,AFLPerugia 7,310), umbro occ. (Magione) *kapláććo* Moretti, macer. *cappellàcciu* GinobiliApp 2, laz.merid. (Castro dei Volsci) *kappạlláććạ* Vignoli, dauno-appenn. (Trinitàpoli) *cappeddacce* Orlando, Margherita di Savoia *cappeddäzze* Amoroso, *cappeddäcce* ib., àpulo-bar. (barlett.) *kappạddǎ́ććạ* DeSantisM, luc.-cal. (Nova Siri) *kappạḍḍáćć* Lausberg, *kappạḍḍátts* ib., sic. *kappiḍḍáttsu* VS, sic. sud-or. (Vittoria) ~ Consolino.

Sintagmi: it. *cappellaccio a brodoni* m. 'tipo di cappello non meglio specificato' (1726, Salvini, TB); ~ *a quattro acque* 'id.' ib.

Prov.: mant. *sota di brut caplàs a gh'è di bei mostas* 'sotto brutte apparenze spesso si celano cose buone' (⌜*sotto brutti cappellacci ci sono bei baffoni*⌝, Arrivabene).

Mant. *caplazzìn* m. 'vezz. di cappello' (BonzaniniBarozzi-Beduschi,MondoPopLombardia 12).

Emil.or. (ferrar.) *scaplazzàr* v.tr. 'togliere il cappello' Ferri.

It. **cappellata** f. 'quanto può contenere un cappello; molto denaro' (dal 1817, Melchiori s.v. *capelada*; B; Zing 2009), lig.occ. (Mònaco) *capelada* Frolla, *capelà* ib., sanrem. ~ Carli, lig.gen. (tabarch.) *kapelọ́* DEST, gen. *cappellá* Casaccia, *cappellä* Gismondi, lig.or. (Pignone) *kapẹlá* Bellani, spezz. ~ (Conti-Ricco; Lena), lig.Oltregiogo centr. (nov.) *kaplọ́* Magenta, piem. ⌜*kaplá*⌝, novar. (galliat.) ~ BellettiParoleFatti, lomb. ⌜*kapeláda*⌝, tic.alp.centr. (Olivone) *kapalẹ́da* (VSI 3,516b), lomb.occ. (borgom.) *kaplá* (PaganiG,RIL 51), vigev. *caplä* Vidari, lomb.or. (bresc.) *capelada* Melchiori, pav. *caplà* Annovazzi, vogher. *kaplá* Maragliano, mant. *caplàda* Arrivabene, emil.occ. (piac.) *caplà* Foresti, parm. *caplada* (Malaspina; Pariset), guastall. ~ Guastalla, regg. *caplèda* Ferrari, moden. *capplada* (prima del 1739, Gherardi, Marri), lunig. *kapạ-*

---

[1] Cfr. friul. *ciapielòn* m. DESF, *ciapelòn* ib., grigion. *chappellunz* (DRG 3,322).

[2] Cfr. friul. *ciapielàt* m. DESF, *ciapielàz* ib.

lá Masetti, *k a p e l á* ib., bol. *caplà* Coronedi, march.sett. (Fano) *capláta* Sperandini-Vampa, ven. ⌜*capelada*⌝, venez. *capellae* pl. (1752, GoldoniVocFolena s.v. *capellada*), ven.merid. (Val d'Alpone) *capelà* f. Burati, ver. *capelada* (Patuzzi-Bolognini; Beltramini-Donati)[1], corso cismont. occ. (Èvisa) *cappillata* Ceccaldi, umbro occ. (Magione) *k a p l á t a* Moretti, *k a p l ę́ t a* ib., cort. (Val di Pierle) ~ Silvestrini, macer. *cappellàta* GinobiliApp 3, molis. (Toro) ~ Trotta-4, sic. *k a p p i ḍ ḍ á t a* VS; VSI 3,516.
It. *cappellata* f. 'saluto fatto col cappello' D'AlbVill 1772, lomb.occ. (mil.) *capellàda* Cherubini, aless. *caplada* Prelli 7, vogher. *k a p l á* Maragliano, sic. *k a p p i ḍ ḍ á t a* VS.
It. *cappellata* f. 'colpo dato col cappello' (dal 1865, TB; GRADIT; Zing 2009), lig. ⌜*k a p e l á*⌝, lig.occ. (Mònaco) *capelada* Frolla, *k a p e l á d a* Arveiller 27, lig.gen. (tabarch.) *k a p e l ǫ́* DEST, lig.Oltregiogo centr. (nov.) *k a p l ǫ́* Magenta, piem. *k a p l á* (ante 1796, Brovardi, CornagliottiMat – Brero), *k a p l á d a* ib., lomb. ⌜*k a p e l á d a*⌝, pav. *caplà* Annovazzi, vogher. *k a p l á* Maragliano, mant. *caplada* (Cherubini 1827; Arrivabene), emil.occ. ~ , lunig. *k a p ǝ l á* Masetti, *k a p e l á* ib., ven.centro-sett. (bellun.) *capelada* Nazari, bisiacco-triest.-istr. ~ , ver. ~ Beltramini-Donati, lad.ven. *ć a p e l á d a* PallabazzerLingua, garf.-apuano (Gragnana) *k a p ǝ ḍ á t a* (Luciani,ID 45), carr. ~ ib., *k a p ǝ ḍ ḍ á t a* ib., *k a p p ǝ ḍ á t a* ib., Còdena *k a p l á t a* ib, *k a p ǝ l á t a* ib., corso cismont.occ. (Èvisa) *cappillata* Ceccaldi, umbro occ. (Magione) *k a p l á t a* Moretti, *k a p l ę́ t a* ib., cort. (Val di Pierle) ~ Silvestrini, macer. *cappellàta* GinobiliApp 3, molis. (santacroc.) *k a p p ǝ l l á t ǝ* Castelli, nap. *cappellata* Andreoli, sic. *k a p p i ḍ ḍ á t a* VS; VSI 3,516.

It. **cappelliera** f. 'scatola cilindrica per cappelli; custodia del cappello' (dal 1691, Crusca; GRADIT; Zing 2009), lig.occ. (sanrem.) *capeleira* Carli, gen. *capeléa* Paganini 107, *cappellëa* (Casaccia; Gismondi), lig.or. (spezz.) *k a p ę l ę́ a* (Conti-Ricco; Lena), piem. *k a p l ę́ r a* (Capello – Brero), lomb. ⌜*k a p e l é r a*⌝, lomb.occ. (vigev.) *capléra* Vidari, vogher. *k a p l é r α* Maragliano, mant. *caplera* (Cherubini 1827; Arrivabene), emil.occ. ~ , emil.or. (bol.) *caplira* (Coronedi; Ungarelli), romagn. *caplêra* Mattioli, *caplira* Ercolani, faent. ~ Morri, venez. *capelliera* (1752,

GoldoniVocFolena), *capeliera* Boerio, ven.merid. (poles.) ~ Mazzucchi, ven.centro-sett. (vittor.) ~ Zanette[2], trent.or. (rover.) *cappellera* Azzolini, fior. *cappellièra* Fanfani, ALaz.sett. (Orbetello) *cappelliera* (Fanciulli,ID 56), nap. *cappellera* Andreoli, *k a p p ǝ l l é r a* Altamura, àpulo-bar. (bar.) *cappeddèra* DeSantisG, Monòpoli *k a p p i ḍ ḍ é r ǝ* Reho, tarant. ~ DeVincentiis, *k a p p i ḍ ḍ é r ǝ* Gigante, sic. *k a p p i ḍ ḍ é r a* VS, niss.-enn. (piazz.) *k a p ǝ d d é r a* Roccella; VSI 3,520.
Mil. *capelera* f. 'arnese munito di diversi pioli per appendervi abiti e cappelli' Angiolini, lad.anaun. (AAnaun.) *capeléra* Quaresima, emil.occ. (parm.) *caplèra* Malaspina, romagn. *caplêra* Mattioli, ven.merid. (poles.) *capeliera* Mazzucchi, trent.or. (rover.) *cappellera* Azzolini, sic. *k a p p i ḍ ḍ é r a* VS.
Loc.prov.: it. *avere più polvere sulla cappelliera che sale in zucca* 'non avere un briciolo di giudizio' Consolo 1858.
Dauno-appenn. (Margherita di Savoia) *cappeddàre* f. 'scatola cilindrica per cappelli' Amoroso.
Lucch.-vers. (lucch.) **cappellieraccia** f. 'brutta e logora cappelliera' (ante 1584, Grazzini, BianchiniAmbrosini).
It. **cappelleria** f. 'fabbrica, negozio di cappelli' (dal 1818, Conciliatore, LIZ; B; GRADIT; Zing 2009), lig.occ. (Mònaco) *capelarìa* Frolla, lomb. or. (crem.) *capelerìa* Oneda, emil.occ. (parm.) *caplarìa* PeschieraApp, romagn. *caplarì* Ercolani, macer. *cappellarìa* GinobiliApp, nap. ~ Andreoli.
It. **cappellificio** m. 'fabbrica di cappelli' (dal 1942, DISC; GRADIT; Zing 2009).

Gen.a. **chapeler**[3] m. 'fabbricante e venditore di cappelli' (ante 1311, AnonimoNicolas 101,17)[4], fior.a. *cappellaio* (1287, RegistroSMariaCafaggio, TLIO; 1378-85, Marchionne, TLIOMat), *kapellaio* (1287, RegistroSMariaCafaggio, TLIO), *cappellai* pl. (sec. XV, StatutiPorSMariaDorini), it. *cappellaio* m. (ante 1421, G. Capponi, B; dal 1640, Oudin; Zing 2009), lig.occ. (Mònaco) *capelè* Frolla, piem. ⌜*k a p l ę́*⌝, b.piem. (viver.) *caplèr* Clerico, tic.alp.centr. (Lumino) *capelee* Pronzini, tic.prealp. (Breno) *k a p e l ę́* (p.71), lomb.alp.or. ⌜*k a p e l é*⌝, lomb.occ. ~, vigev. *caplé* Vidari, lomell. *k ǝ p l ę́* MoroProverbi 151, lomb.or.

---

[1] Cfr. friul. *ciapelàda* f. DESF, engad. *chapellada* (DRG 3,321).

[2] Cfr. engad. *chapellera* f. (DRG 3,322).
[3] Il TLIO riporta la variante *capeler* dall'ediz. Contini.
[4] Cfr. il cognome gr.mediev.cal. καππελλέριν (1238, CaracausiGreco), fr. *chapelier* m. (dal sec. XIII, FEW 2,288a), occit.a. *capelier* ib.

⌜*kapelér*⌝, pav. *caplè* Annovazzi, vogher. *kaplé* Maragliano, mant. *capler* (Cherubini 1827 – Bardini), ven.-istr. ⌜*kapelér*⌝, vittor. *capeer* Zanette, trent.or. (primier.) *capelèr* Tissot, rover. *cappeller* Azzolini, lad.ven. (San Tommaso Agordino) *čapelér* RossiVoc, lad.ates. (gard.) *čaplé* Gartner, *ciaplè* (Martini,AAA 46), bad. *ciaplèr* Martini, bad.sup. *čapelér* ib., *čaplér* ib., livinall. *čapelé* PellegriniA, AFass. *ciapelè* (Alton, EWD 2), b.fass. *ćapelé* (Rossi, ib.), moen. *ciapelè* (Dell'Antonio, ib.), lad.cador. (oltrechius.) *ciapelèr* Menegus[1], fior. *cappellaio* (1551-1632, Fissi,SLeI 5,89), Barberino del Mugello *kappęllắyǫ* (p.515), garf.-apuano (Càmpori) *kapęlláyo* (p.511), lucch.-vers. (lucch.) *cappellaio* (1560, BonvisiMarcucci 1699; 1562, ib. 1769), pis. *kappęllắyǫ* (p.530), sic. *kappiḍḍéri* VS, niss.-enn.. (piazz.) *kapǝddér* Roccella; AIS 1585.

Prat.a. **chapeliere** m. 'fabbricante e venditore di cappelli' (1399, Edler), lig.occ. (Mònaco) *capeliè* Frolla, garg. (manf.) *cappelére* Caratù-RinaldiVoc. Loc.prov.: lomb.or. (berg.) *se fés ol capelér l passerès töä sensa co* 'dicesi iperbol. quando si è sfortunatissimi' (⌜*se avessi mai fatto il cappellaio, la gente sarebbe nata tutta senza testa*⌝, Tiraboschi), pav. *se méi avísi fàt ǝl kaplé nasíva la gínt sénsa tésta* Annovazzi, mant. *se mi fes al caplèr, i om i nasaría sensa testa* Arrivabene, tosc. *se facessi il cappellaio gli uomini nascerebbero senza capo* RigutiniGiunte, abr.or.adriat. (San Tommaso di Caramànico) *mǫ́ kǝ ffáććǝ dǝ kappǝḍḍérǝ la ǧǧándǝ va skappíḍḍǝ* DAM.

It. **cappellaia** f. 'moglie del cappellaio, talora anche lei addetta alla vendita' (dal 1772, D'Alb-Vill 1772; Zing 2009), lig.occ. (Mònaco) *capelèra* Frolla, *capelièra* ib., sanrem. *capelaira* Carli, piem. *caplèra* (1783, PipinoRacc-1 – Zalli 1815), lomb.occ. (mil.) *capellera* (Cherubini; Angiolini), vigev. *capléra* Vidari, vogher. *kapléra* Maragliano, mant. *caplera* (Cherubini 1827; Arrivabene), emil.or. (bol.) *caplara* Coronedi, venez. *capelèra* Boerio, ven.centro-sett. (vittor.) ~ Zanette, trent.or. (rover.) *cappellera* Azzolini, lad.ates. (bad.) *ciaplèra* Martini, sic. *kappiḍḍéra* VS.

Mil.a. **capigliare** m. 'fabbricante e venditore di cappelli' (ante 1499, ViscontiBongrani), pis.a. *capellari* pl. (1321, BreveConsoli, TLIO), nap.a. ~ (prima metà sec. XIV, LibroTroyaVolg, ib.), it. *capellari* (1585, Garzoni, B), *cappellaro* m. Spadafora 1704, lig.occ. (sanrem.) *capelà* Carli,

lig.gen. (tabarch.) *kapelǫ́* DEST, gen. *cappellâ* (Casaccia; Gismondi), lig.or. (spezz.) *kapeláo* Lena, lig.Oltregiogo centr. (nov.) *kaplǫ́* Magenta-2, b.piem. (monf.) *capellaro* (1760ca., Rossebastiano,StPiem 9), lad.anaun. (Tuenno) *ćaplár* Quaresima, *čaplár* ib., *ćapelár* ib., lad. fiamm. (cembr.) *capelàr* Aneggi-Rizzolatti, emil. occ. (piac.) *caplar* Foresti, parm. *caplàr* Malaspina, *caplär* Pariset, San Secondo Parm. *kaplér* (p.413), guastall. *caplèr* Guastalla, mirand. *caplàr* Meschieri, emil.or. (bol.) *caplar* Coronedi, *caplär* Ungarelli, venez. *cappellaro* (1587, Edler)[2], ven. merid. (vic.) *capelaro*, Gambarare *kapęắri* (p.375), bisiacco *capelar* Domini[3], ver. ~ (Angeli – Beltramini-Donati), *capelaro* Rigobello, trent.or. (tesin.) ~ Biasetto, garf.-apuano (Gragnana) *kapǝdár* (Luciani,ID 45), carr. ~ ib., Còdena *kaplár* ib., *kapǝlár* ib., lucch.-vers. (lucch.) *cappellaro* (1561, BonvisiMarcucci 1750), corso cismont.occ. (Èvisa) *cappillaru* Ceccaldi, macer. *cappellà'* GinobiliApp, umbro occ. (Magione) *kapelléo* Moretti, umbro merid.-or. *kappelláru* Bruschi, roman. *cappellaro* (1835-37, VaccaroBelli; VaccaroTrilussa), march.merid. (asc.) *kappǝllára* (p.578), abr.adriat.or. *keppǝlléra* DAM, San Tommaso di Caramànico *kappǝḍḍérǝ* ib., Ortona *kappǝllę́rǝ* ib., chiet. *cappellare* (CherubiniFaré,Abruzzo 3), castelsangr. *cappelláre* Marzano, abr.occ. (Introdacqua) *kappǝllárǝ* DAM, molis. (Ripalimosani) *kęppǝllárǝ* Minadeo, santacroc. *kappǝllárǝ* Castelli, nap. *cappellaro* Andreoli, irp. (Calitri) *cappigghiaro* Acocella, dauno-appenn. (fogg.) *cappellàre* Villani, Margherita di Savoia *cappeddare* Amoroso, garg. (manf.) *cappellére* Caratù-RinaldiVoc, àpulo-bar. (barlett.) ~ Tarantino, biscegl. *cappiddàre* Còcola, molf. *cappeddare* Scardigno, bar. *cappeddaro* DeSantisG, *capeddare* Romito, Monòpoli *kappǝddérǝ* Reho, tarant. *kapǝddárǝ* Gigante, luc.nord-occ. (Muro Lucano) *kappǝğğárǝ* Mennonna, salent. *cappeddaru* (sec. XVIII, LettDialMarti), *kapiḍḍáru* VDS, *kappeḍḍáru* ib., salent.sett. (Grottaglie) *cappiddáru* Occhibianco, salent.centr. ~ ib., cal.merid. (catanz.) ~ NDC, Nicòtera *kapeyáru* ib., sic. ⌜*kappiḍḍáru*⌝, palerm.or. (Castelbuono) *kappiḍḍŕáru* Genchi-Cannizzaro, pant. *kappiḍḍŕéri* TropeaLess; AIS 1585; VS.

---

[1] Cfr. engad. *chapeller* m. (DRG 3,321).

[2] Cfr. l'antroponimo friul.a. *Iacom Capelar* (sec. XIV, CarteFrau,ScrittiPellegrini 1991, 357).

[3] Cfr. friul. *ciapelâr* m. DESF, grigion. *chapellar* (DRG 3,321).

Luc.nord.-or. (Tolve) *k a p p ə l l á r ə* m. 'cenciaiolo' Bigalke, *k a p ə l l á r ə* ib.

Emil.occ. **caplara** f. 'moglie del cappellaio, fabbricante e venditrice di cappelli' (Malaspina; Pariset), emil.or. (bol.) ~ Coronedi, ver. *capelàra* (Beltramini-Donati – Rigobello).

Fior. **cappellaino** m. 'fabbricante e venditore di cappelli' (1632, Fissi,SLeI 5,89).

Lad.ates. (mar.) **č a p o l ẹ́ r e** m. 'cappellaio' (Pizzinini; < *cappellātor, Videsott,FestsLiver), dauno-appenn. (Trintàpoli) *cappeddoire* Orlando.

Ossol.alp. (Antronapiana) **k a p l á t** m. 'fabbricante e venditore di cappelli' Nicolet, lomb.occ. (ornav.) ~ (AIS 1585, p.117).

It. **capelluto** agg. 'coperto di cappello' (Florio 1598 – Veneroni 1681), *cappelluto* (Crusca 1612 – ib. 1866).

Aret.a. **encappe[llare]** (*bottacci … fallati*) 'detto ironicamente del coprirsi il capo con qualsiasi oggetto (in questo caso fiaschi rotti)'[1] (ante 1336, CenneChitarra, PoetiGiocosiMarti 411,10).

It. *incappellare* v.tr. 'mettere il cappello a q.' (1534, Aretino, LIZ – 1953, Bacchelli, B), *incapellare* (Florio 1598 – Veneroni 1681), lig.gen. (savon.) *i ŋ k a p e l ắ* Noberasco, gen. *incapellà* Casaccia, lig.or. (Tellaro) *e ŋ k a p e l á e* Callegari-Varese, piem. *ancaplè* DiSant'Albino, lomb.or. (cremon.) *i ŋ k a p e l ắ* Oneda, mant. *incaplar* Cherubini 1827, emil.occ. (parm.) *incaplàr* Pariset, moden. *incaplèr* Neri, romagn. *incaplè* Mattioli, ven.merid. (vic.) *incapelàre* Candiago, triest. *incapelàr* (Rosamani; DET), ver. ~ Beltramini-Donati, trent.or. (rover.) *encappellar* Azzolini.

It. *incappellarsi* v.rifl. 'mettersi il cappello' (dal 1857, Biundi s.v. *incappiddari*; "basso uso" GRADIT 2007), emil.occ. (guastall.) *incaplàras* Guastalla, romagn. *incaplè[s]* Mattioli, venez. *incapelarse* Boerio, ven.merid. (vic.) ~ Candiago, macer. *'ngappellàsse* GinobiliApp 2, march.merid. (asc.) *n k a p p e l l á s s ə* Brandozzi, luc.nord-occ. (Muro Lucano) *ngappillà[sse]* Mennonna, sic. *incappiddari[si]* (Biundi; Traina).

Mant. *incaplàr* v.tr. 'calcare con forza il cappello in capo a q.' Arrivabene, emil.occ. (moden.) *incaplèr* Neri, ven.merid. (Val d'Alpone) *incapelare* Burati, poles. ~ Mazzucchi.

Gen.a. (*pescaor*) *incapelao* agg. 'col capo coperto da un cappello' (ante 1311, AnonimoNicolas 63,74), it. *incappellato* (ante 1629, Aleandro, B;

1861, Settembrini, B; 1864, Guerrazzi, B;), piem. *ancaplà* DiSant'Albino, emil.or. (ferrar.) *incaplà* Ferri, corso *incappellatu* Falcucci, sic.sud-or (Vittoria) *ŋ k a p p i ḍ ḍ á t u* Consolino.

Emil.or. (ferrar.) *incaplada* f. 'colpo dato a q. sul cappello' Ferri, romagn. *incaplêda* Mattioli, ven. merid. (poles.) *incapelada* Mazzucchi, ven.centro-sett. (vittor.) *incapeàda* Zanette, ver. *incapelada* (Patuzzi-Bolognini; Beltramini-Donati).

It. *incappellatura* f. 'atto del mettere il cappello' (ante 1861, Nievo, B).

Sign.metaf.: emil.occ. (moden.) *incaplèr* v.tr. 'dicesi tra cacciatori quando uno uccide la preda sfuggita ad un altro' Neri, venez. *incapelàr* NinniGiunte-1, ven.merid. (vic.) *incapelàre* Candiago.

It. *incappellare tutti con un solo berretto* 'detto ironicamente di chi tenta di sistemare bene in una sola volta i proprii figli' (1880, DossiIsella).

It. *rincappellare* v.tr. 'mettere di nuovo il cappello a q.' (1731, BiscioniMalm, Tramater), lig.or. (spezz.) *r ę ŋ k a p e l ắ* Conti-Ricco, romagn. *rincaplê* Mattioli, pis. *rincappellà'* Malagoli.

It. *rincappellarsi* v.rifl. 'rimettersi il cappello' (1905, DeAmicis, B).

It. **scappellare** v.tr. 'privare q. del cappello' (sec. XIV, LibroMotti, TB; dal 1612, Crusca; Zing 2009), *scapellare* (Florio 1598; ib. 1611), lig.occ. (Mònaco) *scapelà* Frolla, lomb.or. (crem.) *scapelá* Bombelli, romagn. *scaplê* Mattioli, *s k a p l ẹ́ a r* Ercolani, triest. *scapelar* Rosamani, ver. ~ Beltramini-Donati, umbro occ. (Magione) *s k a - p e l l ẹ́* Moretti, *s k a p p e l l ẹ́* ib., *s k a p p e l l ắ* ib., laz.centro-sett. (Castel Madama) *scappellà* Liberati, dauno-appenn. (Margherita di Savoia) *scappeddé* Amoroso, àpulo-bar. (martin.) *s k a p - p ę ḍ ḍ á* GrassiG-2.

It. *scappellare* v.tr. 'salutare q. in modo ossequioso togliendosi il cappello' (1619ca., BuonarrotiGiovane, B; dal 1824, Guadagnoli, TB; "raro" Zing 1970), b.piem. (gattinar.) *scaplè* Gibellino, lomb.occ. (com.) *scapelà* Monti, lomb.or. (berg.) ~ *q.* Tiraboschi, romagn. (faent.) *scaplè* Morri, bisiacco *scapelar* Domini, triest. ~ Rosamani, trent.or. (rover.) *scappellar* Azzolini, ancon. *scapelà* Spotti, dauno-appenn. (Margherita di Savoia) *scappeddé* Amoroso, luc.cal. (trecchin.) *scapp(e)drà* OrricoAgg, salent.centr. (lecc.) *s k a p - p e ḍ ḍ á r e* VDS, Squinzano *s k a p p i ḍ ḍ á r e* ib., sic. *scappiddari* (Biundi; Traina).

It. *scappellare* v.tr. 'trattare con eccessivo ossequio' (1964, Jahier, B).

---

[1] Si intende il senso ironico solo in contrasto parodistico con il corrispondente sonetto di Folgore, nel quale la brigata veste 'cappelli azzurri con coronette d'oro'.

Ver. *scapelar* v.tr. 'picchiare q. col cappello' Beltramini-Donati.

Teram. (Sant'Omero) *s k a p p ə l l á* v.tr. 'chiedere un favore a q.' DAM.

It. *scappellarsi* v.rifl. 'togliersi il cappello, specie per salutare o riverire' (1558, A.F. Doni, B; 1588, Salviati, B; dal 1850ca., Giusti, LIZ; GRADIT; Zing 2009), lomb.or. (cremon.) *s k a p e l ắ s e* Oneda, vogher. *s k a p l á s* Maragliano, romagn. *s k a p l ę́ a s* (Mattioli; Ercolani), faent. ~ Morri, ven.merid. (vic.) *scapelarse* (Pajello; Candiago), Ospedaletto Eugàneo ~ Peraro, ven.centro-sett. (feltr.) *s k a p e l á r s e* Migliorini-Pellegrini, istr. (capodistr.) *scapelarse* Semi[1], ver. ~ Beltramini-Donati, trent.or. (primier.) ~ Tissot, lad.ven. (agord.centro-merid.) *s k a p e l á [s e]* RossiVoc, *s k a p e l á r [s e]* ib., corso cismont.occ. (Èvisa) *scappillarsi* Ceccaldi, ancon. *scapellasse* Spotti, macer. *scappellàsse* GinobiliApp 3, nap. *scappellarse* Andreoli, dauno-appenn. (Sant'Àgata di Puglia) *scappellè[sse]* Marchitelli, Margherita di Savoia *scappeddàrse* Amoroso, àpulo-bar. (molf.) *scappeddà[sse]* Scardigno, tarant. *s k a p p ə d d á r ə [s ə]* Gigante, luc.nord-occ. (Muro Lucano) *s k a p p ə ğ̌ ğ̌ á [s s ə]* Mennonna, sic. *scappiddari[si]* (Biundi; Traina; VS), sic.sud-or. (Vittoria) *š k a p p i ḍ ḍ á r i s i* Consolino, *š k a p p i l l á r i s i* ib.

It. *scappellarsi* v.rifl. 'in espressioni enfatiche per indicare venerazione, stima' (ante 1764, Algarotti, B; 1965, Cassieri, B; 1977, Arpino, B).

Sic.sud-or. (Vittoria) *š k a p p i ḍ ḍ á r i s i* v.rifl. 'condividere il punto di vista di q.' Consolino, *š k a p p i l l á r i s i* ib.

Inf.sost.: it. *scappellarsi* m. 'atto di togliersi il cappello per ossequio' (ante 1883, DeSanctis, B).

Aquil.a. (*teste*) *scappellate* agg.f.pl. 'prive di cappello' (1362ca., BuccioRanalloDeBartholomaeis), abr.or.adriat. (gess.) *scapellàte* Finamore-1, salent.centr. (Nardò) *scappellate* (1565, CapitolaAcquavivaGabrieli,StLSalent 2,15); it. *scappellato* m. 'persona priva di cappello' (Crusca 1691 – 1956, DePisis, B), emil.or. (ferrar.) *scaplà* Ferri, trent.or. (rover.) *scappellà* Azzolini, ancon. *scapelato* Spotti, teram. (Sant'Omero) *s k a p p ə l l á t ə* DAM, abr.or.adriat. ~ ib., molis. ~ ib., laz.merid. *š k a p p ə l l á t ə* Vignoli, àpulo-bar. (barlett.) *scappeddàte* Tarantino.

It. *scappellato* m. 'riverito, ossequiato' (1882, Verga, LIZ; 1922, Ojetti, B).

It. **scapellata** f. 'gesto di saluto, spesso ossequioso, che si fa levandosi il cappello' (1588, B. Pino, B), *scappellata* (dal 1742, Fagiuoli, B; LIZ; Zing 2009), lig.occ. (sanrem.) *scapelata* Carli, lig.gen. (savon.) *scapelä̀ta* Besio, gen. *scappellata* (Casaccia; Gismondi), piem. *s k a p l á* (Gribaudo-Seglie; Brero), lomb.or. ⌜*s k a p e l á d a*⌝, lad. anaun. (Tuenno) *s ć a p e l á d a* Quaresima, *s č a p e l á d a* ib., vogher. *s k a p l á d α* Maragliano, emil.occ. (moden.) *scaplèda* Neri, romagn. *scaplêda* Mattioli, *s k a p l ę́ a* Ercolani, faent. *scaplèda* Morri, venez. (*fa una*) *scapelàda* (*a uno*) Boerio, ven.merid. (vic.) ~ (Pajello; Candiago), poles. *scapelà* Mazzucchi, ven.centro-sett. (feltr.) *s k a p e l á d a* Migliorini-Pellegrini, bellun. *scapelada* Nazari, bisiacco ~ Domini, ven.adriat.or. (Zara) ~ Rosamani[2], ver. ~ (Patuzzi-Bolognini; Beltramini-Donati), trent.or. (primier.) ~ Tissot, rover. *scappellaa* Azzolini, lad.ven. (agord.centro-merid.) *s k a p e l á d a* RossiVoc, tosc. *scappellata* FanfaniUso, corso ~ Falcucci, cismont.occ. (Èvisa) *scappillata* Ceccaldi, roman. *scappellate* pl. (1830, Belli, LIZ), nap. *scappellata* f. Andreoli, dauno-appenn. (Sant'Àgata di Puglia) *scappellèta* Marchitelli, àpulo-bar. (biscegl.) *scappeddate* Còcola, molf. ~ Scardigno, Monòpoli *s k a p p ə d d ę́ t ə* Reho, tarant. *s k a p p ə d d á t ə* Gigante, sic. *scappiddata* (1795, Pasqualino, VS; Traina), sic.sud-or. (Vittoria) *š k a p p i ḍ ḍ á t a* Consolino.

It. *scappellata* f. 'espressione di lode' (1781, Monti, B).

Lig.occ. (Mònaco) *scapelada* f. 'colpo dato col cappello' Frolla, trent.occ. (bagol.) *scapalàdä* Bazzani-Melzani, romagn. *s k a p l ę́ a* Ercolani[3], trent.or. (valsug.) *scapelaa* Prati, rover. *scappellaa* Azzolini.

Lig.occ. (sanrem.) *scapelata* f. 'inchino in segno di saluto' Carli, tic.alp.centr. (Lumino) *s k a p ə l á t* Pronzini.

Tic.alp.occ. (locarn.) (*dắ una*) *š k a p e l á d a* f. 'una cappellata sulla testa' (VSI 3,516b).

It. **scapellatura** f. 'atto cerimonioso di saluto, talora ironico, fatto togliendosi anche più volte il cappello; gesto d'umiliazione per chiedere qc.' (1584, B. Pino, B), *scappellatura* (dal 1825, Pananti, B; "basso uso" GRADIT; Zing 2009), tosc. ~ FanfaniUso.

Fior. *scappellatura* f. 'atto di deferenza per ottenere qualche favore' (Binazzi,SLeI 13,245).

---

[1] Cfr. friul. *s'ciapelâsi* v.rifl. 'togliersi il cappello, specie per salutare o riverire' PironaN, *s'ciapielâsi* ib.

[2] Cfr. friul. *s'ciapelàde* PironaN, *s'ciapielàde* ib.

[3] Cfr. friul. (Aviano) *s'ciapelàda* f. 'colpo dato col cappello' Appi-Sanson 1, Budoia ~ Appi-Sanson 2.

Umbro merid.-or. (Foligno) *š k a p p e l l a t ú r a* f. 'complimento lezioso' Bruschi.

Mant. **scaplasàr** v.tr. 'salutare esageratamente' Arrivabene, emil.or. (ferrar.) *scaplazzàr* Ferri; emil.occ. (guastall.) *scaplasàras* v.rifl. 'id.' Guastalla.

Mant. *scaplazzada* f. 'saluto esagerato col cappello' Cherubini 1827, *scaplasada* (Arrivabene; Bardini), emil.occ. (piac.) *scaplazzà* Foresti, parm. *scaplazzada* (Malaspina; Pariset), guastall. *scaplasàda* Guastalla, regg. *s k a p l a t t s é d a* Ferrari, mirand. *scaplazzada* Meschieri, emil.or. (ferrar.) *scapplazzà* Azzi.

Emil.occ. (moden.) *scaplazòun* m. 'scimunito' Neri.

Abr.occ. (Pòpoli) **s k a p p ǝ l l í t ǝ** agg. 'privo di cappello' DAM.

Amiat. **scapèglio** m. 'senza cappello in testa' (Fatini; Cagliaritano), *scapèllo* Cagliaritano, abr.or. adriat. (gess.) *scapìlle* agg. 'col capo scoperto' Finamore-1, San Tommaso di Caramànico *s k a p í ḍ ḍ ǝ* DAM, luc.-cal. (tursit.) *s k a p í l l ǝ* (Mancarella,StLSalent 18,104).

Laz.centro-sett. (velletr.) *s k a p ę́ l l i* m. 'chi va in giro senza cappello' (Crocioni,StR 5).

Escl.: corso cismont.nord-occ. (Calacuccia) *s k a b i l ę́ ǧ a d i* 'levati il cappello' (ALEIC 1747, p.18).

Lig.occ. (Mònaco) **descapelà** v.tr. 'togliere il cappello a q.' Frolla, gen. *descappellâ* Casaccia, piem. *descaplè* (Capello – Gavuzzi), novar. (Oleggio) *d i s k a p l é* Fortina, vogher. *d i s k a p l á* Maragliano, mant. *descaplàr* Arrivabene, emil. occ. (parm.) ~ (Malaspina; Pariset), ven.lagun. (chiogg.) *descapelare* Naccari-Boscolo, bisiacco *descapelar* Domini, *discapelar* DESF, triest. ~ (Pinguentini; DET)[1], ver. *descapelàr* Beltramini-Donati, trent.or. (rover.) *descappellar* Azzolini.

Lig.occ. (Mònaco) *d e s k a p e l á [s e]* v.rifl. 'togliersi il cappello per salutare o riverire' Arveiller 27, gen. *descappellâse* (Casaccia; Gismondi), piem. *d ǝ s k a p l é s e* (Capello – Gavuzzi), emil. occ. (parm.) *descaplar[se]* Pariset, venez. *descapelarse* Boerio, ven.merid. (vic.) ~ (Pajello; Candiago), poles. ~ Mazzucchi, lad.ven. (agord.centro-merid.) *d e s k a p e l á [s]* RossiVoc, *d e s k a p e l á r [s]* ib.

Piem. *descaplà* 'privato del cappello' (Capello; DiSant'Albino), emil.occ. (parm) ~ Pariset, ver.

descapelà Beltramini-Donati, trent.or. (rover.) *descappellà* Azzolini.

Bisiacco *descapelada* f. 'scappellata in segno di saluto' Domini, lad.ven. (agord.centro-merid.) *d e s k a p e l á d a* RossiVoc.

Gallo-it. (trecchin.) **accappellà** v.assol. 'gradire, desiderare' Orrico.

It. **raccappellare** v.tr. 'rimettere il cappello in capo a q.' Consolo 1858.

B.piem. (viver.) **arcaplà** v.tr. 'rincappellare' Clerico, valses. *arcaplêe* Tonetti, lomb.occ. (aless.) *arcaplè* Parnisetti.

Composti: àpulo-bar. (biscegl.) **attacca-cappeidde** m. 'attaccapanni' Còcola; sic. **a p p é n - n i k a p p é ḍ ḍ i** 'id.' VS; sic. **a p p í t t s a - k a p p é ḍ ḍ i** 'id.' ib.

It. **portacappelli** m. 'cappelliera' (ante 1594, Panigarola, B; dal 1848, Ugolini; "raro" Zing 1970; "basso uso" GRADIT 2007), emil.or. (ferrar.) *portacappèll* Azzi, trent.or. (rover.) *portacappei* Azzolini, salent. *portacappieddi* VDS, salent.sett. (Latiano) ~ ib.

1.a.α[1]. uomini

It. **cappelli** m.pl. 'i borghesi, in contrasto coi contadini che portavano il berretto' (ante 1769, GenovesiSavarese – 1916, Pirandello, B), piem. *capèl* m. (PipinoSuppl 1783 – Zalli 1830), it.reg.merid. *cappello* (dal 1999, GRADIT; ib. 2007), nap. *cappiello* Rocco, àpulo-bar. (tarant.) *k a p p í d d ǝ* GrassiG, *k a p p í ǝ d d ǝ* Gigante, cal.centr. (Bocchigliero) *cappelle* NDC, sic. *cappeddu* (VS; Rinaldi,BCSic 9), sic.sud-or. (Vittoria) *k k a p p - y ę́ ḍ ḍu* Consolino, niss.-enn. (nicos.) *k a p ę́ ọ* (Trovato,RicDial 2).

Lomb.occ. (Castiglione d'Adda) *k a p ę́ l* m. 'spauracchio' (AIS 1424, p.275).

Molis. (santacroc.) *k a p p ę́ l l ǝ* m. 'agricoltore' Castelli.

Sintagmi e loc.verb.: àpulo-bar. (Corato) *mìezze cappiedde* m. 'uomo del ceto medio' Bucci, tarant. *m í n d z ǝ k a p p í d d ǝ* GrassiG.

Àpulo-bar. (bar.) *mìienze-cappiidde* m. 'uomo di poco conto, in senso morale' Barracano; salent. *miezzo cappieddu* 'inconcludente' (sec. XVIII, LettDialMarti).

Tic.alp.occ. (Cavigliano) *a v é u n k a p é l l i n č á* 'avere un uomo in casa, come elemento di forza e di difesa per la famiglia' (VSI 3,529b).

Tic.alp.occ. (Locarno) *cercaa un capèll* 'cercare un marito' (VSI 3,529b).

---

[1] Cfr. friul. *discapelà* 'togliere il cappello a q.' DESF, *dis'ciapelà* ib., *dis'ciapielà* ib.

Tic.alp.occ. (Brione s. Minusio) *mancán el capell* 'mancare il capofamiglia in una casa' (VSI 3,529b).
Prov.: tic.alp.occ. (valmagg.) *póvra la ča ke kapéll no la y á* 'povera è la casa dove 5 non c'è l'uomo, ovvero dove manca il padre o il marito' (VSI 3,529b), àpulo-bar. (rubast.) *póvera kǫ́sə kə kappíddə nan drósə* Jurilli-Tedone, Corato *pòvera casa ca cappìedde nan drase* BucciAgg, sic. *tinta dda casa chi nun* 10 *havi cappeddu* Traina.
Sintagma prep.: it. (*amico/amicizia*) *di cappello* m. 'amicizia superficiale' (dal 1758, Manni, B; GRADIT 2005), gen. (*amigo*) *de cappello* Casaccia, mil. (*amis*) *de capell* Cherubini, emil. occ. 15 (parm.) (*amïgh*) *d' capell* Pariset, venez. (*amigo*) *de capèlo* Boerio[1], trent.or. (rover.) (*amigo*) *de cappel* Azzolini, nap. (*amico*) *de cappiello* (Andreoli; Rocco), *amico 'e cappiéllo* Altamura, sic.sud-or. (Vittoria) *amíku di kkap-* 20 *pyéḍḍu* Consolino.
Loc.prov.: lig.or. (spezz.) *ond'è capeo la ne paga scüfia* 'dove c'è un uomo, la donna non paga' (⌐*dove c'è un cappello non paga la cuffia*⌐, Conti-Ricco). 25
Tic.prealp. (Grancia) *mei un trist capèll che n bon fredéll* 'meglio un cattivo marito che un buon fratello' (VSI 3,529b).
Àpulo-bar. (bitont.) *cappìidde e cappìidde se la ndèndene* 'i signori vanno d'accordo tra loro' 30 Saracino.
Lomb.or. (crem.) **capèla** f. 'uomo da poco' Bombelli.

Derivati: sic. **kappiḍḍíttu** m. 'zerbinotto, 35 uomo elegante che si dà molte arie' VS.
Niss.-enn. (piazz.) *cap'ddètt* m. 'uomo facinoroso del ceto medio' Roccella.
Sic. **cappidduzzi** m.pl. 'borghesi colti' (1869, Maggiorani,LN 14,50)[2].
It. **cappellone** m. 'chi porta un gran cappello' (dal 1887, Petr; Zing 2009), tic.alp.centr. (Lumino) *capelón* Pronzini, trent.or. (rover.) *cappellom* Azzolini.
It. **cappellone** m. 'cowboy dei film western' (dal 45 1947ca., MenariniProfili 39; GRADIT; Zing 2009).
It. (*film*) *cappellone* m. 'film western' (dal 1947ca., MenariniProfili 39; PF 1992).

---

[1] Cfr. friul. *cognossi un di ciapiel* 'avere conoscenza superficiale di q.' PironaN.

[2] Cfr. sen.a. *Cappelluccio* m. 'il demonio' (ante 1427, SBernSiena, B).

Lig.occ. (sanrem.) *capelun* m. 'marito cornuto' Carli, mil. *capelon* Angiolini, pav. ~ Annovazzi, *caplón* ib., laz.merid. (Amaseno) *kappəllǫ́nə* Vignoli.
Roman. *cappellóni* m.pl. 'nome dato per scherzo ai vetturini di piazza' Chiappini.
Gen.a. **capelaci** m.pl 'fazione politica genovese' (ante 1400, Aprosio-2), *capellacio* m. (ante 1506, ib.), *cappellaccio* (ante 1547, ib.); *capellazo* 'mercante' (1522, Canzone, Toso).
Mil.a. *capelazo* m. 'malvagio' (prima metà sec. XV, SachellaPolezzo), *capelazii* pl. ib., it. *cappellaccio* m. (1524, AretinoPetrocchi; ante 1635, Tassoni, Renda,MiscTassoniana 318), *cappellacci* pl. (1540, Caro, B), *capellaccio* m. (ante 1556, Aretino, B).
Ferrar.a. *cappellazi* m.pl. 'prepotenti, bravacci' (1479, LessEste, Marri,SLeI 12).
It. *cappellaccio* m. 'chi porta un grande cappellaccio' Petr 1887.
Corso cismont.occ. (Èvisa) *cappillacciu* m. 'contadino' Ceccaldi, ALaz.sett. (Porto Santo Stefano) *kappellácćo* (Fanciulli,ID 44).
Sen. *cappellaccio* m. 'detto per celia a chi fa il 25 capo senza autorità' (1614, Politi, Bianchi,AFL-Perugia 7,310); it. *far* ~ *a q.* 'comandare senza riuscire a farsi obbedire' (1596, Costo, LIZ).
Laz.merid. (Castro dei Volsci) *kappəllácćə* m. 'uomo cornuto e contento' Vignoli.
Sic. *kappiḍḍáttsu* m. 'pagliaccio' VS.
Sic. *kappiḍḍáttsu* m. 'bigotto' VS.
Sic. *kappiḍḍáttsu pága túttu* 'il più buono e ingenuo paga per tutti' VS, sic.sud-or. (Vittoria) *kkappiḍḍáttsu páya a ttútti* Consolino.

1.a.β. copricapo da religioso
It. **cappello** (*a due acque/a nicchio/a tre canti/a tre punte/a tre venti/da prete*) m. 'copricapo del 40 prete, tricorno' (dal 1797, D'AlbVill 1797; TB; Crusca; B; LIZ; GRADIT 2005), lig.occ. (sanrem.) *capélu* (*a trei spisci/da preve*) Carli, lig.gen. (gen.) *capello* (*a trèi canti/da prëve*) Paganini, *cappello* (*a trèi canti/da präve*) Casaccia, Val 45 Fontanabuona *kapélu* (*de prę́e*) Cuneo, piem. *capel* (*a doi bech/a tre bech/da prêive*) (Ponza 1830 – Brero), mil. *capèll* (*del pret/da prèt/de trii canton*) (Cherubini; Angiolini), lomb.or. (berg.) *capel* (*de pret/de tri cantû*) Tiraboschi, bresc. *capèll* (*da prèt/de tré cantû*) Mel- 50 chiori, lad.anaun. (Tuenno) *ćapél* (*a tr´ey áke/a tr´ey pónte*) Quaresima, mant. *capèl* (*da pret*) Arrivabene, emil.occ. (piac.) *capell* (*a trê pont*) Foresti, parm. *capell* (*da pret*) (Malaspi-

na; Pariset), guastall. *capèl* (*a trei pins/da prét*) Guastalla, mirand. *capell* (*da prét*) Meschieri, emil.or. (bol.) *capêl* (*da prit*) Coronedi, *k a p å l* (*a t r á i p ǫ́ ŋ t*) Ungarelli, ven.merid. (vic.) *capelo* (*da prete*) Pajello, ven.centro-sett. (feltr.) *k a p ę́ l* (*a t r e v ę́ n t i*) Migliorini-Pellegrini, bisiacco *capel* (*de prete*) Domini, triest. *capel* (*a tre venti*) Rosamani[1], ver. *capèl* (*da prete*) Patuzzi-Bolognini, trent.or. (rover.) *cappel* (*a tre aque/a tre becchi/a tre ponte/da prete*) Azzolini, garf.-apuano (Gragnana) *k a p é l* (*d ǝ p r ę́ t*) (Luciani,ID 45), carr. ~ (*d ǝ p r ę́ t*) ib., corso cismont.or (Vènaco) *g a p p é l l* (*a t r ę b ę́ n t i*) (ALEIC 1875, p.24), umbro *cappello* (*a tre pizzi*) Trabalza, roman. ~ (*a ttre ppizzi*) Chiappini, abr.or.adriat. (gess.) *k a p p ę́ l l ǝ* (*a t t r ę́ p p í t t s ǝ*) DAM, nap. *cappiello* (*a duje pizze/a tre pizze, da/de prevete*) (Volpe – Altamura), dauno-appenn. (fogg.) *cappièlle* (*a tre pizzi*) Villani, àpulo-bar. (andr.) *cappìidde* (*du prévete*) Cotugno, biscegl. *cappèidde* (*a tre pizze/da previte*) Còcola, molf. *cappiedde* (*a strepizze*) Scardigno, bitont. *cappìidde* (*a strapìzze*) Saracino, Giovinazzo *cappièdde* (*a strapizze*) Maldarelli, luc.nord-occ. (Melfi) *k a p p í d d* (*a t r e p í t t s*) Bigalke, cal.sett. (Morano Càlabro) *k a p é ḍ ḍ u* (*a m í ć ć u*) NDC, salent. *k a p p y é ḍ ḍ u* (*a t r e p í t t s u r e*) VDS, salent.sett. (Grottaglie) *cappiéddu* (*a ttré ppízzi/ti préviti*) Occhibianco, sic. *cappeddu* (*a tri pizzi*) Traina.

Novar. *se' capèla l'i pilôsa la nutêzia l'i nujôsa* 'il prete con cappello di pelo porta cattive notizie' BellettiAntologia 281, lomb.or. (cremon.) *k a p é l a p e l ǘ s a n u ę́ l a r a b y ǘ s a* Oneda.

Derivati: perug.a. **capeline** pl. 'berretti religiosi da confraternita' (1386, InventariDisciplinati, Monaci,RFR 1,260, 60), *capelline da Apostoglie* (1367, InventariConfSDomenico, TLIO).

Lomb.or. (cremon.) *capelìna* f. 'papalina' Oneda.

Trent.or. (rover.) *cappellina* f. 'cappello schiacciato da prete' Azzolini.

Àpulo-bar. (tarant.) *k a p p ǝ d d á ć ć ǝ* m. 'copricapo delle Figlie della Carità' (DeVincentiis; Gigante).

Sintagma: lig.gen. (savon.) *mùneghe du capelassu* f.pl. 'suore dell'ordine di S. Vincenzo de' Paoli' Besio.

'cappello da cardinale'

It. **cappello** (*cardinalizio/prelatizio/rosso/da cardinale*) m. 'copricapo dei cardinali; dignità cardi-

nalizia' (dal 1321ca., Dante, B; TB; LIZ; Zing 2009), *capegli* pl. (ante 1498, Bisticci, B), *cappel* (*purpureo*) m. (1512, Ariosto, Crusca 1866), *capel* (*rosso*) (1554, PiccolominiCerreta 250), fior.a. *cappello* (*rosso*) (1355ca., Passavanti, B – 1378-85, Marchionne, TLIO), pis.a. *cappello* (1385/95, FrButi, TLIOMat), sen.a. (*la dignità del*) ~ (ante 1378, SCaterinaSiena, LIZ), perug.a. *capelglie* (*rosscio da Cardenale*) (1342, InventariConfrSDomenico, TLIO), roman.a. *capelli* (*rosci*) pl. (1252/58, StorieTroiaRomaVolg, TLIOMat), *cappelli* (*rossi*) (sec. XIV, StorieTroiaRomaVolgMonaci, ib.)[2], nap.a. *cappiello* (ante 1475, DeRosaFormentin; 1498, FerraioloColuccia), piem. *capel* (*da cardinal*) (Zalli 1815; DiSant'Albino), mil. *capèll* (*de càrdinal*) (Cherubini; Angiolini), emil. occ. (parm.) *capell* (*da cardinal*) Pariset, emil.or. (bol.) *capêl* (*da cardinal*) Coronedi venez. *capel* (*cardinalizio*) (1752, GoldoniVocFolena), ven. merid. (vic.) *capelo* Pajello[3], sic. *cappellu* (1751, DelBono,VS).

Tosc.a. *cappello* (*ovver mitra di lino bianco*) m. 'mitra, copricapo indossato dal papa, dai cardinali e dai vescovi nelle funzioni solenni' (1471, BibbiaVolg, TLIOMat).

Sintagma prep.: it.a. *essere tratto al cappello* 'esser eletto cardinale' (ante 1321, Dante, TB).

Loc.verb.: it. *cambiare il cappello alla berretta a uno* 'fare smettere il cardinalato a qc. per avviarlo alla carriera militare' (1509, Machiavelli, TB).

It. *piovervi cappelli* 'far molti cardinali' (prima del 1650, Rosa, TB).

It. *posare il cappello* 'rinunciare al titolo di cardinale' (ante 1742, Fagiuoli, TB).

Derivati: it. **incappellarsi** v.rifl. 'diventare cardinale' (ante 1547, Bembo, B).

It. *incappellare* v.tr. 'elevare q. al cardinalato' (1558, A.F. Doni, B).

Inf.sost.: it. *incappellare* m. 'l'elevare al cardinalato' (1536, Giovio, B).

Agg.verb.: it. *incappellandissimo* m. 'che è assai degno di ricevere il cardinalato' (1539, Giovio, B).

Fior.a. (*collegio*) *incappellato* agg. 'insignito di dignità cardinalizia' (ante 1388, PucciCentiloquio, B).

It.merid.a. (*otri*) *incappellati* agg.m.pl. '(iron.) dei cardinali' (1518, Sannazzaro, B).

___

[1] Cfr. friul. *ciapiél di predi* m. PironaN.

[2] Cfr. lat.mediev. *capellus rubeus* m. (1288-89, SalimbeneScalia); *capella* f. 'paramenti pontificali' ib.

[3] Cfr. lat.mediev.vercell. *capellum domini cardinalis* (1432, GascaGlossCerutti).

It. **scappellare** v.tr. 'privare del cardinalato' (secc. XV-XVI, LetterePrincipi, B).
It. *scappellato* m. 'privato del cardinalato' (ante 1742, Saccenti, B).

1.a.β¹. religiosi
Nap.a. **cappiello** m. 'cardinale' (ante 1475, DeRosaFormentin).
Sintagma: it. *cappello secolare* m. 'riferito al divieto per i sacerdoti di portare altri copricapi che quello da prete' (sec. XIX, PeriodiciPop, B s.v. *nicchio*).

Derivati: lig.gen. (savon.) **cappelùn** m. 'prete, religioso' Aprosio-2; gen. *cappellon* 'nomignolo per i gesuiti' Casaccia.
It. **cappellona** f. 'suora dell'ordine di S. Vincenzo de' Paoli, cosiddette per il loro copricapo con due grandi ali ai lati ormai vestite in altro modo' (dal 1923, Panzini; "basso uso" GRADIT; Zing 2009), lig.gen. (gen.) *cappelonn-e* pl. Gismondi, Val Graveglia *capelún-e* PlomteuxCultCont 47, lomb. or. (cremon.) *capelùna* f. Oneda, ver. *capelóna* Beltramini-Donati, umbro merid.-or. (Foligno) *kappellóna* Bruschi; it. *suora cappellona* f. 'id.' (dal 1970, Zing; DISC; Zing 2009).
Macer. *cappelló* m. 'detto per scherzo a chi rientra presto la sera, come le suore' Ginobili.
Lucch.-vers. (lucch.) **cappellaccio** m. 'confratello della Misericordia' Nieri.

1.a.γ. copricapo da soldato
It.a. **cappell(o)** (*d'acciaio/dell'acciaio*) m. 'elmo' (1336ca., BoccaccioFilocolo, TLIOMat – 1483, Pulci, B; TB), *capel* (1516, AriostoDebenedetti-Segre 348), it.sett.a. *capello* (ante 1494, Boiardo, Trolli), ferrar.a. *chapelo* (*de fero*) (1390, ArbitratoMontolini, TestiStella,SFI 26,258,215), venez.a. *chapello* (*de ferro*) (1424, SprachbuchPausch 167), ver.a. *capegi* pl. (seconda metà sec. XIII, GiacVerona, TLIO), tosc.a. *cappelli* (*di rame*) (1471, BibbiaVolg, TLIO), fior.a. *cappello* (*dello acciaio*) m. (ante 1292, GiamboniVegezio, TLIO – seconda metà sec. XIV, LeggendaAurea, TLIOMat)¹, prat.a. *cappelli* (*d'acciaio*) pl. (ante 1333, Simintendi, TLIO), sangim.a. *chapello* m. (1235, AnnotazioniTesor, TestiCastellani), *cappelli* pl. (1309ca., Folgore, TLIO), grosset.a. *cappello* (*dell'acciaio*) m. (1268, AlbBresciaVolgAndrGrosseto, ib.), sen.a. *capèlli* (*d'aciaio*) pl. (1301-1303, StatutiBanchi-2,36), *cappelli* (*de l'acciaio*)

ib. 20, *capegli* (*di cuoio*) ib., *cappello* (*del ferro*) m. (ante 1313, FattiCesareVolg, TLIOMat), roman.a. *capiello* (1252/58, StorieTroiaRomaVolgMonaci, ib.), nap.a. ~ *de fierro* (prima metà sec. XIV, LibroTroyaVolg, TLIO), ven.centro-sett. (Revine) *kapέl* (*de fέr*) Tomasi, bisiacco *capel* (*de fer*) Domini².
Sintagmi: it. *cappello a lucerna* m. 'il cappello a due punte tipico dei carabinieri' (dal 1865, TB; Zing 2009); it. *cappello a soffietto* m. 'id.' (TB 1865 – Petr 1887).
It. *cappello alla spagnola* m. 'copricapo a tesa larga con piuma tipico di moschettieri e spadaccini' (TB 1865 – Petr 1887).
It.a. *cappello a spicchi alla turchesca* m. 'tipo particolare di elmo usato un tempo dai Turchi' (1483, Pulci, TB).
Loc.verb.: it.a. *tra[rsi] il cappello* (*di capo*) 'sfidare q. a duello' (dopo il 1431, AndrBarberino, B).
Ven.a. **capela** f. 'specie di elmo' (1487, TristanoCors, Vidossich,StR 4,40), aquil.a. *capella* (1430ca., GuerraAquilValentini)³.

Derivati: it.a **cappelletto** m. 'specie di elmo (di cuoio o di metallo)' (fine sec. XIV, CantariRinMonteAlbanoMelli; 1431ca., AndrBarberino, B), it.sett.a. ~ (1503, FilGalloGrignani), ferrar.a. *capeliti* (*de fero*) pl. (sec. XV, LessEste, Marri,SLeI 12), venez.a. *capeleti* (*negri todeschi in testa*) (1497, Sanudo, CortelazzoDiz), *capelleto* (*ala todescha in capo*) (1509, Priuli, ib.), fior.a. *cappelletto* m. (1384ca., LeonFrescobaldi, ItaCa), aret. *capelletto* (1684, NomiMattesini 1,119 v. 227)⁴.
Sign.metaf.: it. *cappelletto* m. 'cranio di lupo indossato a mo' di elmo' (ante 1566, Caro, B).
Ven.a. **chapellina** (*de fero*) f. f. 'tipo di elmo' (1487, TristanoCors, Vidossich,StR 4)⁵, fior.a. *cappellina* (ante 1405, F. Villani, B), march.a.

---

¹ Cfr. lat.mediev.bol. *capellum* m. 'armatura per il capo' (1255, SellaEmil s.v. *civoleria*).

² Cfr. friul. lat.mediev. *cappellus de ferro* m. (1309, DocDirittoMarittimoZeno), lat.mediev.trent. *[capelus] de fero* (1276, Inventario, Tamanini,StTrent 42,284), lat.mediev.dalm. *cappellus de ferro* (1388, Kostrenčić s.v. *cappella²*).

³ Cfr. lat.mediev.venez. *capele* f.pl. 'elmi di ferro' (1339, Sella), lat.mediev.pad. *capella* f. (sec. XIII, ib.), lat.mediev.dalm. *capela* (1334-35, Kostrenčić), *cappelle* pl. (1361, ib.).

⁴ Cfr. lat.mediev.bol. *capellita* (*vel elmum*) f. 'cappello in ferro' (1255, SellaEmil); lat.mediev.vic. *capelleta* (1264, SellaEmil s.v. *maschera*).

⁵ Cfr. lat.mediev.bol. *capellinus* (*ferri dorati*) m. 'elmo' (1274, SellaEmil).

capellina (inizio sec. XV, GlossCristCamerino-BocchiMs), it.merid.a. *cappellina* (inizio sec. XV, VegezioVolgVaccaro,SLeI 24), nap.a. *cappellina* (*de fierro*) (prima metà sec. XIV, LibroTroyaVolg, TLIO), sic.a. ~ (*de lu aczaru*) (1348, Senisio, ib.), messin.a. ~ (*oy elmu*) (1337ca., ValMaximuVolg, ib.)[1], it. *cappellina* 'cervelliera' (dalla seconda metà sec. XVI, Cambi, TB; 1617, Tassoni, B; 1623, Marino, B; 1907, D'Annunzio, B)[2].

1.a.γ[1]. militari, armati

It.gerg. **cappella** f. 'giovane recluta, novellino' (dal 1908ca., Saba, B; GRADIT; Zing 2009), b.piem. (vercell.) *capèla* Vola, lad.fiamm. (cembr.) ~ Aneggi-Rizzolatti, pav. *capéla* Annovazzi, vogher. *k a p é l a* Maragliano, ver. *capèla* Beltramini-Donati, trent.or. (primier.) ~ Tissot, lad.ven. (agord.centro-merid.) *k a p é l a* RossiVoc, lad.cador. (oltrechius.) *capèla* Menegus, Auronzo di Cadore ~ Zandegiacomo, ancon. ~ Spotti, aquil. *cappella* Cavalieri.

Derivati: ferrar.a. **capeliti** m.pl. 'stradiotti' (1482, Zambotti, LessEste, Marri,SLeI 12).
Nap. *capellecti greci* m.pl. 'cavalleggeri dalmati o greci al servizio della Serenissima' (prima del 1570ca., FuscolilloCronCiampagliaMs); it. *cappelletti* 'nome storico di alcune milizie, così dette dal loro copricapo' (ante 1540, Guicciardini, B; ItaCa; InnamoratiCaccia 1/2,232; "tecn.-spec." GRADIT 2005)[3], lomb.or. (bresc.) *capelèt* Gagliardi 1759, ven. *capelletti* (inizio sec. XVII, Camporesi,StProblemi 10,64), roman. *cappelletti* 'militi della Guardia civica a Roma' (1831, Migliorini XIX).
Paragone: trent.or. (valsug.) *bes'cemàr comè n capeleto* 'bestemmiare come un turco' Prati.
Sintagmi prep.e loc.verb.: venez.a. *omeni de la* **chapelina** 'uomini astuti e ribaldi' (1510, Merlini,

CortelazzoDiz), trevig.a. (*fent*) *da capellina* 'id.' (prima metà sec. XVI, Egloga, Salvioni,AGI 16,293), it. (*fante/essere/riuscire*) *della cappellina* (Crusca 1612 – 1751, Nelli, B), lomb.or. (berg.) *de la capelina* Tiraboschi, bresc. (*eser de quei*) ~ Gagliardi 1759, ven. (*omeni*) *della capellina* (1535, ProverbiCortelazzo 77, num. 878), venez. (*esser*) *de la capelina* Boerio, roman. (*razza/esser*) *della cappellina* (1688, PeresioUgolini), nap. *de la* ~ (ante 1632, BasilePetrini; Rocco).
Emil.occ. (moden.) *caplina* f. 'combriccola di tipi astuti e ribaldi' (ante 1570, PincettaTrenti; Neri), *capplìna* ib.
Lomb.or. (berg.) **capelí** m. 'soprannome delle spie austro-ungariche' Tiraboschi.
Lomb.gerg. **cappellone** m. 'vigile urbano' (Petr 1887 – Panzini 1950), b.piem. (vercell.) *caplòn* Vola, lomb.occ. (mil.) *capelòn* Angiolini, mil.gerg. *cappellon* (BazzettaVemenia; TencaStella), vigev. *caplô* Vidari, *k a p l ǫ́* (Rossi,MIL 35,309), lomb.or. (berg.) *capelù* Tiraboschi, crem. *capelóu* Bombelli, pav. *capelón* Annovazzi, *caplon* ib., emil.occ. (parm.) ~ Malaspina, romagn. *capilôni* pl. Ercolani, venez. *capelòni* (NinniGiunte-1; Cortelazzo,GuidaDialVen 7,69), ver. *capelón* m. Patuzzi-Bolognini.
It.gerg. *cappellone* m. 'recluta, novellino' (dal 1906, Tollemache,LN 22,126; GRADIT; "scherz." Zing 2009), lig.gen. (savon.) *capelùn* Besio, gen. *capelōn* Gismondi, lig.or. (Tellaro) *capelón* Callegari-Varese, lomb.occ. (lodig.) *k a p e l ǫ́ ŋ* Caretta, lomb.or. (cremon.) *k a p e l ǫ́ ŋ* Taglietti, triest. *capelon* (Pinguentini; DET), ver. ~ (Patuzzi-Bolognini; Beltramini-Donati), roman. *cappellone* Belloni-Nilsson, aquil. *cappellò* Cavalieri, pant. *cappilluni* VS.
Gen. **capeluti** m.pl. 'dignitari, governanti' (ante 1745, Aprosio-2).
It. *cappelluti* (*Achivi*) agg.m.pl. 'di chi ha l'elmo piumato' (1822, Pindemonte, B).

1.a.δ. copricapo per donne
Tosc.a. **cappello** m. 'copricapo da donna' (1318-20, FrBarberino, TLIOMat), it. ~ (*sbertucciato, a cocuzzolo, di cartoncino*) (dal 1554, Bandello, B; LIZ; Zing 2009), àpulo-bar. (minerv.) *cappìelle* Campanile.
Sintagmi: it. *cappello chiuso* → *cappello a sporta*
It. *cappello a sporta* m. 'tipo di cappello da donna' (TB 1865 – Petr 1887); *cappello chiuso* 'id.' Crusca 1866.
Mil. **capèlla** f. 'cappellina delle donne' Cherubini.

---

[1] Cfr. lat.mediev.tic. *capelinam* f. 'elmo' (Brissago, Salvioni,BSSI 19), lat.mediev.bol. *capilina* (*de scarlato*) (1288, SellaEmil s.v. *maza*), lat.mediev.ven. *capilina* (*de corio*) (1255, Sella), *capellina* (1271, ib.) lat.mediev.istr. *capilina* (1262, Kostrenčić), lat.mediev.pis. *cappellina* (1199, GlossDiplTosc, Larson), lat.mediev.vit. *capilina* (1237, Sella), lat.mediev.roman. *capellina* (1363, ib.).

[2] Cfr. fr.medio *capeline* f. 'armatura per la testa' (1367, TLF 5,136b), forse dall'occit.a. *capelina* (1294, ib.).

[3] Cfr. lat.maccher. *capeletti* m.pl. (ante 1544, Folengo, MiglioriniLingua-1,83); cfr. ATed. medio *capelletten* pl. 'cavalleggeri greci o albanesi al servizio di Venezia' (1574, Guicciardini, Wis).

Derivati: fior.a. **cappellina** f. 'copricapo, specie da donna' (ante 1300, CavalcantiG, B; 1384, InventarioCastellani,FestsPfister 1997, 1,229; 1390, ib. 230), it. *capellina* (ante 1466ca., GiovGherardiLanza), lig.occ. (Mònaco) *k a p e l í n a* (Frolla; Arveiller 19), sanrem. ~ VPL, lig.centr. (Alassio) ~ ib., gen. *capelinha* Paganini, *cappellinn-a* Gismondi, piem. *k a p l í ŋ a* (Zalli 1815 – Brero), APiem. (castell.) *k a p l í ŋ a* (Toppino 68, JudMat), tic. *capelina* (VSI 3,522), lomb.occ. (lomell.) *k ə p l í ŋ ŋ ə* MoroProverbi 72, lomb.or. (berg.) *capelína* Tiraboschi, bresc. ~ (Gagliardi 1759; Melchiori), bol. *capleina* Coronedi, istr. *capelina* (Rosamani; Semi), sic. *k a p p i ḍ ḍ í n a* (SalvioniREW,RDR 4,1645).

It. **cappellino** m. 'piccolo ed elegante cappello (specie da donna e da bambino)' (dal 1729, Crusca; Bosco,LN 3,91; B; Zing 2009)[1], lig. ⌜*k a p e l í n*⌝, piem. ⌜*k a p l í ŋ*⌝, tic.alp. centr. (Bedretto) *č a p l í ñ* Lurati, lomb.alp.or. (Montagna in Valtellina) *capelìn* Baracchi, lomb.occ. (mil.) *capellìn* Cherubini, vigev. *caplî* Vidari, lodig. *capelìn* Caretta, lomb.or. (berg.) *capelí* Tiraboschi, cremon. *k a p e l ę́ ŋ* Oneda, bresc. *capelì* (1759, Gagliardi; Melchiori), vogher. *k a p l ę́ ŋ* Maragliano, *k a p l ę́* ib., mant. *caplìn* Arrivabene, emil.occ. (parm.) *caclén* MalaspinaAgg[2], *caplèn* Pariset, lunig. (sarz.) *k a p ə l í ŋ* Masetti, emil.or. (bol.) *caplein* Coronedi, *k a p l ę́ ŋ* Ungarelli, romagn. *caplēn* Mattioli, *k a p l ę́ ŋ* Ercolani, ven.-istr. ⌜*k a p e l í ŋ*⌝[3], venez. *capellìn* (1754, GoldoniVocFolena), *capelin* ib., bisiacco *capilin* Domini, triest. ~ DET, istr. (Orsera) ~ Rosamani, ver. *capelin* Patuzzi-Bolognini, trent.or. (rover.) *cappellim* Azzolini, corso cismont.occ. (Èvisa) *cappillinu* Ceccaldi, àpulo-bar. (rubast.) *k a p p ə l l ę́ y n ə* Jurilli-Tedone, Monòpoli *k a p p ə l l í n ə* Reho, sic. *cappillinu* (Traina; VS), niss.-enn. (piazz.) *k a p ə l l í ŋ* Roccella.

Molis. (santacroc.) *k a p p ə l l í t t ə* m. 'copricapo femminile' Castelli.

Àpulo-bar. (tran.) *mèttese u cappellètte* 'atteggiarsi da signora' Ferrara.

It. **cappellaccio** (*femminile*) f. 'grande cappello di donna' (1883-1903, Verga, LIZ; 1890, Serao, ib.; 1897, Pirandello, ib.)[4].

---

[1] Cfr. lat.mediev.moden. *capelinis* (*rubeis*) m.pl. (1306, SellaEmil).

[2] Storpiatura scherzevole di *caplén*.

[3] Cfr. friul. *ciapelin* m. DESF.

[4] Cfr. friul. *ciapelàtis* f.pl. 'streghe, così chiamate perché il cappello sarebbe la sede delle loro arti magiche' DESF; loc.verb.: friul. *gî a ciapâ li ciapelàtis* 'an-

Lig.occ. (sanrem.) **incapelasse** v.rifl. '(iron.) detto di signorina plebea che porta sempre il cappello senza averlo mai messo prima' Carli, umbro occ. (Magione) *nkappellásse* Moretti, *n k a p l á s s e* ib., macer. *'ngappellàsse* GinobiliApp 2; luc.nord-occ. (Muro Lucano) *n g a p p i l l á [s-s ə]* 'detto di donna che si mette il cappello in qualche occasione' Mennonna.

1.a.δ[1]. donne

Sintagma prep.: piem. **capèl** *d' mossolìna* m. 'donna, di estrazione borghese' PipinoSuppl 1783, *capel d' monsolina* Zalli 1815.

Derivati: venez. **capelina** f. 'donna che porta il cappello con vanterìa' Piccio.

Nap.gerg. **cappelletto** m. 'signora' (DeBlasio,APs 21).

Ver. **capelara** f. 'zitellona' (Patuzzi-Bolognini; Rigobello).

Ver. *nar en capelara* 'condizione di zitella' Rigobello.

Sic. sud-or. (Giarratana) **ccappillana** f. 'donna di facili costumi' VS.

1.a.ε. parti anatomiche

Tic.alp.centr. (Quinto) **capela** (*du stomi*) f. 'sommità dello stomaco, piloro' (VSI 3,514), lomb.occ. (vigev.) *capèla* (*dal stòm*) Vidari, lomb.or. (crem.) *capèla* (*dàl stòmech*) Bombelli.

Lomb.or. (bresc.) *capela* (*del nas*) f. 'punta del naso' (Melchiori; Rosa), venez. *capèla* (*del naso*) Boerio.

Derivati: sic.sud-or. (ragus.) **ccappillina** f. 'lattime' VS.

Molis. (agnon.) **a r r a k k a p p ə l l á r t s ə** v.rifl. 'incarnirsi dell'unghia' DAM.

1.a.ε[1]. 'glande'

Sic.a. **cappella** f. 'glande' (1348, Senisio, TLIO), it. ~ (Oudin 1640 – Veneroni 1681; dal 1768, Baffo, LIZ; Corso; "volg." Zing 2009), it.sett. ⌜*k a p é l a*⌝, tic.alp.centr. (Airolo) *č a p ę́ l a* Beffa, ven. *capella* (sec. XVI, Rime, DizLessAmor), umbro occ. (Magione) *k a p p ę́ l l a* Moretti, ancon. *capèla* Spotti, macer. *cappèlla* GinobiliApp 2, umbro merid.-or. *k a p p ę́ l l a*, laz.centro-sett. (Vico nel Lazio) ~ Jacobelli, laz.merid. ~ Vignoli, garg. (manf.) *cappèlle* Caratù-RinaldiVoc; VSI 3,514.

---

dare a prendere le streghe, detto di chi esce in una notte buia e tempestosa' DESF.

Tic.merid. (Chiasso) *capèla* f. 'prepuzio' (VSI 3,514), moes. (Val Calanca) *capella* (*dol cifol*) ib. It.a. **cappel** m. 'prepuzio' (1506, Strozzi, DizLess-Amor), it. *cappello* (1781, Gamerra, ib.; 1822, Batacchi, ib.).

It. *cappelli* (*rossi*) m.pl. 'organo sessuale femminile' (1541, Franco, DizLessAmor).

Umbro occ. (Magione) *kapέl* (*del kάttso*) m. 'glande' Moretti.

Derivati: it. **capellina** f. 'prepuzio del glande' (Florio 1598; ib. 1611), *cappellina* (Oudin 1640 – Veneroni 1681).

It. **cappelletto** m. 'prepuzio' (1544, Mattioli, Sboarina).

Gen. **cappellâ** v.assol. 'copulare' Dolcino.

Gen. *cappellâ* f. 'cappellata, colpo di glande (si riferisce al coito)' Dolcino.

It. **scappellare** v.tr. 'ritrarre il prepuzio del glande' (prima del 1584, DocParentadoMedici-Gonzaga, B), tic.alp.centr. (Lumino) *skapelά* Pronzini, romagn. *scaplêr* Mattioli, umbro occ. (Magione) *skapellέ* Moretti, *skappellέ* ib., *skappellá* ib., ancon. *scapelà* Spotti, umbro merid.-or. *škappellá* Bruschi; bisiacco *scapelarse* v.rifl. 'id.' Domini, ancon. *scapelasse* Spotti.

Agg.verb.: it. *scapellato* m. 'col glande scoperto' (1608-09, Marino, B; ante 1653, Rocco, B; 1964, Bassani, B), umbro occ. (Magione) *skappellέto* Moretti, ancon. *scapelato* Spotti, umbro merid.-or. *škappellátu* Bruschi.

Gen. **descappellâ** v.tr. 'abbassare il prepuzio del glande' Dolcino, triest. *discapelar* DET.

Agg.verb.: it.sett.occ. *discapellato* 'col glande scoperto' Venuti 1562.

Romagn. **riŋkaplέɑr** v.tr. 'richiudere il prepuzio' Ercolani.

Gen. *avèilo* **incappellòu** 'avere la fimosi al glande' Dolcino.

1.a.ε². 'palpebra'

Messin.or. (Fùrnari) **kappέddu** (*di l ókki*) m. 'palpebra' VS.

Emil.occ. (Novellara) **kapέla** (*dy ǫ́ć*) f. 'palpebra' ("antiq." Malagoli,ID 19).

Derivati: corso cismont.or. (roglian.) **gappellέttu** (*di l ǫ́čču*) m. 'palpebra' (ALEIC 78, p.1).

Emil.occ. (Sologno) **kaplína** f. 'palpebra' (p.453); march.merid. (Montefortino) *kappęllí* m. 'id.' (p.577); AIS 102.

Lucch.-vers. (viaregg.) **cappèllora** f.pl. 'palpebre' DelCarlo[1].

1.a.ζ. comportamento umano (superbia, rabbia, capriccio, rimprovero)'

Fior.a. (*dare il*) **cappello** (*a uno*) 'rimprovero, rabbuffo; lezione, beffa' (1281-1300, Novellino, TLIO), (*fare un*) ~ (*a uno*) (1484, PiovArlotto, B), it. (*rovesciare/campare un gran*) ~ (*a uno*) (1483, Pulci, B; 1585, Garzoni, B; ante 1587, G.M. Cecchi, B), emil.occ. (parm.) *capèll* Malaspina, sic. *kappέddu* VS.

Mil. *capèll* m. 'broncio, cruccio' Cherubini, mant. (*far mètar*) *capèl* (*a un*) Arrivabene, emil.occ. (parm.) *capèll* Malaspina, emil.or. (bol.) *capêl* Coronedi.

Sintagmi prep.e loc.verb.: lucch.-vers. (viaregg.) *a cappello 'n tera* 'detto di cosa solenne, tremenda (p.es. lite)' DelCarlo.

Loc.verb.: it. *pigliare cappello* 'aversene a male; offendersi' (Consolo 1858 – Acc 1941), lig.gen. (savon.) *pigià capèlu* Besio, lig.Oltregiogo centr. (nov.) *pyǫ́ kapέ* Magenta-2, march.sett. (cagl.) *pyέ kapέll* Soravia, fior. *pigliare il cappello* (Giacchi; Camaiti), umbro *pijà cappello* Trabalza, roman. *pigliar cappello* Chiappini, nap. *piglià no cappiello* Volpe, *pigliare cappiello* (D'AmbraApp; Andreoli), *pegliare cappiello* Rocco, *piglià' cappiéllo* Altamura; it. *prendere cappello* 'id.' (dal 1865, TB; GRADIT; Zing 2009), tosc. ~ FanfaniUso, lucch.-vers. (lucch.) ~ BianchiniAmbrosini, grosset. *prénde kkappέllo* Alberti, sen. ~ Cagliaritano; lomb.occ. (mil.) *ciappá capèll* 'id.' Cherubini, *ciapâ capèll* Angiolini, lodig. *ciapa' capèl* Caretta, lomb.or. (berg.) *ciapà capèl* TiraboschiApp, cremon. *ćapά kapέl* Oneda, pav. *ciapà capél* Annovazzi, vogher. *ćapá kapέ* Maragliano, emil.occ. (piac.) *ciappà capell* ForestiSuppl, parm. *ciaper el capèll* Malaspina, *ciapär el capell* Pariset, regg. *ciappèr capèll* Ferrari, romagn. *ćapέa kapέɑl* Ercolani; mant. *montár al capèl* 'id.' Arrivabene; roman. *sformar cappèlli* 'incollerirsi' (1833, VaccaroBelli).

Umbro merid.-or. (orv.) **cappèlla** f. 'arrabbiatura' Mattesini-Ugoccioni.

Abr.or.adriat. (chiet.) *ha fattə 'na mέttsa kappέllə* 'ha preso una cotta' DAM.

Derivati: emil.occ. (regg.) **caplèin** m. 'rabbuffo, rimpròvero' Ferrari.

Lig.centr. (Alassio) **capelina** f. 'cotta amorosa' VPL.

---

[1] Plurale in *-ŏra*.

Lig.gen. (savon.) *capelin-a* f. 'superbia, boria; ricchezza ostentata in modo vanitoso' Besio.

Tosc.a. **chapillinaio** m. 'permaloso, meschino (di persona che si offende facilmente)' (Poggibonsi 1455, InventarioMazzi,MiscStorValdelsa 3).

Garg. (manf.) **cappelléte** f. 'rimbrotto, severo ammonimento' Caratù-Rinaldi.

Ferrar.a. *f[ar] uno gran* **cappellazo** 'far una ramanzina' (1497, LessEste, Marri,SLeI 12), it. (*dare/cavare/fare un*) *cappellaccio* (ante 1565, Varchi, B – 1619ca., BuonarrotiGiovane, B), sen. ~ (1614, Politi, Bianchi,AFLPerugia 7,310).

It. *cappellaccio* m. 'oltraggio, disonore' (ante 1587, G.M. Cecchi, B – 1726, Salvini, Crusca 1866), pist. ~ RigutiniGiunte.

Loc.verb.: it. *prendere un cappellaccio* 'offendersi' (dal 1865, TB; PF 1992)[1].

Piem. (*fe una*) **caplada** (*a q.*) f. 'rabbuffo, ramanzina' (Capello – Brero), lomb.or. (bresc.) (*dà öna/fa una/portà vía una/portà via öna*) *capelada* (Gagliardi 1759; Melchiori), mant. (*aver ona/dar ona*) *caplada* (Cherubini 1827; Arrivabene), emil. occ. (parm.) *caplàda* PeschieriApp, moden. *capplada* (prima del 1739, Gherardi, Marri; Neri), bol. (*far una*) *caplà* (*a q.*) Coronedi, venez. (*far una/tocar una*) *capelada* (Boerio; Piccio), ven.adriat.or. (Zara) ~ Wengler, garg. (manf.) *cappelléte* Caratù-RinaldiVoc, àpulo-bar. (Monopoli) *k a p p ə d d ę́ t ə* Reho, sic. *k a p p i ḍ ḍ á t a* VS.

Venez. *capelàda* f. 'sfuriata' Boerio.

Emil.occ. (Firenzuola d'Arda) **k a p l ő** m. 'persona permalosa' (Casella,StR 17,67).

It. **cappellaio** m. 'chi si arrabbia facilmente' (TB 1865 – Garollo 1913); emil.occ. (parm.) *caplar* 'id.' Pariset; mil. *capellée* 'id.' Cherubini, *càpelee* Angiolini, niss.-enn. (Leonforte) *k a p p i ḍ ḍ é r i* VS.

Lucch.-vers. (lucch.) **cappellano** m. 'chi si impermalisce facilmente' Nieri.

Mil. **capelista** m. 'scontroso, chi si arrabbia per nulla' Angiolini.

Mant. **caplar[se]** v.rifl. 'impermalirsi' (Arrivabene; Bardini).

Mant. *far caplàr* v.fatt. 'far impermalire q.' Arrivabene.

Agg.verb.: lomb.or. (berg.) *capelà* 'impermalito' Tiraboschi.

It. **incappellarsi** v.rifl. 'impermalirsi' (dal 1899, Crusca; "colloq." GRADIT; Zing 2009), lig.occ. (sanrem.) *incapelase* Carli, lomb.alp.or. (Tàrtano) *incapelás* Bianchini-Bracchi, Grosio ~ (Brac-

chi,AALincei VIII.30,141), borm. *i ŋ k a p e l ę́ s* ib., lomb.or. (crem.) (*i)ncapelás* Bombelli, lad. anaun. (AAnaun.) *encapelarse* Quarèsima, emil. or. (ferrar.) *incaplars* Ferri, romagn. *incaplè[se]* Mattioli, ven.merid. (vic.) *incapelàrse* Candiago, ver. *incapelarse* (Patuzzi-Bolognini; Beltramini-Donati), fior. *incappellassi* Camaiti, aret. *incapellarsi* Basi, umbro merid.-or. *n k a p p e l l á s s e* Bruschi; tosc. *incappellare* v.assol. 'id.' Fanfani-Uso.

Sic. *incappidari[si]* v.rifl. 'azzuffarsi' Traina.

It. *far incappellare q.* v.fatt. 'fare impermalire q.' TB 1869.

Agg.verb.: it. *incappellato* 'impermalito' TB 1869, emil.or. (ferrar.) *incaplà* Ferri, ver. *incapelà* Beltramini-Donati.

Lad.anaun. (anaun.) *encapelada* f. 'attacco d'ira' Quaresima, emil.or. (ferrar.) *incaplada* Ferri, ver. *incapelada* (Patuzzi-Bolognini; Beltramini-Donati). Àpulo-bar. (minerv.) *ngappeddate* f. 'aspro rimprovero' Campanile, tarant. *ncappillàta* DeVincentiis, *n g a p p ə l l á t ə* Gigante.

It. **rincappellazione** f. 'aspro rimpròvero' (sec. XIV, VitaFrateGinepro, B).

Romagn. *rincapladùra* f. 'aspro rimprovero' Mattioli, faent. ~ Morri.

Umbro merid.-or. (spolet.) **scapelatu** m. 'montato in còllera' (1702, CampelliUgolini,ContrFilItMediana 2).

Romagn. (rimin.) **scaplèda** f. 'sfuriata' Quondamatteo-Bellosi 2 s.v. *sfuriata*.

1.a.ζ[1]. 'errore'

It. (*fare una/prendere una*) **cappella** f. '(fare un) errore' (dal 1905, Panzini; GiacomelliRLinguaRock; "colloq." GRADIT; Zing 2009), lig.occ. (sanrem.) (*piá ina*) *capela* Carli, lig.gen. (gen.) *cappella* Dolcino, lig.Oltregiogo centr. (nov.) *k a p é l a* Magenta-2, lomb.alp.or. (Tirano) *capèla* Bonazzi, lomb.or. (*fa öna*) *capéla*, vogher. *k a p é l a* Maragliano, mant. (*far na*) *capela* Arrivabene, romagn. *k a p ę́ a l a* Ercolani, march.sett. (Fano) *capèla* Sperandini-Vampa, ven.-istr. ⌜*k a - p é l a*⌝, ver. (*far 'na/fá qualche*) *capèla* (Patuzzi-Bolognini – Bondardo), trent.or. (primier.) (*far*) *capèle* pl. Tissot, ancon. *capela* f. Spotti, macer. *fa' ccappèlla* GinobiliApp 1, umbro merid.-or. *k a p p é l l a* Bruschi.

Istr. (capodistr.) *capela* f. 'il rovesciarsi della barca per il troppo vento' Semi.

Umbro merid.-or. *k a p p é l l a* f. 'cattivo esito di un compito scolastico' Bruschi.

Loc.verb.: ven. *far capèle* 'commettere sciocchezze' ZamboniMat.

---

[1] Secondo GRADIT la voce è obsoleta.

Ancon. *fà una capela* 'fare una brutta figura a scuola' Spotti.

Derivati: ven.merid. (Ospedaletto Eugàneo) **capelòn** m. 'errore clamoroso' Peraro.
It. *fare* **cappellaccio** 'lanciare male la trottola' (ante 1565, Varchi, B), tosc. ~ FanfaniUso.
It. *far cappellaccio* 'non venire a capo di nulla' (Oudin 1640 – Veneroni 1681).
It. *far cappellaccio* 'rovesciarsi, capitombolare' LuratiDial.
Tosc. *cappellaccio* m. 'cattivo tiro di trottola' FanfaniUso.
Escl.: it. *cappellaccio!* 'dicesi per chiedere il permesso di ritentare la prova (anche fig.)' (ante 1742, Fagiuoli, B), tosc. ~ FanfaniUso.
Lomb.or. (cremon.) **capelàsa** f. 'grosso errore' Oneda.
It. (*fare/prendere una*) **cappellata** f. 'errore, sciocchezza' (dal 1990, DO; GRADIT; Zing 2009)[1], lomb. ⌈*kapeláda*⌉, tic.alp.centr. (Lodrino) *capelèda* Bernardi, Lumino *kapelád* Pronzini, trent.occ. (bagol.) *capalàdä* Bazzani-Melzani, lad.fiamm. (cembr.) *capelàda* Aneggi-Rizzolatti, ver. ~ Beltramini-Donati, lad.ven. (agord.centr.) *kapeláda* RossiVoc, agord.merid. ~ ib., lad.cador. (Auronzo di Cadore) ~ Zandegiacomo; VSI 3,516b.
Lad.ven. *kapeláda* f. 'cattivo affare commerciale' PallabazzerLingua, lad.ates. ~ ib., Rocca Piètore *kapeléda* ib.
Lomb.or. (crem.) **capelóu** m. 'chi commette molti errori' Bombelli, cremon. *kapelóŋ* Taglietti, ver. *capelòn* Beltramini-Donati.
Triest. *capelon* m. 'detto di incompetente in un mestiere' Pinguentini.
Umbro merid.-or. **kappelláru** m. 'chi commette molti errori' Bruschi.
It. **cappellare** v.assol. 'fare errori grossolani' (dal 1980, Manzoni-Dalmonte), tic.merid. *capelà* (VSI 3,516a), lomb.or. (cremon.) *kapelá* Oneda, triest. *capelar* DET, umbro merid.-or. *kappellá* 'id.; fare fiasco a un compito scolastico' Bruschi.
Istr. (capodistr.) **incapelarse** v.rifl. 'commettere errori' Semi, umbro merid.-or. *nkappellásse* Bruschi, orv. *incappellasse* Mattesini-Ugoccioni.
Romagn. (faent.) **rincaplè** v.assol. 'fare un secondo errore per rimediare ad un primo' Morri.
Lad.fiamm. (cembr.) **scapelàda** f. 'errore, sproposito' Aneggi-Rizzolatti.

Ven.centro-sett. (feltr.) *skapeláda* f. 'cattiva azione; promessa non mantenuta' Migliorini-Pellegrini.

1.a.ζ². 'sbornia'
Abr.or.adriat. (gess.) **cappèlle** m. 'peso, dolore del capo' Finamore-1.
Lig.occ. (sanrem.) **capela** f. 'sbornia' Carli.

Derivati: piem. *fè na* **capliña** 'ubriacarsi' Zalli 1815.
Loc.verb.: pant. *piǧǧári u* **kappéḍḍṛu** 'ubriacarsi' ("scherz" TropeaLess).
Lig.occ. (sanrem.) **incapelasse** v.rifl. 'ubriacarsi' Carli.
B.piem. (valses.) **arcaplêe** v.assol. 'riubriacarsi senza aver smaltito ancora l'ubriacatura precedente' Tonetti.

1.a.η. giochi
Derivati: bol. **caplett** m. 'gioco di bambini, detto anche *palle e santi*' (1600ca., Massobrio,Novitate 36)[2], it. (*giocare a*) *cappelletto* (TB 1865 – Acc 1941), piem. *caplat* Capello, *caplèt* Zalli 1815, tic.prealp. (Sonvico) (*giugá a*) *capelett* (VSI 3,520b), mil. (*giugá a*) *capellètt* Cherubini, *capelètt* Angiolini, lomb.or. (bresc.) (*zögà a*) *capelet* Melchiori, mant. (*zugar a*) *caplett* Cherubini 1827, emil.occ. (parm.) ~ *caplètt* (Malaspina; Pariset), emil.or. (bol.) ~ *caplét* Coronedi, romagn. (faent.) (*zughêr a*) *caplett* Morri, trent.or. (rover.) (*zugar al*) *cappellet* Azzolini, macer. *cappillìttu* GinobiliApp, *cappijìttu* ib., abr.or.adriat. (vast.) *kappillḗttə* DAM.
Loc.verb.: lomb.or. (cremon.) *fá nḗt e kapelḗt* 'vincere tutta la posta al gioco' Oneda; *restá nḗt de kapelḗt* 'restare senza un soldo' ib.
Pist. **cappellino** m. 'tipo di gioco' Petr 1887.
Corso cismont.nord-occ. (balan.) *cappillì* m.pl. 'aliossi; gioco di ragazzi con ossicino o con sassolini' Alfonsi.
Breg.Sottoporta (Bondo) **kapelína** f. 'gioco simile a testa e croce, che si fa con i bottoni' (VSI 3,522b).
Garf.-apuano (Gragnana) *far a kapədína* 'gioco che consiste nel gettar noccioli su un cappello rovesciato senza che essi si sovrappongano' (Luciani,ID 45).

---

[1] Secondo Zing la voce risulta attestata dal 1986.

[2] Cfr. lat.mediev.lomb. *ludus ad capeletam* (Cosio 1297, Sella,ALMA 5,202).

Nap.gerg. (*giuocare a*) **cappallucci** m.pl. 'tipo di gioco non meglio specificato' Alongi 192, ~ *a cappellucci* ib.

It. **cappellaio** m. 'tipo di gioco a pegno' TB 1865. March.sett. (cagl.) *kaplér* m. 'cappellaio (nel gioco delle carte, lo si dice a chi sbaglia spesso)' Sabbatini.

Lig.or. (spezz.) *ēŋkapelǎ* v.tr. 'vincere al gioco' Conti-Ricco.

Àpulo-bar. (molf.) **sottacappiedde** m. 'gioco del cappelletto' Scardigno, luc.nord-or. (Matera) *sottacuappiddo* Rivelli, cal.centr. *suttacappiellu* NDC.

Composti: abr.or.adriat. (Castiglione a Casàuria) a **vvọlakappíəyyə** 'gioco di bambini che consiste nel passarsi il berretto di un compagno a calci senza lasciarglielo riprendere' DAM.

Àpulo-bar. (rubast.) **voltacappìdde** m. 'gioco del cappelletto' DiTerlizzi.

1.b. vegetali

1.b.α. parti di vegetali

Pad.a. **capelle** *de giande* f.pl. 'cappelli di ghiande' (1460ca., SavonarolaM, Gualdo 197).

Lomb.or. (bresc.) *capèla* f. 'ghianda' Rosa, trent.or. (Roncegno) *kapéla* (AIS 593, p.344).

Sintagma: lomb.or. (bresc.) *spì de capèla* m. 'marruca (Paliurus aculeatus L.)' Penzig.

It. **cappello** m. 'cascame di cotone' (dal 1955, DizEncIt, VLI; "tecn.-spec.tess." GRADIT 2007).

Sintagmi: lomb.occ. (borgom.) *kapéy di prévi* m.pl. 'còccole della rosa canina' (AIS 606, p.129).

Carr. *kastáña a kapél də prét* f. 'castagne di forma triangolare dovuta a cattiva crescita per esiguità di spazio nel riccio' (Luciani,ID 45), Bedizzano *kastáñña a kkappéðə də prét* ib., ~ *a kkappél də prét* ib.

Derivati: prat.a. **chappelletti** pl. 'tipo di spezia non specificata' (1398, DocMelis 322).

It. *cappelletto* m. 'chiodo di garofano' (1652, StrattoPorteFir, B)[1].

It. *cappelletti* pl. 'semi di marruca' (1927, Beltramelli, B), romagn. *caplèt* Ercolani.

Lig.centr. *capeletu* m. 'la parte rugosa della ghianda' VPL, lig.Oltregiogo or. (AValle del Taro) *cappelletto* Emmanueli, aquil. (San Lorenzo) *kappullíttu* DAM, abr.occ. (Goriano Sìcoli)

kappəllíttə ib., molis. (Tèrmoli) *kappəllḗttə* ib.

Bisiacco *capelet* m. 'bacca del ranno paliuro' Domini.

Macer. *cappillìttu* m. 'frutto dell'acacia' Ginobili.

Abr.or.adriat. (gess.) *cappellitte* m.pl. 'chicchi di grano abbrustoliti' Finamore-1.

Ven.centro-sett. (vittor.) *spin capelét* m. 'specie di spina della marruca' Zanette; trevig. *spino capelato* 'Paliurus aculeatus L.' Penzig.

Venez. **chapelette** f.pl. 'tipo di garofoli (spezie) di seconda scelta' (1556, Berengo, CortelazzoDiz).

Lomb.alp.occ. (Crealla) *kapelíŋ* m. 'cappellino della ghianda' Zeli.

Abr.occ. (Sulmona) *kappəllúććə* m. 'cupolino della ghianda' DAM.

Romagn. **caplon** m. 'tralci di vite non potati che si spandono come un cappello' Mattioli.

Romagn. (faent.) *caplon* agg.m. 'di albero coperto di viti' Morri.

Fior.a. **cappellaccio** m. 'viluppo di tralci di vite e rami di albero' (prima metà sec. XIV, Tedaldi, Crusca 1866; 1592ca., Soderini, B – 1622, Olina, Crusca 1866; 1941, Farini-Ascari 42)[2], emil.occ. (piac.) *caplazz* Foresti, fior. *cappellaccio* (1614, Politi, Bianchi,AFLPerugia 7,310).

1.b.α[1]. vegetali; piante

Lig.Oltregiogo occ. (Masone) **cappèi** m.pl. 'ombelico di Venere (Umbilicus pendulinus L.)' Penzig.

Lad.ates. (gard.) *ciapièi* m.pl. 'aquilegia (Aquilegia atrata Koch)' (Pedrotti-Bertoldi 29; Martini,AAA 46).

Abr.or.adriat. *kappélla* m. 'tipo di grano duro' DAM, abr.occ. (Introdacqua) ~ ib., molis. (Ripalimosani) *kəppyéllə* Minadeo, Rotello ~ DAM, santacroc. *kappélla* Castelli, garg. (manf.) *cappille* Caratù-RinaldiVoc, Mattinata *cappíedde* Grantiero, àpulo-bar. (grum.) ~ Colasuonno, luc.nord-occ. (Tito) *kappéllu* Greco, luc.centr. (Pietrapertosa) *kwappéllə* Bigalke; abr.occ. (Introdacqua) *ránə kappéllə* 'id.' DAM[3], salent.centr. (Nòvoli) *ránu kappéllu* VDS, cal.centr. (Marano Principato) * gránə kapíllə* RohlfsSuppl; grosset. *senatorkappélli* 'id.' Alberti, abr.or.adriat. *su-*

---

[1] Cfr. fr. medio *capelettes* f.pl. 'chiodi di garofano' (Cotgr 1611, FEW 2,291b), neerl. *capeletten* (1643, DeBruijn 72seg.).

[2] Le fonti letterarie attestano solo questo significato, mentre esiste una trafila parallela (a partire da Crusca 1612) che adotta un significato metonimico di "albero coperto di viti e tralci", tratto dalle fonti stesse.

[3] Probabilmente nome proprio.

natóṛə kappḗlḷə DAM, *sənatóṛə kappḗlḷə* ib.

Abr.or.adriat. (San Tommaso di Caramànico) *kappíalḷə* m. 'granoturco abbrustolito nel tostacaffè' DAM, Colledimàcine *kappḗlḷə* ib., abr.occ. ~ ib.

Luc.-cal. (Spinoso) *kwappḗlḷə* m. 'tipo di grano a spiga nera' Bigalke.

Sintagmi: it. *cappel di prete* m. 'berretto da prete (Evonymus europaeus L.)' (dal 1939, EncItIndice; DizEncIt; "tecn.-spec.bot." GRADIT 2007), *cappel da prete* VLI 1986, lig. *cappellu da preve* Aprosio-2, lig.centr. (Porto Maurizio) *cappello da praeve* Penzig, APiem. (tor.) *capel da preive* ib., tic.alp.occ. (San Nazzaro) *capei de prèvad* (VSI 3,533a), Caviano *capell di prevedi* ib., tic.alp. centr. (Lumino) *capell de prèved* Pronzini, tic. merid. (Morbio inf.) *capèll dal pret* (VSI 3,533a), lomb.alp. or. (talamon.) *capél da prevet* Bulanti, Grosio *capèl de prèvet* Antonioli-Bracchi, lomb. occ. (aless.) *cappel da pret* Penzig, lomb.or. (Provaglio d'Iseo) *capel de pret* ib., trent.occ. *capèl da prèvat* Pedrotti-Bertoldi 162, bol. *capäl da prît* Ungarelli, romagn. *kapéαl da prít* Ercolani, ven.merid. (poles.) *capèi da prete* Mazzucchi, triest. *capel de prete* Rosamani[1], lad.ven. *kapḗl del prḗve* (RossiFlora 93; RossiVoc), *kapḗl del prḗe* RossiVoc, àpulo-bar. (martin.) *cappidde de prèvete* Selvaggi; sic. *kappéḍḍu di parrínu* 'id.; barbana (Arctium lappa)' VS; *kappéḍḍu di pórći* 'id.' ib.; *kappéḍḍu di vískuvu* 'berretto da prete' ib.

Piem. *capel d' prèive* m. 'aristolochia (Aristolochia clematis L.)' Penzig.

B.piem. (gattinar.) *capél da prèvi* m. 'fusaggine a foglia larga (Evonymus latifolius Mill.)' Gibellino, novar. *capel d' preivi* Penzig, lomb.occ. (aless.) *capè da preivi* ib., pav. *capel da previ* ib., lad.ven. *kapḗl del prḗve* RossiVoc, *kapḗl del prḗe* ib.

Lad.anaun. (Tres) *ciapèl emprèt* m. 'rovo di monte (Rubus saxatilis L.)' Pedrotti-Bertoldi 339, lad.fiamm. (cembr.) *capél da prét* Aneggi-Rizzolatti, Faver *capele de pret* pl. ib. 338.

Romagn. *capèl da prete* m. 'acetosella (Oxalis corniculata L.)' (Garbini 2,947), ver. *capèl del prete* Rigobello.

Ven.centro-sett. (Revine) *kapḗl del prḗte* m. 'colchico; anemone montano' Tomasi.

Lad.ven. (Gosaldo) *kapḗl del prḗve* m. 'aquilegia (Aquilegia atrata Koch)' (RossiVoc; ZamboniFlora 54).

Lad.ates. (Rocca Piètore) *čapḗl del prḗve* m. 'giglio martagone (Lilium Martagon L.)' RossiFlora 113[2].

Amiat. (Piancastagnaio) *cappèllu de' prèti* m. 'fiorellino celeste che cresce nel grano' Fatini.

sic. *kappéḍḍu di parrínu* → it. *cappello del prete*

sic. *kappéḍḍu di pórći* → it. *cappello del prete*

sic. *kappéḍḍu di vískuvu* → it. *cappello del prete*

Abr.or.adriat. (castelsangr.) **cappèlla** f. 'qualità di grano' Marzano, molis. (Cerro al Volturno) ~ DAM, àpulo-bar. (minerv.) *cappèlle* Campanile, salent.merid. *cappèlla* VDS, sic.sud-or. (Cassíbile) ~ VS.

Macer. *cappèlla* f. 'cavolo, verza' Ginobili, Treia *kappélle* pl. (AIS 1366, p.558).

Composto: ALaz.merid. (Fàbrica di Roma) **rekkyakappḗllá** f. 'gittaione bianco' Monfeli.

Derivati: lig.occ. (Mórtola) **capletti** m.pl. 'ombelico di Venere (Umbilicus pendulinus L.)' Penzig, lig.gen. (Mele) *cappelletti* ib.

Lig.centr. (Ponte di Nava) *capplatti* m.pl. 'tussilaggine (Tussilago farfara L.)' Penzig, trent.occ. (Pinzolo) *capeleti* Pedrotti-Bertoldi 109.

Lomb.or. (Olmo al Brembo) *capelèc* m.pl. 'campanellino (Leucojum vernum L.)' CaffiBot num. 124.

Ancon. *cappelletti* m.pl. 'convolvolo (Convolvolus cantabrica L.)' Spotti.

Ven.merid. (vic.) **capelète** f.pl. 'marruca (Paliurus aculeatus L.)' Penzig, ven.centro-sett. (vittor.) *capelét* Zanette; ven.merid. (Val Léogra) *spin capeléto* m. 'id.' CiviltàRurale, ven.centro-sett. (trevig.) *spino capeleto* Penzig, Istrana *spíɲi kapḗéti* pl. (AIS 604, p.365), Revine *spín kapelét* m. Tomasi, bellun. *spin capeléto* (Penzig; DeToni,AlVen 56)[3], tosc. *spino cappelletto* Penzig.

Sintagma: tic.alp.occ. (Intragna) **capelitt** *da privat'* f.pl. 'fusaggine, ciclamino (Evonymus europaeus L.)' (VSI 3,521b), ver. (Castagné) *capelete de pret* Pedrotti-Bertoldi 469.

---

[1] Cfr. friul. *kapḗl di príodi* m. (Pellegrini,SMLV 24,162).

[2] Cfr. friul. (Buia) *cjapel di predi* m. 'iris, giaggiolo' Ciceri.

[3] Cfr. friul. *spin ciapelùd* m. Penzig, *spin çhapelûd* PellegriniFlora 658.

Lig.Oltregiogo occ. (Càiro Montenotte) **capliane** f.pl. 'malva comune (Malva rotundifolia L.)' Penzig.

B.piem. (Nizza Monferrato) *capeliane* f.pl. 'ombelico di Venere (Umbilicus pendulinus L.)' Penzig. 5

Palerm.or. (Castelbuono) *capillana* f. 'erba dai fiori gialli' Genchi-Cannizzaro.

It. **cappellini** m.pl. '(bot.) ombelico di Venere (Umbilicus pendulinus L.)' (dal 1955, DizEncIt; 10 VLI; "tecn.-spec.bot." GRADIT 2007), tosc. ~ (1825, TargioniTozzetti, Penzig); lig.gen. (Val Polcévera) *erba cappellina* f. 'id.' ib.

Sintagma: lomb.or. (bresc.) **capeline** *di pret* f.pl. 'fusaggine (Evonymus europaeus L.)' Melchiori, 15 *capiline di pret* AriettiFlora 260.

Lomb.alp.or. (valtell.) **cappellotto** m. 'tipo di fiore (Petasites albus Gaertn.)' Penzig.

Lad.ven. (Gosaldo) *k a p e l ǫ t* m. 'farfara' (Tussilago farfara L.)' RossiFlora 172. 20

Lomb.or. (berg.) **capelòc** m. 'farfara (Petasites officinalis L.)' CaffiBot num. 461, bresc. *capelocc* Penzig.

Sintagma: lomb.or. (Cisano) *capelòc de lach* m. 'ninfea (Nymphaea alba L.)' CaffiBot num. 215[1]. 25

Grosset. **k a p p e l l ú ćć o** m. 'erba dei campi' (Longo-Merlo,ID 18)[2].

It. **cappelluccia** f. 'bardana' Garollo 1913.

Tosc. **cappelloni** m.pl. 'ombelico di Venere' (Cotyledon umbilicus L.)' (Targioni-Tozzetti 1809; 30 Petr 1887).

Lig.or. (Cinqueterre) *cappellon* (*livornese*) m. 'tipo d'uva ad acini fitti e foglia larga' (1825, Acerbi, Hohnerlein,FestsPfister 1997, 1,311).

Mil. *capellòn* m. 'ninfea bianca (Nymphaea alba 35 L.)' Penzig.

Trent.or. (Tiarno di Sotto) *capeló* m.pl. 'petasside alpina (Adenostyles Albifrons Rchb.)' Pedrotti-Bertoldi 10.

It. **cappellacci** m.pl. 'farfara, tossilagine (Petasites 40 officinalis Moench.)' Penzig, trent.or. *capelazzi* Pedrotti-Bertoldi 211, lad.ven. *k a p e l á t s* RossiVoc.

Lig.gen. (Val Graveglia) *k a p e l á s u* m. 'farfara (Tussilago farfara L.)' Plomteux, trent.or. (Ala) 45 *capelazzi* pl. Pedrotti-Bertoldi 410, pist. (San

Marcello) *cappellaccio* m. (Rohlfs,SLeI 1), grosset. *k a p p e l l á ćć o* Alberti.

Lomb.or. (trevigl.) *capelas* m. 'ninfea bianca (Nymphaea alba L.)' Facchetti, cremon. ~ Oneda, mant. *caplazz* Cherubini 1827, *caplas* (Bonzanini-Barozzi-Beduschi,MondoPopLombardia 12; Bardini), emil.occ. (piac.) *capplazz* Penzig, emil.or. (ferrar.) *caplazz* Penzig, venez. *capelazzo* Ninni-Giunte-1, ven.merid. (poles.) ~ (Mazzucchi; Lorenzi,RGI 15,88), ven.centro-sett. (trevig.) *capelazzi* pl. Penzig, bisiacco *capelaz* m. Domini, ver. *capelazzo* (Angeli; MontiBot), *capelasso* (Garbini 2,666), Villafranca Veronese *capelázzi* pl. PedrottiPiante 530, umbro merid.-or. (valtopin.) *cappellàcciu* m. VocScuola, Foligno *k a p p e l l á ćć u* Bruschi; emil.occ. (regg.) *caplazz bianch* 'id.' Penzig, mant. *caplàs bianch* Arrivabene, ver. *capellazzi bianchi* pl. Penzig.

Trent. (Ballino) *capelace* m.pl. 'verbasco (Verbascum phlomoides L.)' Pedrotti-Bertoldi 429, ver. 20 *capelazzi* Penzig.

Mant. *caplàzz* m. 'Arctium lappa' (BonzaniniBarozzi-Beduschi,MondoPopLombardia 12).

Emil. *caplazz* m. 'ninfea gialla (Nymphaea lutea L.)' Penzig, ver. *capellazzi* pl. MontiBot; mant. *caplàs sald* m. 'ninfea gialla' Arrivabene, ver. *capellazzi zali* pl. MontiBot.

Ver. *capelaso* m. 'lingua di cane (Cynoglossum officinale L.)' Patuzzi-Bolognini; ver. *cappellazzo salvadego* m. 'id.' Penzig, *capellazzi salvádeghi* pl. MontiBot.

Ver. *capelassi* m.pl. 'farfaraccio, bardana (Arctium lappa L.)' (Garbini 2,544), *capellazzi* MontiBot, trent.or. (rover.) *cappellazzi* Azzolini, Vallarsa *capelazzi* Pedrotti-Bertoldi 211, tosc. *cappellacci* TargioniTozzetti 1809, pis. ~ Malagoli.

Ver. *capellazzi* m.pl. 'tasso barbasso (Verbascum thapsus L.)' MontiBot.

Ver. *capellazzi* m.pl. 'morso di rana (Hydrocharis Morsus ranae L.)' MontiBot; *capelazzi piccoli* 'id.' ib.; *capelazeti* 'id.' ib.

Ver. (Villafranca Veronese) *capelázzi* m.pl. 'panace (Heracleum sphondylium L.)' PedrottiPiante 530.

Amiat. (Arcidosso) *cappellaccio* m. 'erba larga e pelosa che si dà ai maiali' Fatini.

Ver. *capelazeti* m.pl. 'limantemo (Limnanthemum nymphaeoides Hoffm.)' Penzig.

Mant. *caplasìn* m. 'ninfea a piccoli fiori gialli (Villarsia nimphoides L.)' Arrivabene.

1.b.α[2]. vegetali che crescono o che sono sistemati a forma di cappello

It.sett.occ. **capelle** f.pl. 'covoni di grano o fieno' CorioBogge, piem. *capela* f. (Capello; DiSan-

---

[1] Cfr. friul. *ciapielùt di prèidi* m. 'ciclamino (Cyclamen europaeum L.)' (Penzig; DESF); ~ 'cappellino di 50 prete' ZamboniFlora 382.

[2] Cfr. friul. *ciapelùt* m. 'rosa di macchia' DESF, *ciapielùt* ib.; *baràz-ciapelûti* 'id.' ib.; *ciapielùtis* pl. 'amor nascosto (Aquilegia vulgaris L.)' DESF.

t'Albino), b.piem. (Castelnuovo Don Bosco) *kapḗle* pl. (p.156), Cavaglia *kapéla* f. (p.147), Pettinengo *kapḗla* (p.135); AIS 1399.

Derivati: b.piem. (Desana) **k a p l í ŋ a** f. 'mucchio di fieno' (p.149), Carpignano ~ (p.37), novar. (galliat.) *k a p l í n a* (p.139), lomb.occ. (mil.) *cappellìnna* Cherubini, vigev. *k a p l í n a* (p.271); AIS 1399.
B.piem. (Valle d'Andorno) **k a p l ú ŋ** m. 'mucchio di fieno' (Berruto,BALISuppl 1,38).
It. **cappellaccio** m. 'vite inselvatichita dotata di molti tralci e pampini' (TB 1865; Crusca 1866), fior. ~ Fanfani.
Ver. **capelàro** m. 'vite lasciata crescere sopra l'albero di sostegno' Rigobello.
It. **incappellarsi** v.rifl. 'detto di piante che si coprono di gemme' (1494, Poliziano, B; ante 1543, Firenzuola, B).
It. **incappellare** v.tr. 'detto di piante che ne ricoprono altre come un cappello' (1684, D. Bàrtoli, B; ante 1786, Roberti, B).
Piem. *ancaplè* (*el fen*) v.tr. 'ammucchiare il fieno in biche' (Capello – DiSant'Albino), b.piem. (vercell.) *incaplè* Vola.
Salent.sett. (Grottaglie) *ncapillári* v.tr. 'legare le punte dei tralci delle viti a mo' di cappello per difenderle dalla grandine' Occhibianco.
Agg.verb.: piem. *ancaplà* 'dicesi del fieno ammucchiato in biche' DiSant'Albino.
Piem. **acaplè** v.tr. 'ammonticchiare (fieno)' Levi; corso cismont.nord-occ. (balan.) *accappilà* 'abbicare, ammucchiare i mannelli in bica' Alfonsi.

1.b.β. parte di fungo
It. **cappello** (*di fungo*) m. 'parte superiore di fungo' (dal 1483, Pulci,B; TB; Crusca 1612; "tecn.-spec." GRADIT; Zing 2009)[1], piem. *capel* Zalli 1815, bol. *capêl* Coronedi[2].
It. **cappella** f. 'parte superiore del fungo' (dal 1865, TB; GRADIT; Zing 2009), it.sett. ⌜*k a - péla*⌝, lad.anaun. (Tuenno) *ćapéla* Quaresima, *čapéla* ib., garf.-apuano (Gragnana) *k a - pḗḍa* (Luciani,ID 48), carr. *k a p p ḗ ḍ a* ib., Bedizzano *k ǫ p p ḗ ḍa* ib., *k ǫ p p ḗ y a* ib., Codena *k o p ḗ ḍa* ib., ancon. *capèla* Spotti, abr.or. adriat. (Crecchio) *k a p p ḗ l l ə* (AIS 621, p.639).

Derivati: it.reg.vers. **cappelletta** f. 'cappella di funghi' (ante 1936, Viani, B).

Ver. **capelòta** f. 'cappello dei funghi' Beltramini-Donati.
Pist. (Valdiniévole) **cappèllora** f. 'cappella di alcuni tipi di funghi' Petrocchi[3], lucch.-vers. (lucch.) ~ (Fanfani; Nieri), vers. ~ Cocci; *k a p - pólera* 'id.' (Pieri,ZrP 28, 178), Stazzéma *cappóllora* (Rohlfs,SLeI 1).
It. **scappellare** v.tr. 'privare un fungo del cappello' (ante 1786, Gozzi, B); lig.or. (Riomaggiore) **d ę s k a p ę l ǎ** 'id.' Vivaldi.

1.b.β[1]. funghi
It.a. **cappello** m. 'specie di fungo' (sec. XV, Canti-CarnascSingleton).
Sintagmi: lig.Oltregiogo centr. (nov.) *k a p ḗ d a p r ḗ v ę* m. 'spugnola bruna (Morchella conica)' Magenta-2; lomb.or. (bresc.) *capèi de pret* pl. 'spugnola falsa (Helvella esculenta Pers.)' Penzig; mant. *capel da pret* m. 'tipo di fungo non meglio identificato' Arrivabene; carr. (Marina di Carrara) *k a p ḗ d d ə p r ḗ t* 'spugnola (Helvella monachella)' (Luciani,ID 45), *k a p ḗ l* ~ ib.; cal.centr. (Crotone) *k a p p ḗ ḍ ḍu i p r ḗ v i t u* 'mazza da tamburo (Lepiota procera)' RohlfsSuppl.
Sintagmi: amiat. **cappèlla** *malefica* f. 'tipo di porcino del quale si mangia solo il cappello' Fatini, Abbadìa San Salvatore *k a p p ḗ l l a m a l ḗ - f i k a* (Longo-Merlo,ID 19).
Tic.alp.occ. (Menzonio) *capèla di biss* f. 'fungo porcino (metaf. infantile)' (VSI 3,513b).
Trent.occ. (bagol.) *cäpèlä de prà* f. 'mazza da tamburo (Lepiota procera)' Bazzani-Melzani.

Derivati: piem. *funs* **capelèt** m. 'porcino (Boletus edulis Bull.)' Penzig, lomb. *cappellett* ib.[4]; mant. (Stradella) *funs caplèt* 'fungo dei pini (Boletus bovinus Bull.)' ib.
Piem. *k a p l ḗ t* m. 'fungo porcino (Boletus edulis Bull.)' Gavuzzi.
Lomb.alp.or. (Montagna in Valtellina) *capelét* m. 'fungo non commestibile' Baracchi.
Lomb.or. (bresc.) *capellèt* m. 'bubbola buona (Lepiota excoriata Schäff.)' Penzig; tosc. *cappelletto* m. 'bubbola allo stadio giovanile' Trinci 118.
Lad.anaun. (Pejo) *k a p ę l é t* m. 'tipo di fungo' (AIS 621, p.320), *capelét* Quaresima; mant. *caplét* 'tipo di fungo non specificato' Arrivabene.
Ven. *capeleto* m. 'tipo di fungo (Helvella albipes Fuck.)' Penzig.

---

[1] Cfr. fr. *chapeau* m. 'partie supérieure des champignons' (dal 1799, Bull, ChauveauMat).
[2] Cfr. friul. *ciapièl* m. DESF.

---

[3] Probabilmente da un plurale in *-ŏra*.
[4] Cfr. friul. *ciapelatt* m. (Penzig; PironaN), *ćapelát* ZamboniFlora 281.

Venez. *cappelletto* m. 'tipo di fungo, spugnola falsa (Helvella esculenta Pers.)' Penzig.
Ven.centro-sett. (vittor.) *capelét* m. 'fungo che cresce su vari alberi' Zanette.
Sintagma: piem. *capelet bianch-e-bon* m. 'prataiolo (Psalliota campestris L.)' Penzig.
Piem. *capelet giaun* m. 'brisotto rosso (Boletus aurantiacus Bull.)' Penzig.
Lomb.or. (berg.) **capelete** f.pl. '(fungo) gallinaccio (Cantharellus cibarius Fr.)' CaffiBot num. 33.
Ven.merid. (Val Léogra) *capeléte* f.pl. 'funghi che crescono nel letamaio' CiviltàRurale 76.
It.sett.occ. **cappellina** f. 'umbrella, caliendrum' Vopisco 1564.
Lomb.alp.or. (Sòndalo) *capelìna* f. 'finferli' Foppoli-Cossi, mil. *capellìnna* Cherubini; emil.occ. (Collagna) *k a p l í ŋ* m.pl. 'tipo di funghi' (Malagoli,ID 19).
Emil.occ. (regg.) *caplèina* f. 'tipo di fungo (Marasmus scorodonius Fr.)' Penzig.
Lomb.alp.or. (posch.) **capeglín** m.pl. 'varietà di fungo' (VSI 3,521b); lomb.occ. (Duno) *k a p ẹ l í ŋ* m. 'porcino ancora poco cresciuto (Boletus edulis Schaeff.)' (Bruno,AreeLessicali 147).
Catan.-sirac. (Giarre) *k a p p i ḍ ḍ í n u* m. 'mazza da tamburo (Lepiota procera)' VS.
B.piem. (Nizza Monferrato) **capeliane** f.pl. 'tipo di fungo (Cotyledon umbilicus)' CollaHerbarium num. 343.
Moes. (mesolc.) *k a p e l ó e* m. 'porcino (Boletus edulis)' (VSI 3,535a), Buseno *k a p œ l ó e* ib.
Lomb.alp.occ. (Montagna in Valtellina) **capelòt** m. 'fungo dal gambo lungo e cappella larga' Baracchi, Teglio ~ Branchi-Berti.
Lomb.occ. (Duno) *k a p e l ọ́ t* m. 'fungo porcino' (Bruno,AreeLessicali 147).
Tic.alp.centr. (Lumino) **capelón** m. 'grosso fungo porcino' Pronzini, lomb.occ. (lodig.) *k a p e l ọ́ ŋ* Caretta; mil. *cappellòn* 'tipo di fungo non identificato' Cherubini; vigev. *caplô* 'prataiolo (Agaricus campestris) specie quando è vecchio' Vidari.
Ven.centro-sett. (Revine) *k a p e l ọ́ ŋ* m. 'bubbola maggiore (Lepiota procera Scop.)' Tomasi, feltr. ~ Migliorini-Pellegrini, lad.cador. (amp.) *capelón* Croatto.
Fior. (Mugello) *cappellone* m. 'fungo bianco non specificato di ampie dimensioni (forse prataiolo)' Trinci 127.
Sintagma: tosc. *cappellone bianco* m. 'tipo di fungo' Targioni-Tozzetti 1809; ~ 'Lactarius controversus Pers.' Penzig.
Macer. **cappellóna** f. 'bubbola maggiore (Lepiota procera Scop.)' GinobiliApp 2.

Tosc. *cappelloncino* m. 'fungo di lievito (Clitopilus orcella Bull.)' Penzig.
Pist. (AValle di Lima) **cappellaccio** m. 'fungo del genere Bubbola' Trinci 118.
Grosset. (Roccalbegna) *k a p p e l l á ć ć o* m. 'varietà di fungo non specificata (forse l'*agarico falloide* di Fatini)' Alberti.
Amiat. (Castel del Piano) *cappellaccio* m. 'fungo bianco non mangereccio, agarico falloide' Fatini, Piancastagnaio *cappellacciu* ib., umbro merid.-or. (tod.) *cappellàccio* (Mancini,SFI 18).
Àpulo-bar. (Monòpoli) *k a p p ə d d á ć ć ə* m. 'mazza da tamburo (Lepiota procera Scop.)' Reho; martin. ~ 'prataiolo (Agaricus campestris L.)' VDS; *funge cappiddacce* 'id.' Selvaggi.
Salent.centr. (lecc.) *cappellaccio* m. 'altro tipo di prataiolo (Psalliota campestris L.)' Penzig.

1.c. mondo animale
1.c.α. parti di animali
Lig.occ. (Mònaco) **capela** (*d'u purpu*) f. 'calotta del polipo' Frolla.

Derivati: it.merid.a. **cuppelete** f.pl. 'borsite, molle tumefazione al tarso del cavallo' (sec. XIV, MascalciaRusioVolgDelprato).
It. **capelletto** m. 'borsite, molle tumefazione al tarso del cavallo' (Florio 1598 – Veneroni 1681; 1655, LibroRinaldiFehringer 13 e 20)[1], *cappelletto* (dal 1691, Crusca; Zing 2009), gen. ~ Casaccia, piem. *caplet* DiSant'Albino, mil. *capelètt* (Cherubini; Angiolini), emil.occ. (piac.) *caplëtt* Foresti, parm. *caplètt* Malaspina, regg. ~ Ferrari, romagn. *caplet* Mattioli, faent. *caplett* Morri, garg. (manf.) *cappellètte* Caratù-RinaldiVoc, sic. *cappillettu* VS.
Abr.or.adriat. (Montepagano) *k a p p ə l l á t t e* m. 'borsite precarpica dei bovini' DAM.
It. *cappelletto rovesciato* m. 'molle tumefazione situata all'articolazione del carpo' (dal 1970, Zing; ib. 2009).
Sic. **k a p p i ḍ ḍ í n u** agg. 'di mulo che ha orecchie asinine' VS; catan.-sirac. (Sant'Alfio) *a r i k - k y u* ~ 'orecchio pendente di equini' ib.
Emil.occ. (Sologno) **k a p l á š š e** m. 'stòmaco suino' (AIS 1095, p.453).

'ciuffo di uccello'
Ven.a. **capela** f. 'ciuffo di penne sul capo degli uccelli' (sec. XIII, SBrendano, TLIO), *capella* ib., *cappella* ib.

---

[1] Prestito dall'it., non visto né dal FEW né dal TLF: fr. *capelet* m. 'tumeur à la pointe du jarret du cheval' (dal 1678, Guillet, FEW 2,292a).

Derivati: venez.a. **capelleti** (*da sparvier*) m. 'ciuffo sul capo di un uccello' (1499, Sanudo, CortelazzoDiz), it. *capelletto* (Florio 1598; ib. 1611).

Mant. **caplozza** f. 'ciuffo di penne sul capo dei volatili' (BonzaniniBarozzi-Beduschi,MondoPopLombardia 12 s.v. *capucia*), emil.occ. (mirand.) ~ Meschieri, emil.or. (ferrar.) *capplòzza* Azzi.

Emil.or. (ferrar.) *cappluzzón* agg. 'cappelluto, detto di uccelli col ciuffo' Azzi.

1.c.α¹. animali
uccelli

Sic.a. **cappello** m. 'allodola' (1500, VallaNGulino). Sintagma: romagn. (Saludecio) *lọ́dla dẹ kapẹ́l* f. 'allodola cappelluta (Galerita cristata L.)' (AIS 496, p.499).

Composto: laz.centro-sett. (Monte Còmpatri) **fraccappéllu** m. 'specie di upupa' Diana.

Derivati: it. **cappellette** f.pl. 'allodole dal ciuffo (Galerita cristata L.)' (1568, FrSforzinoCarcano, InnamoratiCaccia I/2,58), ven.centro-sett. (Cavolano) *kapelẹ́ta* f. (ASLEF 180, p.139a.), trent. or. (rover.) *capelètta* (Giglioli 68; BonomiAvifauna 1,36), umbro merid.-or. (Foligno) *kappellẹ́tta* Bruschi, laz.centro-sett. (Serrone) (*lọ́dola*) *kappẹllẹ́tta* (p.654), reat. (Leonessa) *kapẹllẹ́tta* (p.615), teram. (Campli) *kappǝlátta* DAM, abr.occ. (Trasacco) *kappǝllẹ́ttǝ* (p.646); AIS 496.

It. **cappelletto** m. 'specie di falco (Circus aeruginosus L.)' (dal 1691, Crusca; VLI 1986).

Lig.occ. (Mònaco) *capelëtu* m. 'barbagianni' Frolla.

Lig.occ. (Pigna) *kapẹlẹ́tu* m. 'capinera' (Merlo,ID 14,49).

Lig.alp. *kapǝlét* m. 'cincia dal ciuffo' Massajoli-Moriani.

Lig.alp. (Realdo) *capëlét* m. 'allodola dal ciuffo (Galerita cristata L.)' Massajoli, moes. (Mesocco) *capelett* (VSI 3,520b).

Bol. **caplatt** m. 'moretta turca (Anas fuligola L.)' (Ungarelli,Archiginnasio 25,231).

Bol. **capeltôn** m. 'moretta (Fuligola cristata L.)' Coronedi, *kapeltå̊ŋ* Ungarelli, *capeltón* Salvadori 266, romagn. ~ Tommasini 1906.

Aret.a. **capelina** f. 'allodola col ciuffo (Galerita cristata L.)' (secondo quarto sec. XIV, GoroArezzoPignatelli,AnnAret 3,303), sic.a. *cappillina* (1519, ScobarLeone), APiem. (castell.) *kaplíŋa* (Toppino,ID 3,114), lomb.alp.occ. (Spoccia) *čiplína* Zeli, catan.-sirac. *cappiddina* Giglioli 68, *kappiḍḍína* VS, San Michele di Ganzarìa ~ (p.875), sic.sud-or. (Giarratana) *kappitína*

(p.896), agrig. *cappiddina* Giglioli 68; catan-sirac. (catan.) *capialdina* 'id.' Salvadori 132; AIS 496.

Lomb.or. (Lago d'Iséo) **capelòt** m. 'moretta (Fuligula cristata L.)' CaffiZool num 313.

Ven. **capelota** f. 'cappellaccia (Galerita cristata Boie)' (Salvadori 132; Giglioli 68), ven.merid. (vic.) *capelòta* Candiago, ver. ~ (Patuzzi-Bolognini; Duse)¹, trent.or. (rover.) *capelótta* BonomiAvifauna 1.

Ver. *capelòta* f. 'capinera' Beltramini-Donati.

Lig.or. (spezz.) **kapelóŋ** m. 'allodola col ciuffo (Alauda arvensis)' Lena.

Emil.occ. (moden.) *caplon* m. 'anatra marina (Fulix fuligola L.)' Giglioli 316; Carpi **scaplona** 'id.' ib.

Chian. (Chiusi) *cappellone* m. 'tipo d'uccello, mestolone (Spatula clypeata L.)' Giglioli.

Lig. **kapelúna** f. 'cappellaccia (Galerita cristata Boie)' PetraccoUccelli, emil.occ. (moden.) *caplona* (Giglioli 68; Salvadori), *caplòuna* Neri², laz.centro-sett. (Santa Francesca) *kappellọ̈na* (AIS 496, p.664).

It. **cappellaccia** f. 'allodola cappelluta (Galerita cristata L.)' (dal 1797, D'AlbVill; "tecn.-spec." GRADIT; Zing 2009), lig.centr. *capelássa* PetraccoUccelli, romagn. *caplaza* Quondamatteo-Bellosi 72, tosc. *cappellaccia* (Savi 2,53), fior. ⌐*kappelláćća*⌐, pis. *cappellaccia* (Salvadori 132; Giglioli 68); fior. *allodola* ~ f. 'id.' (Salvadori 132; Giglioli 68), pis. *lodola* ~ ib., Faùglia *lọ́dọla happẹlláćća* (p.541); AIS 496.

Tic.prealp. (Rovio) **capelasc** m. 'cappellaccia (Galerita cristata L.)' (VSI 3,518a), lucch. *cappellaccio* Giglioli 86.

It. (*allodola*) **cappelluta** agg.f. 'della cappellaccia (Galerita cristata Boie)' (dal 1600ca., DelBene, B; BàrtoliDGaravelli 194; Salvadori; Giglioli 68; GRADIT 1999), (*lodola*) ~ Petr 1887, lig.Oltregiogo centr. (nov.) (*lodra*) *capellúa* Giglioli 68, piem. (*lódna*) *kaplǔ̈a* (DiSant'Albino – Levi)³, lomb.occ. (torton.) (*lodra*) *capellúa* Giglioli 68, romagn. (*lodla*) *capluda* (Salvadori; Giglioli 68), march.sett. (Fano) (*lọ́dla*) *kaplǔ̈ta* (p.529), ven. (*lodola*) *capeluda* (Sal-

---

¹ Cfr. friul. *capelòte* f. 'cappellaccia (Galerita cristata Boie)' DESF, *lódule chapelote* Giglioli 68.

² Cfr. friul. (Roveredo in Piano) *ciapelòna* f. 'allodola col ciuffo (Alauda cristata L.)' DESF, Cordenons *àdula-ciapelòna* ib., *parùssola-ciapelòna* ib.

³ Cfr. mdauph. *tsapẹlǔ̈* 'huppé' (FEW 2,290b).

vadori; Giglioli 68)[1], lucch.-vers. (lucch.) (*lodola*)
cappelluta Giglioli 68, ALaz.sett. ⌐(*lǫ́dale*)
kappellúte⌐, cort. (*lúadala*) *kap-
pęllúta* (p.554), laz.centro-sett. (Cervéteri)
(*lǫ́dola*) *kappellúda* (p.640), roman. 5
(*lodola*) *cappelluta* (Salvadori; Giglioli 68); AIS
496; romagn. (Cesenàtico) (*lǫ́dla*) *puplúda*
'id.' (AIS 496, p.479).
It.a. (*gallina*) *cappelluta* agg.f. 'di gallina col
ciuffo' (ante 1449, Burchiello, B). 10
Agg.sost.: it. **capelluta** f. 'allodola con un ciuffo
di penne sulla testa' (Florio 1598; ib. 1611), piem.
caplua 'cappellaccia (Galerita cristata Boie)' (Capello; Zalli 1815; Giglioli 68), *caplüa* Porro,
romagn. *capiluta* (Ercolani; Quondamatteo-Bel- 15
losi), *capluta* Quondamatteo-Bellosi, Cesena *capluda* ib., Mèldola *kaplúta* (p.478), ven. *capelùa* (Giglioli; Bonelli,StFR 9,439), *capelùga* (Giglioli 68; Bonelli,StFR 9,383)[2], ven.lagun. (venez.) *capelùa* (1584, Rime, CortelazzoDiz; Boe- 20
rio; Piccio), chiogg. ~ Naccari-Boscolo, ven.
merid. (vic.) *capelùa* (Pajello; Candiago), *capalùga* Candiago[1], Val Léogra *capelùa* CiviltàRurale,
Montebello Vic. *kapelúa* (p.373), pad. *capeùga*
Pigafetta[1], ven.centro-sett. (trevig.) *capelùa* Nin- 25
ni-1, Corbolone *kapeúda* (ASLEF 180,
p.209a), vittor. *capelúda* Zanette, istr. *cappellua*
Giglioli 68[3], teram. *kappellútə* Savini, Sant'
Omero ~ DAM, laz.merid. (San Donato Val di Comino) *kappełúta* (p.701); AIS 496. 30
Nap. *cappelluta* 'gallina col ciuffo' (ante 1632,
BasilePetrini).
It. *capellugola* f. 'cappellaccia (Galerita cristata
Boie)' (Oudin 1640 – Veneroni 1681)[1], tosc. *cappellugola* Giglioli 68, laz.merid. (Ausonia) *kap- 35
pełútela* (AIS 496, p.710).
It. **capelluto** m. 'allodola' (ante 1685, Bartoli-DGaravelli 194), lig.alp. (brig.) *capaùu* Massajoli-Moriani.
Luc.-cal. (Oriolo) **kappəččúta** f. 'allodola 40
cappelluta' NDC.

pesci
It. **cappello** m. 'tipo di pesce (Trygon pastinaca)'
Garollo 1913; *pesce cappello* 'id.' Tommasini 45
1906; abr.or.adriat. (Gissi) *pę́šš kappíllə*
'tipo di pesce' (Giammarco,QALVen 2,120).

---

[1] Cfr. friul. *lódule chapelude* f.pl. 'cappellaccia (Galerita cristata Boie)' Giglioli 68, Aviano *àldola ciapelùda* 50
Appi-Sanson 1.
[2] Con -*g*- estirpatrice di iato.
[3] Cfr. friul. *ciapelùde* f. 'cappellaccia (Galerita cristata Boie)' DESF.

Derivati: it. **cappellino** m. 'pesce dell'Atlantico
sett. (Mallotus villosus)' Garollo 1913.
Lig.centr. (Finale Lìgure) **capelasu** m. 'molo, tipo
di pesce' VPLPesci.

molluschi
Lig.occ. (Bordighera) **capélu** m. 'medusa' VPL-
Pesci, lig.centr. (Noli) ~ ib., ALaz.sett. (Porto
Santo Stefano) *kappę́llo* (Fanciulli,ID 44).
Lig.centr. (Noli) *capèl[i]* m.pl. 'banchi di meduse'
VPLPesci.
Sintagmi: grad. *capelo cinese* m. 'tipo di conchiglia che si attacca agli scogli' Deluisa.
Lig.gen. (Sestri Levante) *capélu de carnasa* m.
'tipo di medusa' VPLPesci.
Nap. *cappiello de mare* m. 'medusa' (CostaZool;
D'AmbraApp; Andreoli), àpulo-bar. (bar.) *kap-
piəddə də márə* Scorcia, tarant. ~ Gigante,
cappiiddo di mare De Vincentiis; àpulo-bar. (tarant.) *kappiəddə də prę́vətə* m. 'id.'
VDS, *kappíddə də* ~ ib., salent.sett. (Grottaglie) *cappiéddu ti préviti* Occhibianco, Maruggio
kappyéddu ti prę́viti ib.
Lig.occ. (ventim.) **capela** f. 'medusa' Azaretti-
Villa, lig.centr. (Taggia) *capéla* VPLPesci, lig.gen.
(Lavagna) *capèla* ib.
Macer. (Porto San Giorgio) *cappelle de mare* f.pl.
'scifomedusa' (Santarelli,QFLRMacer III.17,44).

Derivati: lig.or. (Lévanto) **capeléta** f. 'seppietta'
VPLPesci; ~ 'seppiola grande' ib.; lig.occ. (ventim.) **capelana** 'id.' (Azaretti-2,391), lig.centr.
(Loano) ~ VPLPesci, lig.gen. (Arenzano) *capelan-a* ib.
Messin.or. (Milazzo) **kappiḍḍínu** m. 'medusa' VS; **kappiḍḍína** f. 'id.' ib.
ALaz.sett. (Monte Argentario) **kappellǫ́tto**
m. 'seppiola (Sepiola rondeleti Search.)' (Fanciulli,ID 44).
Lig.occ. (Vallecrosia) **capelùn** m. 'nome di alcune
specie di medusa' VPLPesci s.v. *capelu*, lig.centr.
(Taggia) ~ ib., ALaz.sett. (Porto Santo Stefano)
kappellǫ́ne (Fanciulli,ID 44).
Sintagma: lig.centr. (Taggia) *purpu capelùn* m.
'moscardino bianco' VPLPesci s.v. *capelu*.
Lig.occ. (ventim.) **capelassu** m. 'polpo bianco'
Aprosio-2, Vallecrosia *capelasu* VPLPesci.
ALaz.sett. (Porto Santo Stefano) *kappelláććo*
m. 'nome di alcune specie di meduse' (Fanciulli,ID 44).
Lig.centr. (Noli) **capelasa** f. 'medusa' VPLPesci,
lig.gen. (Albissola) ~ ib., ALaz.sett. (Port'Èrcole)
kappelláćća (Fanciulli,ID 44), agrig.or.
(licat.) *kappiḍḍáttsa* VS.

insetti

Sintagma: vogher. (Montù Beccaria) **k a p ḗ** *d α p r ḗ v i* m. 'cervo volante' (AIS 472, p.282).

Derivati: abr.or.adriat. (Manopello) **cappellétt** m. 'lucciola' (Garbini 2,1352)[1], Perano *k a p p ə l l ḗ t t ə* DAM.
Abr.or.adriat. (gess.) **k a p p e l l ú ć ć a** f. 'lùcciola' DAM.
Istr. (rovign.) **capelon** m. 'maggiolino (Melelontha vulgaris L.)' Rosamani.

Composti: abr.or.adriat. (San Tommaso di Caramànico) **ć i ć a k a p p y á l l ə** f. 'lucciola' DAM, Bucchiànico *ć i ć a p p ḗ l l ə* ib.; Guardiagrele *ć i n ĝ a k a p p ḗ l l ə* 'id.' ib., Villalfonsina *ć i n ĝ ə k a p p ḗ l l ə* ib., abr.occ. *ć i n ĝ a k a p p ḗ l l ə* ib., Cansano *ć e n ć a k a p p ḗ l l a* (Garbini 2,1351); abr.or.adriat. (Roccascalegna) *k o n ĝ ã̄ a k a p p ḗ l l ə* 'id.' DAM; molis. (Ripalimosani) *k u k k a l ę p ḗ l l ə* 'id.' Minadeo; molis. (Ferrazzano) *l i t t s ə r ə k k a p p ḗ l l ə* 'id.' DAM.
Reat. **l ú ć ć i g a g a p p ḗ l l a** f. 'lucciola' (p.624), Leonessa *l ú ć u l a g a p ḗ l l a* (p.615), aquil. (Secinaro) *l u ć ə k a p p í l l a* DAM, march. merid. (asc.) *l ú ć a r a k a p ḗ l l a* (p.578), abr.or. adriat. *l u ć a k a p p ḗ l l ə* DAM, *l u ć ə k a p p ḗ l l ə* ib., *l u ć ć e k a p p ḗ l l ə* ib., *l i ć ə k a p p y á l l ə* ib., Sambuceto *l u ć ć ə k a p p ḗ l l ə* ib., Roccamorice *l u ć ć ə k a p p y á l l ə* ib., Serramonacesca *l ú ć ə k a k a p p ḗ l l ə* ib., *l ó ć ć e r a k a p p ḗ l l ə* ib., Roccamontepiano *l u ć a k a p p i á l l ə* ib., *l u ć ə k k a p p y á l l ə* ib., Villamagna *l u ć ə k k a p p ḗ l l ə* ib., Crecchio *l ū́ ć a n a k a p p ḗ l l a* (p.639), San Vito Chietino *l u c i n ə k a p p ḗ l l e* DAM, castelsangr. *l u ć ə k a p p ḗ l l a* ib., Bomba *l u ć i k a p p ḗ l l ə* ib., vast. *l u ć ə n ə k k a p p ḗ l l ə* ib., Tufillo *l u ć ə k a p p ḗ l l ə* ib., Dogliola *l u ć ć ə k a p p ḗ l l ə* ib., abr.occ. *l u ć ə k a p p ḗ l l ə* ib., *l u ć ć a k a p p ḗ l l ə* ib., Cocullo *ł u ć a k a p p ḗ l l ə* ib., Goriano Sìcoli *l u ć ə a k a p p ḗ l l ə* ib., Introdacqua *l u ć a k a p p ḗ l l ə* ib., Gioia dei Marsi *l u ć ə k a p ḗ l l a* ib., Bisegna *l u ć ə k a p p ḗ l l ə* ib., molis. *l u ć ć ə k a p p ḗ l l ə* DAM, *l u ć a k a p ḗ l l a* ib., *l u ć a k a p p ḗ l l ə* ib., *l ú ć ę d ę k k ę p p ḗ l l ə* ib., *l u ć ə n a k a p p ḗ l l ə* ib., agnon. *liéucecappella* Cremonese, Roccasicura *l ū́ ć ə k a p p ḗ l l a* (p.666), Pèsche *l u ć ə r a k a p p ḗ l l ə* DAM, Montàgano del Sannio *l u ć ć ə n e k k a p p ḗ l l ə* ib., *l u ć ə k a p p ḗ l l ə* ib., Morrone del Sannio *l ū́ ć ə l ə e k k e p p ḗ l l ə* (p.668),

Castelmauro *l u v a k a p p y ḗ l l ə* DAM, Tèrmoli *l u ć a k a p p ḗ l l ə* ib., San Martino in Pènsilis *l u ć ć ə n e k k a p p ḗ l l ə* ib., Rotello *l u ć ə k k ę p p ḗ l l ə* ib., laz.merid. (San Donato Val di Comino) *l ū́ ć a k a p p ḗ l l a* (p.701), dauno-appenn. (Serracapriola) *l ū́ ć ə l a k k a p p ḗ l l ə* (p.706), garg. (Monte Sant'Àngelo) *l u ć a k a p p í d d ə* Melillo-2, Ruggiano *l u ć a k k a p p í d d ə* (Prencipe,LSPuglia 6), Pèschici *l u ć a k a p p ó d d ə* (Melillo-2,92); abr.or.adriat. (Manoppello) *l o ć ć a k a p p ḗ l l ə* m. 'id.' DAM; molis. (Casacalenda) *l u n ə n ə k a p p ḗ l l ə* f. 'id.' Marinucci; abr.or.adriat. (Filetto) *n o ć a k a p p ḗ l l ə* 'id.' DAM; molis. (Montelongo) *p ə l l ú ć ć ə k a p p ḗ l l ə* 'id.' DAM; AIS 469.
Pav. **pesacapél** m. 'cervo volante (Cerambyx Heros)' Annovazzi, emil.or. (ferrar.) *pesacapèl* FerriAgg, ver. *pesacapèi* pl. (Garbini 2,88), garf.-apuano (Villa) *p e z a k a p ḗ l u* m. (Rohlfs,SLeI 1), lucch.-vers. (vers.) *pesacappelli* pl. (Cocci; Merlo,ZrP 74,119), pis. *pesahappelli* (Rohlfs,SLeI 1), Putignano *p ḗ s a k a p p ḗ l l i* (ALEIC 1334, p.53), Chianni ~ (Rohlfs,SLeI 1), grosset. ~ ib., Roccalbegna ~ (Longo-Merlo,ID 19), amiat. (Castell'Azzara) *pesacappelli* Longo.
Abr.or.adriat. (Fara San Martino) **š o š a k a p p ḗ l l ə** f. 'lucciola' DAM, *š o š a k a p p á l l ə* ib., *š ǫ š š a k a p p ḗ l l* (AIS 469, p.648).

rettili

Sintagma: it. *serpi di* **cappello** m.pl. 'cobra' (1550ca., RamusioMilanesi-2,753), ~ *capello* (1585, FilSassetti, B).
Derivato: it. *serpente* **cappelluto** m. 'cobra' (ante 1698, Redi, TB).

1.c[1]. 'cappuccio per falcone'

Tosc.a. **cappello** m. 'cappuccio di cuoio per il falcone' (inizio sec. XIV, TrattatoFalconi, TLIO; prima metà sec. XIV, PoloOlivieriD), *cappel (di falcone)* (1314ca., FrBarberinoPanzera), sic.a. *cappellu (di falcuni)* (1519, ScobarLeone), it. *cappello* (ante 1321, Dante, TLIO – 1685, BàrtoliDMortara 198; 1859, Carena, B)[2], *capello* (Florio 1598; ib. 1611).
Sintagmi: it. *falcone senza cappello* m. 'uomo che va a caccia di donne' (1536, AretinoAquilecchia).
Loc.verb.: it. *aspettare il cappello* 'detto di falchi e altri uccelli molto ben addomesticati' (ante 1449, Burchiello, B; ante 1535, Berni, B); ~ 'detto

---

[1] Motivazione non trasparente.

---

[2] Cfr. lat.mediev. *capellus* (ante 1250, Federico II, Alessio,ASPugl 16,109).

di persona mite e facile da ingannare' (ante 1492, Bellincioni, B).

It. *parere che si tragga il cappello al falcone* 'disporsi a combattere, come i falconi quando sono privati del cappello' (1483, Pulci, TB).

Derivati: tosc.a. **cappelletti** m.pl. 'cappuccio del falcone' (seconda metà sec. XIV, PaoloCertaldo, TLIO), *capelletto* m. (1585, Garzoni, B; 1600ca., TraitéTilander).
Gen. *cappelletto* (*pe-i chen*) m. 'piccolo cerotto sulla testa dei cani affetti da cimurro' Casaccia.
It. **cappellaio** m. 'l'addetto a scoprire e coprire il capo del falcone durante la caccia' (ante 1492, LorenzoMedici, B).
Fior.a. **incappellare** v.tr. 'incappucciare un uccello da preda' (seconda metà sec. XIV, Sacchetti, B), it. ~ (1600, SforzinoCarcano, B), *incapellare* (1600ca.,TraitéTilander).
Inf.sost.: it. *incappellare* 'atto del ricevere il cappuccio (detto del falcone)' (ante 1570, Gallo, InnamoratiCaccia I/2,212).
Agg.verb.: it. *incappellato* 'incappucciato (di uccello da preda)' (1913, D'Annunzio, B).
It. **scapellare** v.tr. 'togliere il cappuccio al falcone' (1492ca., Arienti, B – 1600ca., TraitéTilander), *scappellare* (1600ca., TraitéTilander).
Agg.verb.: it.a. (*falcone*) *iscappellato* 'falcone senza cappuccio' (ante 1446, GiovGherardiWesselofsky).
Nap.a. **descappellare** v.tr. 'togliere il cappuccio al falcone' (1475, Sabatini-Coluccia-Lupis,Parallela 162), it. *discappellare* (1585, Garzoni, Bergantini), *discapellare* (*il falcone*) (1600ca., TraitéTilander).

1.d. crosta di terra o di impasto; strato superiore
It. **cappello** m. 'crosta di terra o altro che copre il minerale nella cava' (ante 1537, Biringuccio, TB); venez.a. *capelo* 'crosta che si forma sull'impasto colorante usato in tintoria' (1490, ManualeTintoriaRebora 137).
Lad.ates. (livinall.) *ćapél* m. 'cima di monte a forma di cappello' (ValentiniE,AIVen 132,211).
Sintagma: it. *cappello di ferro* m. 'crosta che ricopre i giacimenti ferrosi' (ante 1537, Biringucci, TB).

Derivati: it. **cappellaccio** (*di cava*) m. 'strato superiore di un filone metallifero o terroso modificato da agenti atmosferici' (dal 1774, Targioni-Tozzetti, B; Rodolico,LN 9,38; Zing 2009).

It. *cappellaccio* m. 'massa solida di tufo riaffiorante' (dal 1931, Panzini; VLI 1986), it.reg.roman. ~ (Bruschi,ContrDialUmbra 1.5).
Sen. (serr.) *cappellaccio* m. 'strato superficiale di travertino misto a terra' Rossolini, march.merid. (Acquasanta Terme) *kappalláćća* Egidi.
Roman. *cappellaccio* m. 'strato di pozzolana sotto il terreno vegetativo' (GiacomelliRPorta,StR 36).

1.d[1]. 'graspa sopra il mosto'
It. **cappello** m. 'massa di vinacce galleggiante sul mosto in fermentazione' (dal 1820, Costa-Cardinali; "tecn.-spec." GRADIT; Zing 2009)[1], lig.occ. (Mònaco) *kapélu* Arveiller 81, tic. *capèll* (VSI 3,523b), lomb.alp.or. (Novate Mezzola) *capèl* Massera, Teglio ~ Branchi-Berti, mil. (*sbassass el*) *capèll* (Cherubini; Angiolini), vogher. *kapé* Maragliano, mant. (*far al*) *capél* Arrivabene, emil.occ. (parm.) *capell* (PeschieriApp – Pariset), guastall. (*alvar al*) *capèl* (*dal tinâs*) Guastalla, regg. (*rómper al*) *capèll* (*a una téna*) Ferrari, emil.or. (bol.) *capél* Coronedi, venez. (*levàr el*) *capèlo* Boerio, istr. (Bùie) *capèl* Baissero[2], trent.or. (rover.) *cappel* Azzolini, laz.centro-sett. (Vico nel Lazio) *kappéyya* Jacobelli, Monte Còmpatri *cappéllu* Diana, sic. *kappéḍḍu* VS.
Teram. ⌐*kappéllə*⌐ m. 'mosto aggiunto per rimboccare la botte' DAM.

Derivati: it. **cappellina** f. '(pop.) crosta lattea' (dal 1955, DizEncIt; DO; DISC 1997), sic.sud-or. (ragus.) *kapellína* VS.

Lig.or. (Tellaro) **capelón** m. 'grumi di morchia che affiorano nell'ultimo olio, quando si sono torchiate le olive' Callegari-Varese; romagn. *caplon* 'massa di vinacce galleggiante sul mosto' Mattioli, *kaplówŋ* Ercolani, faent. *caplon* (*dla vinazza*) Morri.– Romagn. *féa e kaplówŋ* 'versare vino scadente su vinaccie di buona qualità' Ercolani.
Tosc. **cappellaccio** m. 'massa di raspi e vinacce che galleggia sul mosto' (prima del 1625, Magazzini, B), romagn. (Cesena) *caplàz* ForestiFParole 252.
Umbro merid.-or. *kappelláćću* m. 'fiore dell'olio o dell'aceto' Bruschi.
Aret.a. **encappegl[ar]** v.tr. 'correggere vino od aceto vecchi con l'aggiunta di altro mosto o aceto

---

[1] Cfr. fr. *chapeau* m. 'masse de rafles, pépins, enveloppes des grains, que la fermentation fait remonter à la surface des cuves' (dal 1732, NMRust, ChauveauMat).
[2] Cfr. friul. *ciapiel di lat* m. 'panna del latte' PironaN.

nuovi' (ante 1336, CenneChitarra, PoetiGiocosi-Marti 411,13), it. *incappellare* (1592ca., Soderini, B; 1801-03, Lastri, B), piem. *ancaplè* (*el vin*) DiSant'Albino, b.piem. (monf.) *ancaplèe* (*ina but*) Ferraro, mil. *incapelà* Angiolini, lomb.or. (cremon.) *iŋkapelá* (*l vḗŋ*) Oneda, pav. *incaplà* Annovazzi, vogher. *iŋkaplá* Maragliano, mant. *incaplar* Cherubini 1827, ~ (*al vin*) (Arrivabene; Bardini), emil.occ. (parm.) *incaplàr* (*el vén*) Malaspina, regg. *incaplèr* (*el vèin*) Ferrari., moden. ~ Neri, emil.or. (ferrar.) ~ Ferri, romagn. *incaplè* Mattioli, venez. *incapelar* Boerio, ven.merid. (pad.) *incapelare* PratiEtimVen, istr. (capodistr.) *incapelàr* Semi, trent.or. (rover.) *encappellar* (*el vim*) Azzolini, sic. *'ncappiddari* Biundi, *incappiddari* Traina.

Agg.verb.: it. *incappellato* 'di vino vecchio corretto con vino nuovo o altro' (D'AlbVill 1798 – B 1972), piem. (*vin*) *ancaplà* DiSant'Albino, pav. (*véi*) *incaplà* Annovazzi, emil.occ. (piac.) *incaplà* ForestApp, parm. ~ Malaspina, emil.or. (ferrar.) ~ FerriAgg, corso (*vinu*) *incappellatu* Falcucci.

It. **rincappellare** v.tr. 'correggere vino od aceto vecchi con l'aggiunta di altro mosto o aceto nuovi' (1592ca., Soderini, B; 1783, PipinoRacc-2 s.v. *arcaplè*; ante 1862, Bresciani, B), lomb.or. (bresc.) *rincapelà* Melchiori, bol. *rinkaplằr* Ungarelli, romagn. *rincaplê* Mattioli, tosc. *rincappellare* FanfaniUso, ALaz.merid. (Fàbrica di Roma) *rinkappellá* Monfeli; umbro merid.-or. (spolet.) **arencappellare** 'id.' (1702, CampelliUgolini,ContrFilItMediana 2).

Agg.verb.: fior.a. (*vino vermiglo*) *rinchappellato* 'di vino rigenerato' (1447, RicordanzeCastellaniCiappelli 103,8), it. (*vino*) *rincappellato* (ante 1565, Varchi, B; 1685, Redi, Faccioli 2,234), bol. *rinkaplằ* Ungarelli.

It. **raccappellare** v.tr. 'aggiungere nuovo mosto od olive a vino od olio già nel tino' Consolo 1858, piem *arkaplę́* (1783, Pipino-Racc-2 – Brero), bol. *arcaplar* Gaudenzi 113.

Piem. **arcaplà** *'l vin* 'mettere uva del nuovo anno al colmo di una botte di vino vecchio, per farlo rifermentare' (Capello – Gavuzzi), *arcaplè 'l vin* Brero.

Agg.verb.: piem. *arcaplà* 'di vino rigenerato' DiSant'Albino, b.piem. (biell.) (*vin*) ~ (Grassi,AATorino 99,125), bol. (*vein*) ~ Coronedi, tosc. *raccappellato* (1681, DelPapa, Fanfani), amiat. *raccappellatu* Cagliaritano, sen. *raccappellàto* ib. Romagn. (Cesena) **scaplè** v.tr. 'togliere al mosto la parte superiore asciutta delle vinaccie' Foresti-

FParole 254[1], ALaz.merid. (Fàbrica di Roma) *skappellá* Monfeli; romagn. (faent.) **scaplunè** 'id.' Morri.

1.e. configurazioni atmosferiche

It. **cappello** (*di monte*) m. 'strato di nuvole o nebbia che copre la cima del monte' (dal 1726, Salvini, TB; B; Zing 2009), gen. *capello* Gismondi[2], lomb.alp.or. (posch.) *capé[l]* Tognina, mil. *capèll* Angiolini, trent.occ. (bagol.) *cäpél* Bazzani-Melzani, bol. *capêl* Coronedi, *capäl* Ungarelli[3], amiat. (Campiglia d'Orcia) *cappèllo* Fatini, laz. centro-sett. (Vico nel Lazio) *kappéyyə* Jacobelli.

Detti meteor.: tosc. *quando Monte Morello ha il cappello, villan prendi il cappello* (1853, ProvTosc, B), *quando Monte Morello ha il cappello e Fiesole la cappa, pianigiani, correte, ecco l'acqua* (ib., TB s.v. *cappa*), lig.occ. (Mòrtola) *candu Testa de Can u l'ha u capelu e Argé u l'ha u mantelu o levante o sciruchelu* (ꞏquando Testa di Cane ha il cappello e Monte Argel ha il mantello, o levante o scirocchelloꞏ, Villa,ColloqueLanguesDial 4,117), *candu Argé u l'ha u capelu o che fa brütu o che fa belu* ib., lig.or. (spezz.) *quando a Castelana la se meta 'r capeo bon tenpo de reo* (ꞏquando la Castellana si mette il cappello, il buon tempo è alle spalleꞏ, Conti-Ricco); lomb. alp.or. (borm.) *kwánt kę ʒandíla 'l gá su 'l kapę́l, lága la falć ę ćápa 'l ręštę́l* 'id.' (ꞏquando il Monte Zandilla ha il cappello, lascia la falce e prendi il rastrelloꞏ, Longa,StR 9), lad.cador. (amp.) *kánke Tofána r'à su 'l ćapél, béte ṣo ra fǫ́wtse e tól su 'l reštę́l* Croatto, march. merid. *quanne la mondagna mette cappellu, lassa la mazza e pija l'umbrellu* Egidi, abr.or.adriat. (Castiglione a Casàuria) *kwándə la Mayę́llə s á fáttə yu kappíəyyə vínnətə la krápə i akkáttətə yu mandíəyyə* DAM, abr.occ. (Introdacqua) *kwándə la Mayéllə sə mę́ttə lu kappíəllə víənnətə lə krápə e kkúombrətə lu mbrę́llə* ib.

Derivati: piem. **caplet** m. 'bottone di umidità che si forma sullo stoppino acceso' (Zalli 1815; DiSant'Albino).

---

[1] Cfr. friul. *dis'ciapelâ il lat* 'levare la panna al latte' PironaN.
[2] Cfr. occit. (Pontechianale) *ćapę́l da nę́byα* m. 'strato di nebbia su un monte' (AIS 364, p.160).
[3] Cfr. friul. *ciapièl* DESF.

Sintagmi: lig.occ. (sanrem.) *capélu de preve* m. 'angoliera, armadio triangolare da mettere negli angoli' Carli.

Mant. *capèl da pret* m. 'specie di anello' Arrivabene.

Abr.or.adriat. (Silvi) *lu kappę́llə di šašǫ́* m. 'nido della civetta' DAM.

Mant. **capela** f. 'larga bocca del martello usato in legatoria' Arrivabene.

Mant. *capela* f. 'estremità inferiore del batacchio della campana' Arrivabene.

Derivati: emil.a. **chapeleto** *de cendale* m. 'padiglione di letto' (1471-1505, Inventario, Marri,SLeI 12,147).

Fior.a. *cappelletti* m.pl. 'nome di seta' (1347ca., PegolottiEvans).

Nap.a. *cappelletti* pl. 'rinforzo della punta di una scarpa, pezzo di cuoio grosso posto in fondo della scarpa per sostenere il tomaio' (ante 1489, JacJennaroParenti,SFI 36,359, r. 138), it. *cappelletto* m. (Crusca 1729 – TB 1865), gen. ~ Casaccia, piem. *caplet* (*dle scarpe*) DiSant'Albino, mant. *caplèt* Arrivabene, emil.occ. *caplètt* Malaspina, emil.or. (bol.) *caplét* (*dla scarpa*) Coronedi, romagn. *caplet* Mattioli, faent. *caplett* (*dal schêrp*) Morri, venez. *capelèto* (*de le scarpe*) Boerio, trent.or. (rover.) *cappellet* Azzolini, molis. (Ripalimosani) *kęppəllę́ttə* DAM, garg. (Mattinata) *cappellètte* Granatiero, àpulo-bar. (rubast.) *kappəllyéttə* Jurilli-Tedone, *kappəllíettə* ib., tarant. *kappəllę́ttə* Gigante, sic. *cappillettu* (VS; Biundi).

It. *capelletto* m. 'lembo pieghevole del foglio per chiudere la busta' (1585, Garzoni, B), *cappelletto* (Oudin 1640 – Veneroni 1681).

It. *capelletto* m. 'punta d'agata su cui poggia l'ago della bussola' (1585, Garzoni, B; 1602, Crescenzio, Metzeltin 66), *cappelletto* (*della bussola*) (1614, Pantera, B; Tommasini 1906; DizMar 1937; Barberousse 1979), gen. *cappelletto* (*da bûscioa*) Casaccia.

It. (*rochello col*) *capelletto* m. 'pergamena che fissa la rocca alla conocchia' (1621, Zonca 75 – Garollo 1913), gen. *cappelletto* (*da rōcca*) Casaccia, lomb.or. (bresc.) *capelet* (*de la roca*) (Gagliardi 1759; Melchiori), emil.occ. (regg.) *caplétt* Ferrari, Prignano sulla Secchia *kaplát* (AIS 1502, p.454), venez. *capelèto* (*de la roca*) Boerio, lad.ven. (agord.) *kapelę́t* (*de la rǫ́ka*) RossiVoc.

It. *cappelletto* m. 'coperchio dell'alambicco' (Crusca 1691 – Petr 1887), emil.occ. (parm.) *caplett*

(Malaspina; Pariset), fior. *capeletti* (*mezzanj da stillare*) pl. (1598, Cantini 128).

It. *cappelletto* m. 'cerchietto di stoffa posto sotto la ghiera dell'ombrello' (dal 1772, D'AlbVill; GRADIT; Zing 2009), gen. *capeletto* Paganini 151, *cappelletto* (*dó pägua*) Gismondi, piem. *caplet* (*dl'onbrela*) DiSant'Albino, mil. *capelètt* (Cherubini; Angiolini), lomb.or. (bresc.) *capelet* (*de ombrela*) Melchiori, lad.anaun. (Tuenno) *ćapelę́t* Quaresima, *čapelę́t* ib. *kapelę́t* ib., emil.occ. (parm.) *caplett* (Malaspina; Pariset), mirand. ~ (*d' l'umbrella*) Meschieri, emil.or. (bol.) *caplêt* (*ed l'umbréla*) Coronedi, *caplátt* (*d' l'umbräla*) Ungarelli, romagn. *caplet* Mattioli, faent. *caplett* Morri, ven.centro-sett. (vittor.) *capelét* (*de l'onbrèla*) Zanette, trent.or. (rover.) *cappellet* (*dell'ombrela*) Azzolini, nap. *cappelletto* Andreoli, *kappəllę́tto* Altamura, àpulo-bar. (bitont.) *cappellétte* Saracino.

It. *cappelletto* (*da bindolo*) m. 'vasetto del bìndolo atto a contenere l'acqua' (D'AlbVill 1772 – Garollo 1913).

It. *cappelletto* m. 'rinforzo della punta della calza' (dal 1865, TB; "tecn.-spec." GRADIT; Zing 2009), piem. *caplet* (*del scapin*) DiSant'Albino s.v. *scapin*, lomb.or. (cremon.) *capelèt* Oneda, lad.anaun. (Tuenno) *ćapelę́t* Quaresima, *čapelę́t* ib., *kapelę́t* ib., mant. *caplét* Arrivabene, emil.occ. (parm.) *caplètt* (*da scapèn*) Malaspina, *caplett* (*da scappèn*) Pariset, emil.or. (bol.) *caplét* (*dla scarpa/dla sulétta*) Coronedi, *caplát* (*d' la sulátta*) Ungarelli, molis. (santacroc.) *kappəllę́ttə* Castelli.

It. *cappelletto* m. 'cappuccio di gomma per il capezzolo' Crusca 1866.

It. *cappelletto* m. 'piccolo arnese di legno per il capezzolo in caso di setole' Petr 1887.

It. *cappelletto* m. 'coperchietto della valvola del pneumatico' DISC 1997, lomb.alp.or. (Novate Mezzola) *capelet* Massera, bisiacco ~ Domini, sic.sud-or. (Vittoria) *kkappillę́ttu* Consolino.

It.sett. *capeletti* m.pl. 'tende da letto' (ante 1548, MessiSbugo, Catricalà,SLeI 4,237), gen. *capeleto* (*coprilecto*) m. (1532, InventarioManno,ASLigSP 10,731).

Lig.occ. (sanrem.) *capeletu* m. 'coperchietto in senso generico' Carli, gen. ~ Gismondi, lomb.or. (berg.) *capelèt* Tiraboschi, triest. *capeleto* Doria.

Lig.centr. (onegl.) *cappellettu* m. 'spegnitoio' Dionisi, mil. *capellètt* Cherubini, emil.occ. (regg.) *caplétt* Ferrari, venez. *capelèto* (*da stuar*) Boerio, umbro merid.-or. (Foligno) *kappillíttu* Bruschi.

Gen. *capeletto* m. 'piastra della serratura' Pagani-
ni 207, *cappelletto* (*da cravêua*) Casaccia, mil.
capelètt Angiolini, lomb.or. (berg.) *capelèt* (*de la
seradüra*) TiraboschiApp, pav. *caplát* Annovazzi,
caplèt ("cittad." ib.), àpulo-bar. (tran.) *cappellette* 5
Ferrara, bitont. ~ Saracino, tarant. *k a p p ə l -
l ę́ t t ə* Gigante, luc.nord-occ. (Picerno) *k a p -
p ə l l ę́ t t ə* Greco.

Gen. *capeletto* m. 'disco di feltro per serrare la
carica del fucile' Paganini 233.

Lig.Oltregiogo centr. (nov.) *k a p l ę́ t u* m. 'cer-
chietto di cuoio forato al quale è legato un capo
della corda della trottola' (Massobrio,Novinostra
19.2,65).

Piem. *k a p l ę́ t* (*d l a k a v á l y a*) m. 'gombina, 15
striscia di cuoio piegata a due doppi e attraversata
da tre fori' (Ponza 1830; Gavuzzi), APiem. (ca-
stell.) *k a p l ǎ t* (*d r̥ a ~*) (Toppino,StR 10),
b.piem. (Mombaruzzo) *k a p l ę́ t* (p.167), mant.
(Sèrmide) *k a p l ę́ t* (p.299), emil.occ. (parm.) 20
caplett (Malaspina; Pariset), guastall. *caplètt* (*dla
sércia*) Guastalla, regg. *caplétt* (*dla zércia*) Ferra-
ri, ven.merid. *k a p ę́ ę t o*, poles. *capeleto* Maz-
zucchi, Fratta Polésine *k a p i y ę́ t u* (p.393); AIS
1470.

APiem. (tor.) *caplèt* m. 'tipo di ganghero per
l'apertura delle portiere' Valentini.

Mil. *capellètt* m. 'accento circonflesso' Cherubini,
lomb.or. (berg.) *capelèt* Tiraboschi, mant. *caplèt*
Arrivabene, emil.occ. (parm.) *caplètt* (Peschie- 30
riApp – Pariset), emil.or. (bol.) *caplêt* Coronedi.

Mil. *capelètt* m. 'ghiera di stagno che si avvita
alla cima della canna di una valvola' Angiolini.

Mil. *capelètt* m. 'coperchio dei lampioni da car-
rozza' Angiolini. 35

Lomb.or. (bresc.) *capelet* m. 'cerchietto di ferro
tra il mozzo e la ruota' Melchiori, emil.occ.
(parm.) *caplètt* (*del scann*) Malaspina, lad.ven.
(agord.centro-merid.) *k a p e l é t* RossiVoc.

Lomb.or. (bresc.) *capelet* (*del timû*) m. 'pezzo di 40
pelle ad arco per rinforzare il collare del cavallo'
(Melchiori; Rosa), emil.occ. (parm.) *caplètt* (*dla
collana*) Malaspina.

Emil.occ. (parm.) *caplètt* (*da candlèr*) m. 'piattino
sotto i candelieri da tavolo' Malaspina. 45

Emil.occ. (parm.) *caplètt* m. 'pezzo del manico
del coltello' Malaspina.

Venez. *capeleto* (*del servizial*) m. 'coperchio della
bocca del serviziale' Boerio.

Fior. *cappelletto* (*da lampana*) m. 'paralume tron- 50
co-conico per filtrare la luce diretta' (1672, Inven-
tariCantini 114), it. ~ (1878, CarenaFornari 242),
lig.centr. *capeletu* VPL, gen. *capelletto* Paganini
34, *cappelletto* (*dō lumme*) Casaccia, piem. *kaplet*

(*d l a l u ć e r n a* / *d ə l k a n d l ę́*) (DiSant'Al-
bino; Gavuzzi), emil.occ. (parm.) *caplètt* (*da
lanterna*) Malaspina, nap. *cappelletto* Andreoli.

Fior. (*un tribolo d'argento con*) *cappelletto* m.
'coperchio del turibolo' (1713, InventariCantini
114), it. ~ (Costa-Cardinali 1820 – VocUniv
1847), gen. *cappelletto* (*dō turibolo*) Casaccia,
piem. *caplet del turibol* DiSant'Albino, emil.occ.
(parm.) *caplètt* Malaspina.

Garf.-apuano (Gragnana) *k a p ə ḍ ę́ t* m. 'cerchio 10
di ferro ingrassato entro cui gira la testa nei vari
tipi di martinetto' (Luciani,ID 45), carr. ~ ib.,
⌐*k a p p ə ḍ é t t*⌐ ib.

Garf.-apuano (Gragnana) *k a p ə ḍ ę́ t* m. 'ciascuna
delle fascie di ferro che tengono legati gli *stafón*'
(Luciani,ID 45), carr. ~ ib., Bedizzano *k a p -
p ə ḍ ę́ t t* ib.

Trasimeno (Castiglione del Lago) *cappellétto* m.
'cima della pompa dello stantuffo per dare l'acqua'
Serafini.

Sintagmi: àpulo-bar. (biscegl.) *cappillette du
bastone* m. 'ferretto che s'infila al piede del basto-
ne' Còcola.

Ancon. *cappelletto del fucile* m. 'percussore'
Spotti[1]. 25

Gen. **cappelletta** (*dō pœgua*) f. 'ghiera dell'om-
brello' Casaccia, lomb.occ. (Massino Visconti)
caplèta f. ManniE 46.

Romagn. (rimin.) *caplèta* f. 'secchia' Quondamat-
teo-Bellosi 2 s.v. *secchia*, march.sett. (Sant'Àgata
Fèltria) *k a p l ę́ t a* 'secchio di rame' (AIS 965,
p.528).

Umbro merid.-or. *k a p p e l l ę́ t t a* f. 'comignolo'
Bruschi.

Umbro merid.-or. *k a p p e l l ę́ t t a* f. 'rinforzo 35
della punta della scarpa' Bruschi, àpulo-bar. (bi-
tont.) *cappellétte* Saracino.

It. **cappellina** f. 'strumento di terracotta che rice-
ve acqua e la porta ai doccioni' (Crusca 1691 –
Lessona-A-Valle 1875); ~ 'sorta di lambrecchini
foggiati a cappa' (dal 1955, PF).

It. **cappellino** m. 'coperchietto dell'ago della
bussola' (1857, Metzeltin 67).

Lig.Oltregiogo occ. (Calizzano) *k a p l á ŋ* m.
'gombina' (p.184), b.piem. (Desana) *k a p l í ŋ* 45
(p.149), novar. (galliat.) ~ (p.139), lomb.occ.
(borgom.) ~ (p.129); AIS 1470.

Tic.alp.centr. (Bedretto) *č a p l í n* m. 'cappuccio
di legno che fissa il pennacchio alla rocca' Lurati,
Lumino *caplìn* Pronzini. 50

_____

[1] Cfr. fr. *chapelet* m. 'culasse d'arme à feu' (1611,
Cotgr, FEW 2,291b).

Ven.merid. (poles.) *capelin* (*del lume*) m. 'para-fumo' Mazzucchi.

It. **cappellotto** (*fulminante*) m. 'capsula fulminan-te di cartucce a salve' (dal 1859, Carena; TB; GRADIT; Zing 2009), breg.Sopraporta *k a p l ǫ t* (VSI 3,536).

It. *cappellotto* m. 'rinforzo della calzatura' (dal 1970, Zing; GRADIT; Zing 2009), ossol.alp. (Antronapiana) *k a p l ǫ t* Nicolet, lomb.or. (cre-mon.) *capelòt* Oneda, ver. *capelòto* Patuzzi-Bolognini.

It. *cappellotto* m. 'tappo a capsula della damigia-na' (dal 1970, Zing; GRADIT; Zing 2009), lig.Oltregiogo centr. (nov.) *k a p l ǫ t u* Magenta-2.

It. *cappellotto* m. 'cilindretto che riveste un tubo elettronico' (dal 1987, VLI; PF 1992).

B.piem. (vercell.) *caplòt* m. 'coperchio di un qualsiasi oggetto' Argo, vogher. *k a p l ǫ t* Mara-gliano, bisiacco *capelot* Domini, ver. *capelòto* Beltramini-Donati, trent.or. (rover.) *cappellot* Azzolini.

Mant. *caplòt* m. 'scodelletto in legno applicato capovolto al fondo degli stai' (BonzaniniBarozzi-Beduschi,MondoPopLombardia 12).

Ven.merid. (pad.) *k a p e l ǫ t o* m. 'cappuccio di tela cerata' Turato-Sandon.

Ver. *capelòto* m. 'paralume' (Patuzzi-Bolognini; Beltramini-Donati).

Lad.ven. (agord.centro-merid.) *k a p e l ǫ t* m. 'coperchio che copre l'estremità del fusello della ruota nei carri per impedire spostamenti del moz-zo' Rossi 297.

Lad.ven. (agord.centro-merid.) *k a p e l ǫ t* (*de la rǫ k a*) m. 'coperchio della rocca del fuso' RossiVoc.

Umbro sett. (Umbèrtide) *k a p p e l l ǫ t t o* m. 'estremità in acciaio del punzone' (Filippini, ACALLI 2).

It. **cappellozzo** m. 'capsula fulminante' (dal 1875, Lessona-A-Valle; Zing 2009).

Venez. *capelozzo* m. 'pezzo di cortinaggio usato dai tappezzieri' Boerio.

It. **cappellone** m. 'pezzo di addoppiatura' (D'Alb-Vill 1797 – VocUniv 1847).

It. *cappellone* m. 'grosso fanale di nave' (dal 1918, GRADIT; "tecn.-spec.mar." GRADIT 2007).

March.sett. (pesar.) **caploncen** m. 'grande imbuto di latta per travasare vino' Pizzagalli.

Amiat. **cappellaccio** m. 'pezzo di panno usato per uguagliare l'intonaco fresco' Fatini.

Amiat. *cappellaccio* m. 'soletta da scarpa ricavata per lo più da un pezzo di cappello usato' Fatini.

Amiat. *dare il cappellaccio* 'levigare la parete prima di imbiancarla' Fatini.

Volt. (Chiusdino) ⌜**k a p ę́ l l o r e**⌝ f.pl. 'molle di legno per raccattare i ricci delle castagne' (AIS 1292cp., p.551).

It. **cappelliera** f. 'pannello superiore di chiusura del portabagagli di un'auto' (dal 1990, DO; "tecn.-spec.autom." GRADIT 2007).

It. *cappelliera* f. '(negli aerei) piccolo vano sopra i sedili usato per riporre indumenti e il bagaglio a mano' (dal 2002, Zing; ib. 2009).

Lig.centr. (Triora) *capeléira* f. 'una delle parti del correggiato' Aprosio-2.

Novar. (galliat.) *capiléra* f. 'scatola porta-cappelli' BellettiParoleFatti.

Ven.merid. (poles.) **descapelarse** v.rifl. 'scoper-chiarsi in genere' Mazzucchi.

Lucch.a **ricappellare** v.tr. 'rifare la punta ai ceri' (1376, StatutiMercantiManciniA-Dorini-Lazzare-schi).

Corso **incappilà** (*li scherpi*) v.tr. 'mettere un rinforzo alla tomaia di una scarpa rotta' Falcucci.

Agg.verb.: it. (*lampada*) *incappellata* agg.f. 'schermata con un paralume' (ante 1873, Guerraz-zi, B).

It. (*boccetta*) *incappellata* agg.f. 'coperta con un tappo' (1916, Pirandello, B).

Corso *incappilatura* f. 'atto di mettere un rinforzo alla tomaia della scarpa' Falcucci.

Lig.centr. (Borgio) **scapelâ** v.tr. 'scoperchiare qc.' Nari.

1.f¹. 'capocchia di chiodo; borchia'

Fior.a. **cappeli** (*d'acciaio*) m.pl. 'capocchia del chiodo' (1281-1300, Novellino, TLIO), pis.a. *cap-pello* (*d'aguto*) (1385-95, FrButi, ib.)¹, it. ~ (*d'a-guto/di chiodi*) m. (dal 1571ca., Cellini, B; Zing 2009), *cappei* (*da chiodi*) pl. (1619ca., Buonarro-tiGiovane, B), lad.cador. (Càndide) *ćapél* (*dal ćǫ́ d u*) m. DeLorenzo.

It.a. **capella** f. 'testa di chiodi, spilli e simili' (1369-73, Maramauro, TLIO), ferrar.a. *capela* (1436, CameraNiccolò III, Pardi,AMSPFerrar 19, 131), it. *cappella* (dal 1865, TB; GRADIT; Zing 2009), it.sett. ⌜*k a p é l a*⌝, lomb.alp.or. (Livigno) *kępéla* (Longa,StR 9), trent.occ. (bagol.) *cäpélä* Bazzani-Melzani, lad.anaun. (Tuenno) *ćapéla* Quarésima, *čapéla* ib., romagn. *k a p ę́ a l a* Ercolani, ancon. *capèla* Spotti; AIS 1543cp.; VSI 3,573.

Ven.merid. (vic.) *capèla* f. 'borchia' Pajello, trent.or. (rover.) *cappella* Azzolini.

---

¹ Cfr. fr.medio *clo chappellu* (1379, FEW 2,291b).